public
policy
innovation

公共政策创新

张笑等·著

时事出版社
北京

图书在版编目（CIP）数据

公共政策创新/张笑等著．—北京：时事出版社，2018.11
ISBN 978-7-5195-0214-0

Ⅰ.①公…　Ⅱ.①张…　Ⅲ.①公共政策—研究　Ⅳ.①D035-01

中国版本图书馆CIP数据核字（2018）第066723号

出版发行：	时事出版社
地　　址：	北京市海淀区万寿寺甲2号
邮　　编：	100081
发行热线：	（010）88547590　88547591
读者服务部：	（010）88547595
传　　真：	（010）88547592
电子邮箱：	shishichubanshe@sina.com
网　　址：	www.shishishe.com
印　　刷：	北京朝阳印刷厂有限责任公司

开本：787×1092　1/16　印张：17.5　字数：360千字
2018年11月第1版　2018年11月第1次印刷
定价：108.00元

（如有印装质量问题，请与本社发行部联系调换）

编写组成员名单

第一章：张　笑　韩秋露
第二章：李自力
第三章：李保忠　赵金沙
第四章：谢　茜　周　晨
第五章：李秀春
第六章：李秀春
第七章：林　颖　范义斌
第八章：马子博　朱松梅　雷晓康
第九章：肖　红　聂国良　张陈一轩
第十章：刘　芳
第十一章：何成胜

序　言

　　政策和策略是党的生命。在长期的革命建设与改革开放实践中，我们党领导的事业之所以能够不断取得进展和胜利，其中一个重要原因就是依靠制定和实施正确的政策。同样，我们党的事业曾经遭受过这样和那样的挫折和曲折，不少也是与我们的政策不够科学、甚至错误有密切关系。回想我们国家刚步入改革开放的那几年，我们党首先从思想理论上拨乱反正，推动了"真理标准"大讨论，恢复了马克思主义实事求是的思想路线，大力整顿党的作风，恢复了党的群众路线的优良传统，同时迅速在众多经济、社会领域推出了一系列改革开放的政策。比如农村联产承包责任制，城市发展个体和私营企业，教育科技领域恢复高考、评职称、允许科研人员出国深造，工厂推行劳动工资和经营责任制等多方面的改革等等。正是这一系列有利于解放生产力，极大地调动广大农民、城市工人及经营者积极性的政策举措，使亿万民众从切身利益的变化中感受到党的十一届三中全会所确定的改革开放路线的无比正确和亲切，从而形成了参与改革、拥护改革的庞大社会力量，形成了改革洪流滚滚向前、势不可挡的生动局面。

　　今天中国特色社会主义进入了新时代，党的十九大提出人民日益增长的美好生活需要和不平衡不充分的发展之间的矛盾已成为我国社会的主要矛盾。努力以高质量发展，不断克服发展中不平衡不充分的问题，满足人民群众对美好生活向往的新期待，对我们各方面的政策设计和实施提出了新的更高的要求。显然在现实生活中，我们看到的是不少经济、社会领域的政策，存在着粗制滥造的现象，所谓"拍脑袋"决策，所谓"情况不明决心大""数字不清办法多"的状况绝非个别，因而造成一些政策一出台就广受诟病，要么草草收场，成了民间的笑柄；要么不断打"补丁"，依然漏洞百出等等。还有，当今世界科技革命和产业创新风起云涌，各种新技术、新业态、新商业模式等层出不穷，而我们的政策供给跟不上，造成许多方面政策滞后，要么给新兴生产力的发展造成阻碍，要么在一些新兴领域形成监管的空白和缺失。所有这些情况，既和我们一些政策制造部门的有些干部官僚主义严重、作风浮夸，缺乏科学民主意识等有关，也与我们许多部门的干部现代社会公共政策设计和创新的能力缺乏或能力不足有关。因此，极大提高管理部门干部的公共政策创新能力事关国家治理能力现代化建设的大局，也事关政府治理效能和公信力的提升，必须摆上重要的位置。

提升公共政策创新能力，首先要确立公共政策制造的标准和质量。现代社会一项公共政策本身就应该是一个高质量的公共产品，其制造的品质首先来自于设计的标准和科学。纵观诸多失败的政策首先在于其设计环节就十分粗糙。因此必须加强政策设计能力的训练，确立政策设计的标准和要素的概念。

当今社会一项科学的公共政策，其设计至少要考虑以下几个因素：一是政策的功能设计。它必须回答这项政策是用于解决什么样的社会问题。二是政策的工具设计。它需要回答究竟用什么样的工具，比如财政的、税收的、立法的或行政的手段来实施某项政策。三是政策实施的路径设计。它需要考虑通过什么样的方式来推动某项政策的落地，是用强制的、劝导的还是激励的方式来推动某项政策。四是政策的强度设计。即拟定中的这项政策准备以多大的强度来影响社会的某些行为主体等等。另外，在政策设计的过程中还应进行多方面的依据评估、可行性评估和效果评估，比如一项政策的法律依据，一项政策的资源支撑的依据，一项政策波及人群的数量依据等；可行性评估包括财务的可行性、社会心理接受度的可行性、行政管理成本和团队执行力的可行性；效果分析包括如何评判一项政策的有效还是无效，如何评判一项政策和其他政策叠加后的对冲或增强效应等等。诸如此类都说明现代社会的政策制造是一个科学的工程，绝不允许简单的凭经验拍脑袋。走群众路线、听专家意见也不是谁的声音响、哪方面的人多就一定占理，而是要根据政策制造的各种要素进行科学的评估、分析，精确地设计来实现。所以，要大力推进各种类型公共政策设计标准、要素和评估模型的开发和研究，使公共政策制造从设计端开始就进入科学的流程，从而从源头上提升公共政策的制造品质。

其次，公共政策制造品质的提升，除了从设计端要有科学的规范外，还应在制造模式上创新。长期以来，我们所提倡的调查研究、广开言路听取意见等都是必要的。但是今天在互联网时代、在大众的权利意识以及民主参与意识极大提升的时代，我们应当通过搭建在线的公共政策众创平台实现公共政策制造方式的创新和改革。也就是利用互联网、大数据、云计算等技术搭建既开放又有序的公共政策众创平台。首先，让公共政策议题生成建立在广泛民意征集和社会实情诊断的基础之上。其次，一旦某些议题生成后，通过平台所链接的大数据和人工智能系统可以迅速地对解决某一问题的政策设计提出初步的方案，然后依托平台预先制定的规则和注册的专家库分别进行多轮递进式的"群内讨论"，为公共政策的设计提供专业的分析和决策建议。在此基础上，再依据政策方案的成熟度拓展征询社会民众意见和开展政策博弈模拟分析等深化加工工作。最后，待有关方案比较成熟时，可提交决策部门适时依法进入决策程序。显然，这种在线公共平台众创的新方式，即体现了我党发扬民主、走群众路线的要求，也不排斥更不替代依照法定原则对某项公共政策决策规定的必走程序。恰恰相反，它是在互联网时代汇民意、谏诤言、聚众智的有效方式。它必将和传统的方法互为补充形成合力，为公共政策的创新和品质提升，创造新的途径。事实上，一些地方的实践已经充分证明它是有益有效的。更为可贵的是，通过这样一种方式，在互联网上正在不断地培育广大民众理性、有序参与公共事务的习惯，有利于把一些地方在网上所形成的"牢骚文化""批评文化"逐渐引导成为"献策文化"，这正是令人可喜的健康的社会主义民主发展的新气象。

因此，我们要积极有序地推动公共政策的创新。让新时代公共政策的创新更好地推动我国高质量的发展和满足人民群众对美好生活新期待。正是本着这样的愿望，由国务院参事室公共政策研究中心组织一些专家和研究人员，共同编写了《公共政策创新》一书，以引起大家对公共政策创新的共同关注。

王仲伟

国务院参事室主任

目 录

第一章　公共政策概述　/1
第一节　公共政策导入　/1
第二节　公共政策的形成与发展　/8
第三节　公共政策的本质　/14

第二章　公共政策的理论基础　/21
第一节　公共政策与经济学　/21
第二节　公共政策与政治学　/25
第三节　公共政策与管理学　/28
第四节　公共政策与伦理学　/31
第五节　公共政策与心理学　/35

第三章　公共政策要素分析　/39
第一节　公共问题与公共政策问题　/39
第二节　公共政策目标的设定　/42
第三节　公共利益的维护、增进与分配　/46
第四节　影响公共政策的决策主体、政策对象与政策环境　/48
第五节　公共政策的制定、执行与评估　/51

第四章　公共政策模型　/55
第一节　公共政策模型概述　/55
第二节　典型的公共政策模型　/59
第三节　基于中国行政实践的政策模型　/74

第五章 公共政策制定 /85
第一节 政策议程 /85
第二节 方案规划 /95
第三节 政策合法化 /103
第四节 中国政策制定过程的特点与经验 /117

第六章 公共政策执行 /125
第一节 政策执行概述 /125
第二节 政策执行的过程与手段 /131
第三节 创造性执行政策的问题 /137
第四节 影响政策有效执行的因素 /143
第五节 具有中国特色的政策执行的基本经验 /152

第七章 公共政策评估 /160
第一节 公共政策评估内涵与核心要素 /160
第二节 公共政策评估技术方法论框架与模式 /166
第三节 对信息时代公共政策评估的思考 /170

第八章 公共政策终结 /182
第一节 公共政策终结概述 /182
第二节 基于多源流理论的公共政策终结 /186
第三节 公共政策终结的障碍 /193
第四节 公共政策终结的路径与策略 /196
第五节 公共政策终结的实践类型与特征 /201

第九章 公共政策创新与扩散 /206
第一节 公共政策创新概述 /206
第二节 公共政策创新的理论渊源 /211
第三节 公共政策创新的结构与议程 /217
第四节 公共政策创新的影响因素与机理 /221
第五节 公共政策创新的路径与策略 /225

第十章　公共政策网络创新平台 /228
　第一节　新时代公众参与公共政策的特征分析 /228
　第二节　公民参与公共政策的网络创新平台分析 /241
　第三节　公共政策网络创新平台设计 /251

第十一章　公共政策建言参考 /257
　第一节　制定政策方案规划 /257
　第二节　设立议事协商协调机构 /259
　第三节　加强人才培养 /263
　第四节　营造良好创新环境 /264
　第五节　强化法治保障 /266

第一章
公共政策概述

虽然在人类发展进程中，公共政策有着久远的历史，但是对于公共政策展开系统化研究却是一件相对较晚的事情。第二次世界大战以后，公共政策的系统化研究诞生于欧洲和北美。公共政策的研究说明了学者们试图寻找新的研究路径进一步或者重新理解政府和民众之间的互动关系。随着公共政策研究的发展，在如今复杂的社会里，公共政策可以说是随处可见，渗透到了社会的方方面面。

第一节 公共政策导入

当前政府面临的各种社会问题几乎都是错综复杂、相互交织、相互制约的，同时，民众普遍关心的也不再是理论问题，更多的是关心与自身密切相关的公共政策问题，如卫生医疗、住房、上学、环境保护、社会安全等等一系列实际问题。

一、多种多样的政策活动

在我国古汉语中，"政策"二字是分开理解和使用的。"政者，正也"，本意是指"统治""规范"等，通俗来说就是当权者所需处理的各类事务；"策，谋术也"，本意指"计谋""治术"等。近代，日本在翻译"policy"一词时，选择了将汉字的"政""策"二字进行组合，形成"政策"，其含义也变成两个字的含义组合，即政府、政党等当权者为了解决现实中存在的某些问题，制定各种方针、策略，以及实行这些方针、策略的手段、方法等，对人的行为和活动进行规范。近代鸦片战争以后，"政策"一词又从日本传回中国，直至现在，成为我们日常生活中的一个高频词汇，例如"多个省市推出住房限购政策""中央全面放开二孩政策""农民工随迁子女入学迎来政策机遇""2018社保改革延迟退休新政策"等。我们先来看看下面的几个事例。

例1："深入开展党风廉政建设"

党的十八大以后，习近平总书记强调了党风廉政建设和反腐败斗争的重要性，提出了当前党风廉政建设和反腐败斗争首先要抓的工作就是解决"四风"问题。2012年12月4日，习近平总书记主持召开中共中央政治局会议，审议通过了中央政治局关于改进工作作风、密切联系群众的八项规定，接着在全党开展以为民务实清廉为主要内容的群众路线教育实践活动。习近平总书记强调，"党内脱离群众的现象大量存在，集中表现在形式主义、官僚主义、享乐主义和奢靡之风这'四风'上。""四风"违背我们党的性质和宗旨，是当前群众深恶痛绝、反映最强烈的问题，也是损害党群干群关系的重要根源。"四风"问题解决好了，党内其他一些问题解决起来也就有了更好条件。

例2："网络预约出租汽车经营服务管理"

为更好地满足社会公众多样化出行需求，促进出租汽车行业和互联网融合发展，规范网络预约出租汽车经营服务行为，保障运营安全和乘客合法权益，根据国家有关法律，由交通运输部、工业和信息化部、公安部、商务部、工商总局、质检总局、国家网信办等七部委于2016年7月27日联合发布《网络预约出租汽车经营服务管理暂行办法》，自2016年11月1日起施行。《网络预约出租汽车经营服务管理暂行办法》共分七章40条，涵盖了总则、网约车平台公司、网约车车辆和驾驶员、网约车经营行为、监督检查、法律责任，以及附则等七方面内容，明确将网约车车辆登记为"预约出租客运"，既体现其出租汽车的性质，又反映其新兴业态的特征。同时，提出"网约车运价实行市场调节价，城市人民政府认为有必要实行政府指导价的除外"，"网约车行驶里程达到60万千米时强制报废"，要求司机要"无暴力犯罪记录"等具体要求。

例3：《关于整合城乡居民基本医疗保险制度的意见》

2016年1月，国务院发布《关于整合城乡居民基本医疗保险制度的意见》。意见覆盖了除职工基本医疗保险应参保人员以外的其他所有城乡居民。而农民工和灵活就业人员依法参加职工基本医疗保险，有困难的可按照当地规定参加城乡居民医保。城乡居民医保基金主要用于支付参保人员发生的住院和门诊医药费用。稳定住院保障水平，政策范围内住院费用支付比例保持在75%左右。城乡居民医保执行国家统一的基金财务制度、会计制度和基金预决算管理制度。城乡居民医保基金纳入财政专户，实行"收支两条线"管理。基金独立核算、专户管理，任何单位和个人不得挤占挪用。毋庸讳言，看病，一直是普通人的"三大怕"之一，但是相对于上不起学、买不起房，看不起病更让人觉得幸福指数低。因病致贫、因病返贫的现象比比皆是。而整合城镇居民基本医疗保险和新型农村合作医疗两项制度，建立统一的城乡居民基本医疗保险制度，是推进医药卫生体制改革、实现城乡居民公平享有基本医疗保险权益、促进社会公平正义、增进人民福祉的重大举措，对促进城乡经济社会协调发展、全面建成小康社会具有重要意义。

例4："把权力关进制度的笼子里"

习近平总书记在第十八届中纪委二次全会上提出了要加强对权力运行的制约和监督，形成不敢腐的惩戒机制、不能腐的防范机制、不易腐的保障机制。这是预防腐败的根本举措，其关键在于"把权力关进制度的笼子里"。十八大后，习近平总书记公开署名发表的第一篇文章就是《认真学习党章，严格遵守党章》。党的十八大以来，中央在制度建设方面做出了巨大的努力，集中出台了一批全面从严治党的法规文件，包括《中国共产党廉洁自律准则》《中国共产党纪律处分条例》《中国共产党问责条例》《关于新形势下党内政治生活的若干准则》《中国共产党党内监督条例》等。

例5："2017年北京市房地产调控"

2017年楼市经历了"政策大年"，上半年从3月17日开始，楼市调控新政不断。2017年3月17日下午，北京市住建委、市规划国土委、市住房公积金中心、市银监局、人民银行营业管理部联合举行新闻发布会，北京楼市调控进一步升级。政策规定：居民家庭名下在本市已拥有一套住房，以及在本市无住房但有商业性住房贷款记录或公积金住房贷款记录的，购买普通自住房的首付款比例不低于60%，购买非普通自住房的首付款比例不低于80%。暂停发放贷款期限25年以上的个人住房贷款。3月22日起，非京籍购房资格审核中的连续五年纳税记录由每年至少一次改为连续60个月。3月24日央行出台关于加强北京地区住房信贷业务风险管理的通知，要求对离婚一年内的贷款人实施差别化住房信贷政策，从严防控信贷风险。对于离婚一年以内的房贷申请人，商贷和公积金贷款均按二套房信贷政策执行。认真查询住房贷款记录和公积金贷款记录，严格执行首套房贷认定标准。4月6日，北京市住建委发布了将在公租房、自住房中为"新北京人"开展专项分配试点的消息，安排30%房源向长期稳定就业的新北京人分配。4月7日，北京发布《北京市2017—2021年及2017年度国有建筑用地供应计划》，明确未来五年内将建立租购并举的住房制度，优化住宅供应结构。从调控到供应，抑制了房价过快上涨，不断强调房子的居住属性，积极推进租售并举的房地产供应体系的建立，足见国家在建立房地产长效调控机制的决心和力度。

例6：中国台湾扩大"限塑令"

据台湾媒体报道，面对全球环境问题，台湾"行政院环保署"扩大"限塑令"，宣布自2018年1月1日起扩大限制塑料袋使用并同步展开稽查，新增七类业者不得免费提供购物塑料袋，包括书书局文具店、手摇饮料店、西点面包店及药妆店等，预计有8万家业者受到影响，每年可减少15亿个塑料袋，业者若违规提供塑料袋，将遭处6000元（新台币）罚款。

例7："医药分开综合改革"

2009年，中共中央国务院印发的《关于深化医药卫生体制改革的意见》（中发〔2009〕6号），明确将公立医院补偿由服务收费、药品加成收入和财政补助三个渠道改为服务收费和财政补助两个渠道。国务院印发的《医药卫生体制改革近期重点实施方案（2009—2011年）》（国发〔2009〕12号）提出，推进医药分开，逐步取消药品加成。2015年，国务院办公厅印发的《关于城市公立医院综合改革试点的指导意见》（国办发〔2015〕38号），明确要求公立医院改革试点城市所有城市公立医院和县级公立医院全部取消药品加成，实施医药分开改革。2016年，国务院印发的《"十三五"深化医药卫生体制改革规划》（国发〔2016〕78号）要求，公立医院要取消药品加成，通过调整医疗服务价格、加大政府投入、改革支付方式、降低医院运行成本等，建立科学合理的补偿机制。2017年3月22日，北京市正式发布《北京市医药分开综合改革实施方案》，提出到2017年年底，以行政区为单位，北京市公立医院药占比力争降到30%左右，百元医疗收入中消耗的卫生材料降到20元以下，2020年将进一步优化，公立医院医疗费用增长稳定在合理水平。北京市作为全国第一批公立医院综合改革试点城市，实施医药分开综合改革是落实国务院深化医药卫生体制改革决策部署的重要举措。

以上七个例子包含了党和国家领导人的重要讲话，中央政府、各部委和地方政府出台的一些规定、改革措施及意见等。简单来说，这些都是公共政策的具体表现形式，也就是说，从现实情况看，几乎所有的政治活动都是以公共政策为轴心而组织起来的。那么，当谈及这些话题时，我们到底应该如何理解"公共政策"呢？

公共政策与"政策"既有联系又有所区别，其突出的就是政策活动中的公共性。简单来说，公共政策是具有公共性的政策，其主体是国家的公共权威部门，即执政党和政府部门需要运用公共权力；目标是管理公共事务，即活动多发生在社会公共领域；对象自然就是社会公众；解决公共问题，即具有社会性质的问题；强调在公共政策活动中维护公共秩序、坚持公共价值，协调公共利益。

二、公共政策的定义和基本特征

（一）公共政策的定义

由于公共政策应用范围广泛，不同的研究人员会针对不同的政策，应用不同的理论和方法，站在不同的角度来研究公共政策，这就导致公共政策的定义有很多，对其定义的理解也有所分歧，无法形成统一的认知。因此，本节我们将对一些具有代表性的公共政策定义进行梳理。

行政学鼻祖，美国学者 Woodrow Wilson 从政治与行政两方面入手，把公共政策看成是由政治家，即具有法权者所制定，而由行政人员所执行的法律和法规。而中国台湾学者伍启元认为公共政策是与社会价值密切相关，由具有决策权的政府等制定，由行政人员执行，大多数人可以接受的行动指引[1]。这两位学者都在定义中突出了政治家和行政人员的权威性作用，这样公共政策就具有了权威性。

美国学者 James E. Anderson 的公共政策著作《公共政策制定》较早传到中国，因此他的公共政策定义在国内接受度较高。Anderson 认为公共政策是某一行动主体或一群行动主体为解决问题或相关事务而采取的有目的的行为。他的定义强调了公共政策是以解决问题为最终目标的，同时，公共政策活动中存在诸多主体且行动主体具有自觉意识[2]。

---

[1] 伍启元：《公共政策》，香港商务印书馆1989年版，第4页。
[2] James E. Anderson, Public Policymaking (fifth edition), Houghton Mifflin Company, 2003.

美国政治学家 Harold D. Lasswell 则认为政策科学应当严格坚持适当的规范，以解决现实问题为导向，从公共政策的目标取向和规划功能角度提出公共政策是"一种含有目标、价值与策略的大型计划"①。这个定义揭示了政策过程中的基本要素，即目标、价值取向和策略的设计功能。同时，它强调公共政策的制定应该有科学论证和合理程序。这个定义最大的意义在于，它揭示了公共政策的科学性和价值分配性两大本质特征，为以后公共政策科学的建构提供了明确的方向。

David Easton 从社会价值分配入手，认为公共政策就是对社会价值进行权威性分配，并指出"一项政策的实质在于让一部分人享有某些东西而拒绝另一部分人使用"。Easton 把政治过程看作是一个系统，而把公共政策视为政治系统的输出，这些输出是一系列互动的产物。Easton 的观点明确地体现了公共政策价值分配特性以及利益关系是人类社会活动的基础这个特征②。

William Jenkins 从决策主体的角度和普遍联系的观点，将公共政策定义为："由政治行动主体或行动主体团体在特定的情境中制定的一组相关联的决策，包括目标选择、实现目标手段，这些政策原则上是行动主体力所能及的"。这一定义相比而言更加精细，包含了更多的内容，强调了公共政策是一组相互关联的决策，而非单个决策。此外，Jenkins 还强调了政府能力的有限性，来自于政府内部和外部的约束使得为政策制定所做的努力变得很困难，认为政府决策范围必须是其力所能及的③。

Thomas Dye 认为公共政策是"关于政府选择所为和所不为的所有内容"。该定义曾被许多人引用，简单却又内涵丰富。该界定明确了公共政策制定的主体是政府，强调了政府选择的因素，特别是"所不为"的一些决策。也就是说，Dye 认为政府决定什么都不制定，这也是公共政策。他的观点在比较分析的时候非常重要，可以帮助理解特定政治体制的倾向性以及政治权力配置④。

Earl Latham 从公共政策形成过程中的各种利益集团的相互作用角度，认为"所谓公共政策，就是在特定时刻团体斗争达到的一种平衡，它代表可互相斗争的派别或团体为了实现自身需求而持续努力达到的一种平衡"。⑤ 从定

---

① 林水波、张世贤：《公共政策》，五南图书出版公司1982年版。
② 陈庆云：《公共政策分析（第二版）》，北京大学出版社2011年版，第5—6页。
③ William Jenkins, Policy Analysis: A Political and Organizational Prospective, London: Martin Robertson, 1978.
④ 严强：《公共政策学基础》，高等教育出版社2016年版，第4页。
⑤ Earl Latham, The Group Basis of Politics: Notes for a Theory. American Political Science Review, 1952.

义可以看出，Latham 是以利益集团理论和多元主义理论为基础对公共政策进行界定的。他强调公共政策是一种利益平衡的产物。由于每个利益集团都有自己的利益诉求和价值导向，因此，公共政策产生于不同利益团体的博弈之中。

中国学者陈振明在《政策科学》著作中将政策定义为国家政党、政府部门等在特定时期为实现或者服务于一定特定目标如经济、政治、文化目标而采取的行为准则，它是一系列法令、办法、意见和条例等的总称[①]。

谢明等认为政策是在特定情境中，社会公共权威为达到一定目标而制定的行动方案或行动准则，作用是规范和指导有关机构、团体或个人的行动，其表达形式包括法律法规、行政规定或命令、国家领导人口头或书面的指示、政府大型规划、具体行动计划及相关策略等[②]。

（二）公共政策的基本特征

虽然，在不同时期、不同阶段，针对社会治理任务，公共政策定义会发生相应变化，不存在一个能包揽一切的绝对的公共政策定义，但是综合国内外学者的观点，我们依旧可以看出，公共政策存在一些共同而基本的特征。

第一，公共政策具有权威性和合法性的特征。虽然，当前社会的公共政策主体日益增加，包括政府及其各个部门、宗教团体、大型组织等，但是政府及其各个部门当仁不让是公共政策的核心主体。所谓权威性，即指公共政策具有强制贯彻的性质。而由于政府及其各个部门是核心主体，其天然就赋予了公共政策的权威性。一般而言，公共政策可以分为两部分：一部分是经过立法部门批准执行的公共政策，转化为法律形式；另一部分是以条文规定形式存在的公共政策。相比较而言，法律形式的公共政策有更加强烈的强制性，其权威性更加明显。同时，公共政策要发挥对有关团体与个人行为的规范与指导作用，就必须以指导对象的认可、接受为前提，无论指导对象是自愿接受，还是因为慑于政府的威力与惩罚而被迫接受，否则，政策就没有约束力，难以付诸实施。而政府恰恰可以将公共政策纳入到合法化的范畴之内。

第二，公共政策具有阶级性的特征[③]。公共政策必然是一定社会阶级意志和利益的集中体现，无论什么样的政党，什么样的政府，他们制定的政策所要实现的目标须符合该阶级的利益，这就决定了任何公共政策在本质上都必然具有阶级性。公共政策的制定者总是要把自己阶级的利益放在首位。在

---

① 陈振明：《政策科学》，中国人民大学出版社 2002 年版，第 50 页。
② 谢明：《公共政策概论（第二版）》，中国人民大学出版社 2014 年版，第 8 页。
③ 吴江：《公共政策学》，科学出版社 2017 年版。

阶级社会里，制定公共政策的社会公共权威总是代表着统治阶级的利益；在资本主义社会里，公共政策形式上是维护公众利益的，但前提是不损害资产阶级利益；而在社会主义社会里，由于无产阶级和广大劳动人民是领导阶级，因而，党和政府制定和执行的政策也是从维护无产阶级和广大劳动人民的最根本利益为出发点的，公共性在形式和内涵上获得了真正的统一。

第三，公共政策具有价值取向性的特征。公共政策是政府等主体制定的措施、采取的行动或禁止的行动，而为什么制定这些措施，采取什么行动，运用什么手段，要达成什么样的行动目标，这些均与政策制定者的价值观取向密切相连。一方面，公共政策制定者价值观不同，要完成的目标便不同，行动方向也不同，进而导致一些事关国家前途命运的重大政策随之发生变化。另一方面，在寻找并确定需要制定政策予以解决的问题上，不同价值观的公共政策制定者会表现出很大的差异；甚至是针对同一个问题，价值观相同的政策制定者在不同的时期也会制定出不同的政策。因此，公共政策具有鲜明的价值取向性。

第四，公共政策具有问题导向性和普遍性的特征。由于公共政策以解决公共问题为最终目标，是以政府为代表的权威主体为解决社会公共问题而采取的行动。其核心就是解决那些已经对社会发展和人民生活的提高构成阻碍甚至造成威胁的公共社会问题。发现并确认社会公共问题是政府公共政策活动中最为重要的前提。因此，公共政策具有问题导向性。而依据问题导向，公共政策采取相应的手段、方法对公共利益进行合理合法的分配，其最终受益的是社会大多数公众，具有普遍性。

第五，公共政策具有丰富性的特征。这一特征是由公共性决定的。在任何一个社会，政府管理的社会公共事务涉及社会的政治、经济、文化等多个方面，也就是说存在的社会公共问题也涉及多个方面，这也决定了具有问题导向性特征的公共政策涉及范围的广泛性和内容的丰富性。随着现代社会的发展，社会公共事务的内容也会愈来愈丰富，公共政策亦要随之丰富。

第二节 公共政策的形成与发展

公共政策的研究与其他研究一样，都不是可以一蹴而就的，它的起步、发展、完善也经历了一个长期的演变过程。公共政策是从西方开始的，中国在引进西方公共政策研究成果的基础上形成了中国特色的公共政策研究。本节将分别对西方和中国的公共政策的历史渊源和发展历程进行阐述。

一、西方公共政策的形成和发展

政策研究在20世纪40年代以前还远远没有上升到学科的地位。西方现代政策科学（Modern Policy Science）是20世纪50年代以后才发展起来的一门社会科学学科。因此，本书将从20世纪50年代开始，阐述西方公共政策研究的演化路径。

（一）起步阶段（20世纪50—60年代）

美国是最早建立公共行政科学的国家，因此政策问题比较早地在美国公共行政科学中得到发展。第二次世界大战以后，现代政策研究作为一门社会科学学科逐步出现在大众视野中，它的建立与Harold D. Lasswell的名字分不开。早在1943年，Harold D. Lasswell就在他的一份备忘录中提到"政策科学"这一术语。1950年，他与卡普兰合著了《权力和社会：政治研究的框架》一书，书中正式使用了"政策科学"这一概念。1951年，斯坦福大学编辑出版了在美国西部斯坦福大学召开的"关于国际关系论的革命性、发展性学术讨论会"的论文集《政策科学：范围和方法的新近发展》。在这一著作中，Harold D. Lasswell第一次对政策科学的学科性质、研究内容、发展方向做了详尽的论述[1]。虽然在当时社会没有引起很大的反响，但是，如今的西方学术界普遍认为，《政策科学：范围和方法的新近发展》标志着政策科学的诞生，Harold D. Lasswell被誉为"现代政策科学的创立者"。Harold D. Lasswell在论文集中首次对社会科学中的政策科学的对象、性质和发展方向等问题加以论述，奠定了政策科学发展的基础。他认为，政策科学或社会科学中的政策方向可以超越社会科学的零碎的专门化，致力于一般选择理论的研究，主要涉及"社会中人的基本问题"、解释政策制定和政策执行过程以及解释特定时期的政策问题。

20世纪60年代，情况发生了改变，美国的公共政策学者致力于研究公共政策的制定，出版了一系列对公共政策制定中议会、政府、政党作用加以分析和评价的著作。许多学者还对政策制定中需要使用的方法和模型做了富有意义的探索。在这一时期，对政策制定过程的研究，大多采用的是线性思维方式，将政策制定规划视为由若干环节按照程序组成的循序推移的过程。60年代末，当政策科学作为一个独立研究领域刚趋向成熟时，一些著名高等学府的学者就开始了专门人才的培养，从1967—1971年短短的几年时间里，出现了第一批专门研究机构，如密歇根大学公共政策研究所、哈佛大学肯尼

---

[1] 王春福、陈震聘：《西方公共政策学史稿》，中国社会科学出版社2014年版。

迪政策学院、加州大学伯克利分校公共政策学院、兰德公司研究生院、杜克大学政策科学研究所等，开始了这方面的硕士生和博士生培养。积极的人才培养有力地推动了政策科学的进一步发展。

（二）发展阶段（20 世纪 70—80 年代）

该时期，政策科学发展迅猛。以色列耶路撒冷希伯来大学教授 Yehezkel Dror 为政策科学的发展做出了巨大的贡献。他在 1968—1971 年旅居美国期间，出版了被称为政策科学的"三部曲"的《公共政策制定检讨》（1968 年）、《政策科学构想》（1971 年）、《政策科学进展》（1971 年）。"三部曲"构成了政策科学发展的第二个里程碑。Dror 继承和发展了 Lasswell 的政策科学思想，对政策科学的一系列基本理论问题做了进一步具体详尽的论证，从而形成了 Lasswell-Dror 的政策科学传统。Dror 认为，公共政策要重新站立起来，就必须构建一个模型，即能够将各种与公共政策有关的学科融于一体的特殊模型。在这一模型中，既要包括管理科学家所强调的方法论，又要包含行为科学家强调的个人意志决定论。

20 世纪 70—80 年代，政策科学在政策系统与政策过程的研究上取得了显著的成就，特别是在政策评估、政策执行和政策终结方面形成了各种理论。例如，哈佛大学肯尼迪政策学院首先发表了一篇《公共政策执行问题的报告》，指出对政策执行过程的政治与官僚方面的研究往往被人们所忽视；加州大学伯克利分校公共政策学院的普雷斯曼和韦尔达夫斯基等人则对"奥克兰计划"案例进行详细的跟踪研究，写成经典性的著作《执行》。他们力图解决失误的政策能否终止、如何终止以及采取何种终止策略的问题，对公共政策的整个生命周期进行研究探讨。

进入 20 世纪 80 年代中后期，政策科学研究转向有关政策效率、政策信息多元化、政策学家与政治家关系的研究[①]。在政策效率的研究方面，学术界主要从两个角度去研究政策效率问题。一个角度是通过公共政策的对比分析，比较研究效率。这种政策的比较分析，不仅仅局限在一个国家内部各项政策的比较上，而且还扩展到对国家间的政策进行比较分析。另一个角度是从公共政策产生与运行的生态方面去考究政策的效率，深入探讨一项政策制定与执行所需要的政治环境、经济社会环境、文化环境等。在政策信息多元化的研究方面，西方学者开始认识到政策研究在提供分析技术，解决人类社会面临的问题方面的能力是有限的。不能再自认为是政策方案的设计者，而主要任务是要从诸如立法机关、地方政府、政党、宣传团体、法院等与政策

---

① 战建华：《公共政策学》，山东人民出版社 2011 年版。

制定和执行相关的政策利害人那里获取政策信息，目的是制定出能够平衡不同观点和意见的、让各方都满意的政策。在政策学家与政治家关系的研究方面，政策学家认识到过去采取中立的远离政治的立场是不合理的。政策学家反而应当在政治领域中发展出政策科学规范，融入到政策制定过程中，与政策制定者成为知识上的伙伴。

（三）拓展发展（20世纪90年代至今）

20世纪90年代西方公共政策的研究表现出两种趋势，一种是对原有研究主题的深化，另一种是拓展新的研究方向。

对原有主题的深化主要聚焦在两个问题上。一个问题是公共政策的伦理与价值。在20世纪90年代，学者们感兴趣的是究竟从哪些途径去探索公共政策的伦理价值。Rawls在《正义论》、Buchanan在《伦理与公共政策》、Gawthrop在《公共管理部门、系统与伦理》中分别提出了有关社会哲学、社会道德和专业伦理的研究方法。另一个问题则是公共政策与公共管理的关系。关于公共政策与公共管理的关系问题也是一个老的课题，学者们积极探索两者的融合，而不再去讨论两者的区别。例如，《政策组织》中提出了政策管理、政策沟通、政策组织、政策行动，四者相互影响的理论；而《管理公共政策》提出了组织行为、政治理论与公共政策融合的思想。

关于拓展新的研究方向也主要聚焦在两个方面：一是开辟新的研究领域，进一步增强公共政策的应用性。公共政策学家开始将研究的兴趣转向一系列新的社会问题，如网络犯罪、信息政策、试管婴儿、温室效应等。二是加强理性意识形态，由传统的政策决策研究转向政策调查研究。

二、中国公共政策的形成与发展

我国公共政策已然有着悠久的历史，古代的谋略思想虽然仅以零星的知识流传下来，没有形成专门的政策科学门类，但是它们为我国公共政策的形成与发展奠定了坚实的政策实践经验基础。因此，在分析当代我国公共政策的形成与发展之前，我们将简略阐述我国公共政策的历史积累。

（一）中国公共政策的历史积累

中国古代产生和积累了丰富的政策谋略思想，这些谋略思想是构建有中国特色的公共政策科学体系的重要保障。主要表现在四个方面[①]：

一是形成了以民为本的政策思想。中国古代有作为的封建思想家与政治家大多提倡"民为邦本"的治国策略，坚持"养民""惠民"和"富民"的

[①] 陈振明：《政策科学教程》，科学出版社2015年版。

政策。

二是建立了恩威兼施、以柔克刚的施政原则。中国古代勤于治国的政治家与官吏有一套施政方法和政策，即韬光养晦，以退为进；恩威并重，征服吞并；力倡仁信，厚施绥靖；中央集权，分而治之等。

三是形成了重政策辩论、政策分析的传统。中国古代留下了许多政策辩论与政策分析的文献。如《盐铁论》就记载了汉昭帝时期政府官员和当时应召而来的全国多位贤士，就制定和实施盐铁官营、酒类专卖的政策进行辩论的真实过程；明代的《智囊计》则是政策案例分析的文献。

四是形成了完整的国策谋略体系。其中最为突出的莫过于《孙子兵法》。《孙子兵法》中包含有大量的国策条目、谋略思想和管理策略，从而使这一著作不仅成为中国政策文化中有价值的经典，而且也成为世界政策科学研究的宝贵遗产。

（二）中国公共政策发展的主要阶段

中国公共政策学产生的原因，从根本上源于人们对改革开放前公共政策实践的经验与教训，特别是对政策抉择所带来的不良后果的深刻反思，以及对政府公共政策科学与民主化及政策执行规范化和高效化的迫切要求。然而，我国公共政策的发展过程中也出现了很多问题，所有这些问题的存在客观上极大地促进了中国公共政策科学的兴起与发展。

1. 公共政策的兴起（20世纪80—90年代）

从1979年至20世纪90年代初，以邓小平为代表的中国共产党和中国政府成功进行了震惊世界的制度和政策创新的实践。邓小平在许多领域提出了一系列的新政策。比如，"一国两制""发展是硬道理""科技是第一生产力""允许一部分人、一部分地区先富起来"的政策等等。公共政策的丰富实践为政策科学的创立提供了条件，而改革开放中出现的大量政策问题特别是社会转型时期的经济政策方面的问题也向公共政策研究提出了要求。80年代初，邓小平提出在学科发展上要赶快"补课"，要重新恢复政治学、社会学、法学和行政学，其中也包括公共政策的学科建设。这为公共政策学科的发展提供了有利条件。1982年，国家科委技术局出版了《科学技术政策研究》论文集。这通常被认为是我国政策科学研究的开端。随后，科学决策和民主决策的问题引起了党和国家最高决策层的高度重视。1986年7月，时任国务院副总理的万里在全国软科学工作座谈会上做了《决策民主化和科学化是政治体制改革的一个重要课题》的报告，明确提出要做政策研究这一重大课题，进一步促使我国的政策科学研究逐步走上了正轨。

2. 公共政策的高速发展（20 世纪 90 年代至今）

在引进西方政策科学研究成果的基础上，中国公共政策学科于 20 世纪 90 年代从政治学和公共行政学中分离出来，成为一个独立的研究领域，逐步确立了政策科学理论框架。它的快速发展集中体现在两个方面：学科建设上和传播范围上[1]。

从学科建设上看，一方面是开设了公共政策课程、创办了研究机构、培养了研究生。20 世纪 90 年代以来，在一些全国重点高校的政治学、行政学专业中，陆续开设了以"公共政策分析""公共政策"或"政策科学"为名称的课程。一些著名高校也在其他专业的名目下，开始招收以公共政策、公共政策分析或政策分析为研究方向的硕士生与博士生[2]。成立了从事公共政策研究的机构，如北京大学的公共政策研究所。同时，建立了全国性的公共政策科学研究会。1991 年 8 月，中国行政管理学会在吉林省长春市召开全国首届政策科学研讨会。1992 年 10 月，在山东省召开了第一届中国行政管理学会政策科学研究分会成立大会，标志着我国有了全国性的专门从事政策科学研究的学术团体。

另一方面是翻译出版了一批公共政策教材，发表了千余篇论文[3]。20 多年来，我国政策科学研究取得了显著的成果，翻译出版了一批有分量的译著。包括《政策研究百科全书》（1990 年）、《制定公共政策》（1990 年）、《政策过程》（1992 年）、《公共政策辞典》（1992 年）、《逆境中的政策制定》（1996 年）、《公共政策的制定》（2001 年）、《政策分析和规划的初步方法》（2001 年）、《公共政策分析导论》（2002 年）、《自上而下的政策制定》（2002 年）、《政策分析——理论与实践》（2003 年）等。国内的专家学者也撰写、出版了不少有关政策科学方面的著作或教材，具代表性的著作有：张金马主编的《政策科学导论》（1992 年），王福生著的《政策学研究》（1992 年），陈庆云主编的《公共政策分析》（1996 年），张国庆著的《现代公共政策导论》（1997 年），陈振明主编的《政策科学》（1998 年），宁骚主编的《公共政策》（2000 年），郑传坤主编的《公共政策学》（2001 年），王传宏、李燕凌编著的《公共政策行为》（2002 年），陈振明主编的《政策科学——公共政策分析导论》（2003 年）等。此外，专家学者们还在《中国社会科学》《国外社会科学》《中国行政管理》等刊物上

---

[1] 刘雪明：《发展中的中国公共政策学》，中国行政管理学会 2010 年会暨"政府管理创新"研讨会论文集，2010 年。

[2] 卞纪：《我国高校有了公共政策学本科专业》，《中国行政管理》，2002 年第 11 期，第 37 页。

[3] 负杰：《中国公共政策研究的现状分析》，《政治学研究》，2001 年第 1 期，第 26—34 页。

发表了上千篇学术论文。

从传播范围上看，专家学者们积极向党政机关传播公共政策方面的知识，使他们认识到公共决策要科学理论的指导；同时，更多地关注和参与中国公共政策实践，使高层决策机构在政策制定和执行过程中做到了制度化、程序化，并建立了相应的政策咨询系统、支持系统、评价系统、监督系统和反馈系统。推动政策科学及政策分析的理论方法和技术应用到改革开放和经济建设的重大政策、方针的决策和重大工程项目的研究中。

第三节　公共政策的本质

一、公共政策的体系构成

我们已经对"公共政策"有了一个大概的认识，那么公共政策体系是如何构成的呢？

当然，在研究公共政策的体系构成之前，我们需要明确公共政策的研究对象。目前，公共政策主要研究两方面的内容。一方面，它要研究政策的本质、理论与原则，注重内容分析，从规范意义上探讨国家、社会和公民间的利益平衡；另一方面，通过社会学、经济学、政治学等原理及相关模型，研究政策的制定、执行、评估及终结等具体环节，做好过程分析工作。针对当前的实际工作，为了更好、更有效地发挥政策优势，我们更偏重于公共政策过程分析，本书也会对政策的制定、执行及评估等环节进行分章节地细化研究。

我们认为公共政策体系是一系列互相关联的因素在政策过程中形成的具有特定结构和功能的有机整体。这些因素包括政策主体、政策客体、政策问题、政策措施、政策环境和政策效果等等。明确公共政策体系是开展研究的基础。

（一）政策主体与政策客体

1. 政策主体

政策主体，顾名思义就是指直接或者间接参与公共政策制定、执行全过程的组织或个人。公共政策主体不仅参与和影响公共政策的制定，而且在公共政策的执行、评估和监控等环节都发挥着积极的能动作用。虽然各国的政策过程不会完全一致，但是关键的主体还是比较清晰的。一般来说，公共政策主体主要包括立法机关、行政机关、司法机关、政党、利益集团和大众传媒等。因此，针对政策主体是否具有官方身份，可以将政策主体分为官方决策者和非官方参与者。依据美国学者 James E. Anderson 的观点，他认为官方决策者是指那些拥有法定权威参与制定公共政策的人们，包括立法者、政府首脑、行政人员和法官，而非官方参与者包括那些参与政策过程的利益集团、政治党派、研究组织、大众传媒和公民个人。非官方参与者一般会通过游说、向官方决策者提供信息或施加压力而参与到公共政策的整个过程中。结合我国的实际情况，我们认为我国的官方决策者主要有四个，分别是立法机关、行政机关、司法机关和执政党，且执政党在公共政策制定中有着极为重要的地位。而非官方参与者的构成与 Anderson 的观点基本一致，包括其他政治党派、利益集团、大众传媒、思想库和公民个人等。

2. 政策客体

政策客体与政策主体很明显是一个相对的概念，从狭义上看，政策客体就是政策主体制定的政策所作用的社会成员。这些社会成员会受到公共政策的规范和约束。

（二）政策问题

公共政策能否顺利提出，在一定程度上取决于人们是否对该公共政策针对的社会公共问题达成共识。政策问题是从大量社会问题中筛选出来的，但社会问题不像数学问题，没有可以利用的公式、定理去证明它的真假和对错，我们对问题的认识不容易达成一致。因此，不同的人参与筛选问题，其结果可能会大相径庭。我们所做出的判断是否准确，既取决于经验、知识，还取决于伦理道德方面的价值观念等因素。

（三）政策目标

政策目标就是公共政策所希望取得的结果。如果没有目标，也就不存在后续的政策措施了。因为措施就是实现目标的手段，目标不清楚，措施必然会出现偏差，所以必须要求目标明确又易于落实。但明确易于落实的目标在政策制定之初确实有一定的难度，因此，通常我们采取自上而下的方式，先给出较为笼统的总目标，而后层次鲜明地逐级向下分解，厘清各目标之间的关系。政策目标要兼具稳定性和弹性，能够随社会治理体系的变化而变化。

（四）政策措施

为实现政策目标而采用的多种手段或措施统称为政策措施。由于没有明确的规则，政策措施的优劣都是需要通过对比来发现的，因此，拟定出一定数量的政策措施进行对比选择是非常必要的。通过对比分析，可以找出较为合适的政策措施。

（五）政策资源

在政策制定与实际执行中，都会消耗各种资源。一般来说，政策资源主要有物力资源、财力资源、人力资源、时间资源和信息资源等。物力和财力是两种最基本的政策资源，充足的经费、物质资源是公共政策实施的重要保证。公共政策主体的知识结构、政策能力，以及政策客体的受教育程度、政治参与水平等条件也是公共政策实施的重要基础。政策主、客体能力不足，有可能从最初的政策问题发生偏差。而畅通的信息渠道和丰富的信息资源则将为政策方案实施提供重要保障。

（六）政策效果

通常用效益和有效性来衡量公共政策的效果。政策效果一般由政策执行的成本和政策执行的结果两个因素决定，即当政策执行结果所产生的效益高于政策执行成本时，政策结果是有效的；反之，政策结果是无效的。而取得的效益可分为社会效益、经济效益与生态效益三个方面。

（七）政策环境

一般广义上的政策环境指决定或影响政策制定和实施的自然环境和社会环境的总和。自然环境，主要是指一国的地理位置、面积大小、气候条件、山川矿藏资源等。它是人类赖以生存的场所和创造文明的自然前提，为人类社会生存提供生物资源和非生物资源。社会环境包含经济环境、政治环境和国际环境等。经济环境，主要是指一个国家或地区的经济实力、经济利益关系与经济体制，是公共决策的最重要的依据。制定公共政策最根本的一条就是要从实际情况，尤其是社会经济发展的现实出发。政治环境，主要是政治体制、政治关系、政治文化等。不同的政治环境会影响政策的可行性，同时，政治环境也会制约公共政策的执行过程。当前，世界经济一体化使得各国或地区在制定公共政策时，必须考虑世界经济局势的发展变化，也就是说，国际环境将会影响公共政策制定与实施的国际局势。

二、公共政策的分类

随着现代社会领域的不断分化，公共政策活动的边界也在不断地扩张，导致现实中公共政策涉及的范围十分广泛，因此，为了区分不同政策活动之间可能存在的区别，增强对公共政策活动的理解，我们需要对公共政策进行分类。目前，学术界已有许多学者从不同的角度对公共政策的类型进行了划分，在此着重介绍几种最基本的分类方式。

（一）按照公共政策功能分类

依据公共政策的功能可以将公共政策分为分配性政策与调节性政策、自我调节性政策与再分配性政策。这种分类方式是由美国学者 James E. Anderson 首先提出的，目前备受学术界推崇。

分配性政策是"涉及将服务和利益分配给人口中的特定部分的个人、团体、公司和社区",但他们的利益将由公共财政支付,无须任何特定的团体支付,目的是为了"增加有关个人和团体的自由与权力",例如农业价格补贴计划、九年制义务教育政策、大型基础设施的拨款等。

调节性政策则与限制与控制有关,是为了"减少那些受调节人的自由和权力",例如征收个人收入所得税政策、犯罪惩治政策、反垄断的政策等。

自我调节性政策与调节性政策一样,都是涉及对某一事物或团体的限制或控制,但区别在于自我调节性政策是受调节团体自发要求并为作为保护和促进自我利益的手段而出现的,例如职业和专业营业执照发放政策。

再分配政策则涉及政府在社会各阶级或团体中进行有意识的财富、收入、财产或权利转移性分配,例如累进所得税制、居民最低生活保障政策等。

(二) 按照社会生活领域分类

根据公共政策实施的社会生活领域的不同,可以将公共政策划分为政治政策、经济政策、社会政策、科技政策、文化政策等。这是实际生活中最普遍的一种分类方式。政治政策,即政府在处理政治问题或调整政治关系方面所采取的行动或规定的行为规范,如政党政策、民族政策和外交政策等。经济政策是为解决经济生活中存在的问题而制定的规范、准则,如财政货币政策、产业政策等。社会政策是为了协调各种社会因素、解决社会矛盾和问题、确保社会正常发展所制定和实施的各种社会行为规范和准则,如环保政策、社保政策和人口政策等。科技政策即公共权力机构制定的指导科技发展的规范与准则,如科研成果转化政策、科技投入政策和基础科研政策等。文化政策是政府为处理各种文化问题、发展文化事业而制定的规定和对策,如针对少数民族发展的民族政策、宗教政策等。

(三) 按照政策干预层级分类

从政策的干预层次分为元政策、基本政策和具体政策。元政策是指导和规范政府制定公共政策和执行公共政策的一套理念和方法。基本政策是连接元政策与具体政策的中间环节,是指导某一方面公共问题的主导性政策。而具体政策则是针对某一特定公共问题而做出的政策性的规定。

(四) 其他分类

根据目标的多寡将公共政策分为单目标政策与多目标政策;根据政策问题的重复程度不同分为程序性政策与非程序政策;根据政策影响的时间长短,政策可以分为长期政策、中期政策和短期政策;根据政策制定主体在体制层级上的不同,政策可以分为中央政策、地方政策和基层政策等。

三、公共政策的基本功能

公共政策的功能指的就是公共政策所能发挥的作用。目前，学术界对公共政策的功能也没有形成统一的认识，大体认为公共政策具有导向、调控、协调、管理、分配、规范、监督、推动、替代等功能。根据我们的理解，本书将公共政策的基本功能归纳为四种，即导向功能、规范功能、调控功能和分配功能。

（一）导向功能

公共政策的导向功能，即由社会问题引发的，为实现一定时期的目的，通过公共政策对人们的活动和事物的发展加以引导，使人们的活动和事物的发展能够按既定方向发展，从而使之形成一个和谐、稳定的社会氛围。导向功能使复杂多变、相互冲突、甚至漫无目的的社会生活纳入到一个明确的、统一的目标上来，使人们从各自为政的状态转变为一种奋发向上、共同追求新生活的状态[①]。

公共政策的导向功能，是一种行为的导向，更是一种观念的导向。许多公共政策在潜移默化中对人们的观念的引导比行为的引导影响可能更加深远。例如，金融危机之后，我国政府制定了"扩大内需"的政策，刺激人们扩大消费以稳定经济。在这一政策的长期指导下，在拉动了整个社会经济的发展的同时，更重要的是改变了人们的消费观念。而这种观念上的改变，很有可能会在某些环境下爆发。

公共政策的导向功能从表现形式上可分为直接导向和间接导向两种功能。根据对象不同，同一个公共政策可能同时兼具直接导向和间接导向两种功能，例如，"全面放开两孩计划"将直接增加我国人口，缓解我国人口老龄化趋势，这就是该政策的直接导向功能，而二孩的放开，对未来的养老将产生积极作用，减轻政府养老压力，这就是该政策的间接导向功能。此外，从结果反馈来看，公共政策的导向功能又可分为正反馈导向和负反馈导向两类。

（二）规范功能

公共政策的规范功能是指公共政策在社会实际生活中为保证社会的正常运转所起的规范作用[②]。这一功能主要表现为公共政策针对受众群体的行为所起的作用。

基本的社会秩序是社会正常运转的必要前提，但古语有云："天下熙熙，

---

① 曾婉玲：《公共政策引导功能研究》，广州大学2011年硕士论文。
② 刘昌雄：《公共政策：涵义、特征和功能》，《探索》，2003年第4期，第37—41页。

皆为利来；天下攘攘，皆为利往。""理性人"总是要追求自身利益的最大化，而社会资源是有限的，那么在逐利过程中，如果没有相应的行为约束，社会冲突和矛盾的激化将不可避免。社会发展需要一定程度的合力，需要将人们的行为纳入一定的轨道，防止力量的过度分散或相互抵消。因此，为了社会稳定发展，人们的行为必须受到规范和约束。而公共政策就是一种实现手段，它通过监督、惩罚和教育作用来规定和约束人们的行为，这种功能就是公共政策的规范功能。一般来说，公共政策都具有监督作用，能够及时发现并纠正社会生活中的"越轨"行为，保障并加强社会的正常秩序，促进社会进步和经济发展。同时，公共政策一般都具有一定的强制性，凡是违反政策的行都会受到相应的惩罚，例如酒驾会受到行政处罚甚至法律制裁。此外，公共政策规范功能的教育方面主要体现在通过各种方式对社会成员进行教育，使公共政策内化为社会成员的心理需要，使公共政策所确定的行为规范与价值体系成为人们的行为指南，从而保证整个社会生活正常地进行。

（三）调控功能

公共政策的调控功能主要是指调节和控制[①]。

公共政策的调节作用，在很大程度上体现在调节、协调社会的各种利益关系方面，尤其是物质利益的关系方面。不同个人以及不同利益集团之间总要发生这样或那样的利益冲突，而当利益冲突渐渐演变成一个社会普遍的现实问题时，就必须依靠公共政策来调节。因为公共政策过程中必然要考虑人们的公共利益，而公共政策又具有权威性，使得它具有调节矛盾的良好基础。国家的管理活动是一个复杂的系统过程，需要调节许多利益关系，包括社会组织之间的关系、各民族之间、不同体制之间的关系等。例如，极具中国特色的"一国两制"政策，坚持"一个国家，两种制度"，是我国协调大陆与港澳台关系的基本政策。

政策的控制功能是为了对人们的行为或事物的发展起到制约或促进的作用。政策主体通过制定公共政策来鼓励他们所希望发生的行为，而处罚他们所不希望发生的行为，从而达到对社会的控制。例如，典型的例子是我国一、二线城市越来越严格的房地产政策，它通过政策的控制功能把一、二线城市的房地产价格控制在一个与经济社会发展相适应的水平。

（四）分配功能

David Easton 认为公共政策就是对社会利益的权威分配。因此，公共政策的分配功能就是通过公共政策的实施，将社会的公共利益按一定的标准分

---

① 葛水林、朱余斌：《社会主义市场经济体制下公共政策的功能及其价值取向》，《皖西学院学报》，2006 年第 22 卷第 3 期，第 44—46 页。

配给目标群体,这是公共政策本质最集中而典型的表现。分配功能其实与调控功能有异曲同工之处,它们都是由资源的有限性和人们逐利的本性引发的。实际上,公共政策就是用强制性的政策来调整现实的社会利益关系,从而重新分配社会成员的利益。无法否认的是,一旦某项政策付诸实施,必然是一部分人获得利益,另一部分人未获得利益甚至失去原有的利益,这就是政策所起到的利益分配作用。因此,通常而言,应立足于解决社会公共问题的基点,站在公正的立场上发挥利益分配的作用,对社会公共利益进行权威性分配。但是"公正"也是一个"度"的概念,将"利益分配给谁,按什么方式进行分配"将始终是公共政策研究的核心问题。

第二章
公共政策的理论基础

第一节 公共政策与经济学

经济学是一门研究人类行为及如何将有限或者稀缺的资源进行合理配置的社会科学。"经济学之父"亚当·斯密的《国富论》是近代经济学的奠基之作。在亚里士多德时代的观点是：政治学、伦理学、政治经济学三位一体。诺贝尔奖获得者阿马蒂亚·森在《伦理学与经济学》说到："在很长一段时间内，经济学科曾经被认为是伦理学的一个分支。"

经济学从研究的范围来看可分为：宏观经济学、中观经济学、微观经济学。从历史发展来看可分为：家庭经济学、政治经济学。从政府参与经济发展的方式看可分为：市场经济、计划经济。从经济的主体来看可分为：政府经济（又称公共经济或公共部门经济）、非政府经济（包括企业经济等）。从经济的研究对象来看可分为：金融经济学、产业经济学等等。

由于经济思想和学说受社会、历史、阶级等因素的影响，因而经济学的研究对象也必然随着历史时代的更迭而发生变化。公共部门的各项活动，从公共部门参与社会资源的配置、公共政策的制定实施到公共部门的发展战略、组织结构演变、公共行政的效率，以及公共部门的财务、人力资源管理等等，无一不需要以经济学理论作为指导。经济学以自利、理性的"经济人"预设为逻辑起点，将公共管理活动置于资源稀缺的硬约束之下，促使其务必讲求经济效益。公共管理的经济学基础中包括新制度经济学体系中的诸种理论，如委托—代理理论、交易成本理论。新制度经济学肯定了公共管理活动的主观能动性，特别是对于制度供给的作用。新制度经济学各流派的发展，则在某种意义上直接促进了政府重塑等当代公共管理改革的实践。由此以经济学作为公共政策的理论基础，不但拓展了公共政策的研究范畴，也使其研究得以深化，进而使公共政策的经济学基础远比传统的公共行政学更为深厚。

这里重点介绍福利经济学、微观经济学、宏观经济学、经济政策学。

一、福利经济学

福利经济学是由英国经济学家霍布斯和庇古于20世纪20年代创立的研究社会经济福利的一种经济学理论体系。庇古在其代表作《福利经济学》《产业变动论》《财政学研究》中提出了"经济福利"的概念，主张国民收入均等化，且建立了效用基数论等。

福利经济学是从福利观点或最大化原则出发对经济体系的运行予以社会评价的经济学，属于规范经济学。与实证经济学不同，规范经济学的任务是对经济体系的运行做出社会评价，回答是"好"和"不好"的问题。而实证经济学则是排除了社会评价的理论经济学，主要研究经济体系的运行，说明经济体系是怎样运行的以及为什么这样运行，只回答"是"和"不是"的问题。

福利经济学研究的主要内容有：社会经济运行的目标，或称检验社会经济行为好坏的标准；实现社会经济运行目标所需的生产、交换、分配的一般最适度的条件及其政策建议等。其主要观点是"分配越均等，社会福利就越大"，主张收入均等化，由此出现了"福利国家"。国家在国民收入调节过程中作用加强，出现了使国民收入呈现均等化的趋势。

福利经济学作为经济学的一个分支体系，首先出现于20世纪初期的英国。1920年庇古《福利经济学》一书的出版是福利经济学产生的标志。第一次世界大战的爆发和俄国"十月革命"的胜利，使资本主义陷入了经济和政治的全面危机。福利经济学的出现，首先是英国阶级矛盾和社会经济矛盾尖锐化的结果。西方经济学家承认，英国十分严重的贫富悬殊的社会问题由于第一次世界大战变得更为尖锐，因而出现以建立社会福利为目标的研究趋向，导致福利经济学的产生。1929—1933年世界经济危机以后，英、美等国的一些经济学家在新的历史条件下对福利经济学进行了许多修改和补充。庇古的福利经济学被称作旧福利经济学，庇古以后的福利经济学则被称为新福利经济学。第二次世界大战以来，福利经济学又提出了许多新的问题，正在经历着新的发展和变化。

1929—1933年资本主义世界经济危机以后，英、美等国的一些经济学家在新的历史条件下，对福利经济学进行了许多修改和补充。

边沁的功利主义原则是福利经济学的哲学基础。边沁认为人生的目的都是为了使自己获得最大幸福，增加幸福总量。幸福总量可以计算，伦理就是对幸福总量的计算。边沁把利益说成是社会的普遍利益，把趋利避害的伦理原则说成是所有人的功利原则，把"最大多数人的最大幸福"确定为功利主义的最高目标。

帕累托最优状态概念和马歇尔的"消费者剩余"概念是福利经济学的重要分析工具。帕累托最优状态是指这样一种状态，即任何改变都不可能使任何一个人的境况变得更好而不使别人的境况变坏。按照这一规定，一项改变如果使每个人的福利都增进了，或者一些人福利增进而其他的人福利不减少，这种改变就有利；如果使每个人的福利都减少了，或者一些人福利增加而另一些人福利减少，这种改变就不利。

马歇尔从消费者剩余概念推导出政策结论：政府对收益递减的商品征税，得到的税额将大于失去的消费者剩余，用其中部分税额补贴收益递增的商品，得到的消费者剩余将大于所支付的补贴。马歇尔的消费者剩余概念和政策结论对福利经济学也起了重要作用。

二、微观经济学

微观经济学又称个体经济学、小经济学，是现代经济学的一个分支，主要以单个经济单位（单个生产者、单个消费者、单个市场经济活动）作为研究对象分析。微观经济学研究社会中单个经济单位的经济行为，以及相应的经济变量的单项数值是如何确定的，亦称市场经济学或价格理论。微观经济学是马歇尔的均衡价格理论基础上，吸收美国经济学家张伯伦和英国经济学家罗宾逊的垄断竞争理论以及其他理论后逐步建立起来的。

微观经济学关心社会中的个人和各组织之间的交换过程，通过分析个体经济单位的经济行为，研究现代西方经济社会的市场机制运行及其在经济资源配置中的作用，并提出微观经济政策以纠正市场的失灵。微观经济学研究的基本问题是资源如何配置，中心思想是自由交换往往使资源得到最充分的利用，使资源配置达到"帕累托效率"状态，涉及的主要范围包括消费者选择、厂商供给和收入分配。微观经济学的基本假设为：市场出清，即资源流动没有任何障碍；完全理性，即消费者与厂商都是以利己为目的的经济人，他们自觉地按利益最大化的原则行事，既能把最大化作为目标，又知道如何实现最大化；完全信息，是指消费者和厂商可以免费而迅速地获得各种市场信息。

微观经济学包括的内容相当广泛，其中主要有：均衡价格理论、消费者行为理论、生产者行为理论（包括生产理论、成本理论和市场均衡理论）、分配理论、一般均衡理论与福利经济学、市场失灵与微观经济政策。微观经济学的研究方向：微观经济学研究市场中个体的经济行为，亦即单个家庭、单个厂商和单个市场的经济行为以及相应的经济变量。它从资源稀缺这个基本概念出发，认为所有个体的行为准则都会设法利用有限资源取得最大收获，并由此来考察个体取得最大收获的条件。在商品与劳务市场上，作为消费者的家庭根据各种商品的不同价格进行选择，设法用有限的收入从所购买的各种商品中获得最大的效用或满足。家庭选择商品的行动必然会影响商品的价格，市场价格的变动又是厂商确定生产何种商品的信号。厂商是各种商品及劳务的供给者，厂商的目的则在于如何用最小的生产成本生产出最大的产品量，最大限度地获取利润。厂商的抉择又将影响到生产要素市场上的各项价格，从而影响到家庭的收入。家庭和厂商的抉择均通过市场上的供求关系表现出来，通过价格变动进行协调。

三、宏观经济学

宏观经济学是使用国民收入、经济整体的投资和消费等总体性的统计概念来分析经济运行规律的一个经济学领域，主要研究一国经济总量、总需求与总供给、国民收入总量及构成、货币与财政、人口与就业、要素与禀赋、经济周期与经济增长、经济预期与经济政策、国际贸易与国际经济等宏观经济现象。

宏观经济学与微观经济学只是研究对象有所不同，两者的立场、观点和方法并无根本分歧。两者均使用均衡分析与边际分析，在理论体系上，它们相互补充和相互依存，共同构成现代西方经济学的理论体系。在古典经济学家和后来的许多经济学家的著作中，对宏观经济现象和微观经济现象的分析都并存在一起，并未分清。特别是自边际革命以来，经济学家大多不承认经济危机的可能性，不承认国民经济总过程中的矛盾与冲突，只注重于微观经济分析，以致宏观经济问题的分析在一般经济学著作中几乎被淹没了。

经济学中对宏观经济现象的研究与考察，可以上溯到古典学派，最初来源于法国重农学派创始人魁奈的《经济表》对生产总过程的初次分析和英国马尔萨斯的"马尔萨斯人口论"。1933年，挪威经济学家弗里希提出《宏观经济学》的概念。在凯恩斯1936年出版《就业、利息和货币通论》，把国民收入和就业人数的联系作为中心进行了综合分析。之后，宏观经济学迅速发展起来。

宏观经济学的产生与发展，迄今为止大体上经历了四个阶段：第一阶段为17世纪中期到19世纪中期，是早期宏观经济学阶段，或称古典宏观经济学阶段；第二阶段为19世纪后期到20世纪30年代，是现代宏观经济学的奠基阶段；第三阶段为 20 世纪 30 年代到 60 年代，是现代宏观经济学的建立阶段；第四阶段为 20 世纪 60 年代以后，是宏观经济学进一步发展和演变的阶段。

四、经济政策学

经济政策学是关于经济政策设计制定、表述形式、论证实验、执行实施，以及经济政策体系内部相互关系、结构配套等问题的一门应用性学科。它涉及的学科范围非常广泛，包括了经济学、自然科学、哲学、逻辑学、政治学、管理学、统计学以及系统科学、决策科学等许多方面。

第二节 公共政策与政治学

政治学是一门以研究政治行为、政治体制以及政治相关领域为主的社会科学学科。狭义的政治学研究国家的活动、形式和关系及其发展规律；广义的政治学研究在一定经济基础之上的社会公共权力的活动、形式和关系及其发展规律。现代政治学注重研究政治主体和现实政治问题，如政治制度、国家法律、政治行为、政治决策、政治合法性、政治心理等。

政治学的前身能追溯至柏拉图和亚里士多德之前的年代，在希罗多德、荷马、赫西俄德、修昔底德和欧里庇得斯等人的著作里可以找到它的雏形。后来柏拉图开始分析希腊城邦的政治制度，将原本以文学和历史为方向的研究分析抽取出来，应用至哲学上。同样地，亚里士多德在柏拉图的分析上又建立了以历史经验为根据的研究，发展以比较方式研究政治，萌生了日后的比较政治理论，被誉为"政治学之父"。所以柏拉图的《理想国》和亚里士多德的《政治学》被认为是政治学的创始之作。在当时，对政治的研究主要是以对历史的学习、政府治理的手段和描述政府运作的情况为方向。而西塞罗更是对"国家"概念进行了界定，设计出了权力制衡的运作模式，并发展了自然法思想。

政治学研究范围中对各种不同的理论模型的分享和研究对于公共政策的制定有很大的帮助和影响，不同理论模型对于公共政策的不同侧重进行分析和解释，能够使得政策制定者通过不同模型的数据分析得出最终政策的系统制定，有利于细化不同策略的预期影响，从而帮助决策者通过综合考量得出最正确的决策，从而实现公共政策的实施和社会效益的公正、公平化体现。

公共政策是国家相关权利机关为了实现社会性、公共性的行动和行为，满足绝大多数公民利益要求而制定出的决策，是一种能够实现全民化目标的策略和方案。公共政策是服务社会、造福百姓的一种集体性的政策，是能够实现社会均衡、利益共有化的一种存在策略。公共政策的分析和理论模式的建立有着非常重要的实用价值和主导意义。

一、制度主义

制度主义是公共政策研究中以制度为侧重的研究，研究中包括国家、政府中各项制度的建设和完善，所涉及的范围包括执政党派、法院、政府要职的任命等方面的制度建设。绝大多数公共政策都是由这些机构和部门制定并下发，好的政府制度能够研发出好的公共策略，只有在政府部门许可和允许执行后，公共政策才能得到公开的落实和执行。制度主义中，公共政策有着三个最显著的特点：（1）政府许可范围内的政策才具有推广性和实施性；（2）政府政策一旦推广就具有普遍性，没有特殊性；（3）政府部门的政策一旦实施就具有统一性和不可抗性。

一般来讲，制度分析主要针对执政机关的机构组成、成员分布、政府职能等方面的制度状况，单纯地就制度本身进行分析和研究，而对于制度对公共政策的制定影响和执行影响则很少涉及。事实上，制度对于政策具有绝对的导向和压迫式影响，制度主义应该对这方面加以更多的关注和精力投入。

二、过程理论

政策过程是指从公共问题产生到政府提出解决方案的过程、经历的程序或阶段。政治学研究的主要内容包括政治权力参与到社会动态的全部过程和政治权力展开的各种行为。近年来，世界范围内的政治学研究已经延伸到诸如选民、利益集团、立法者、总统、官僚等各种政治权力主体的行为。过程理论涉及政策中各种政治权力行为的总和，其中包括决策目标、施行方案、政策构架、施行可行度、效果评估等方面。过程理论侧重的是一个政策从萌芽到成型的各个环节和过程，而不是政策最终制定出来的某一结果。

过程理论有利于帮助社会各界人士，尤其是非专业人士了解和认同一个政策中的各个因素对于最终政策决策的影响：在政策制定过程中对于一系列因素的考量催生了最终决策的拍板。可以说政策过程影响着政策内容，而政策内容同样也不断地影响着政策过程的各个细节。虽然说政策过程对于政策内容有着千丝万缕的影响，但是并不代表政策内容完全决定于政策过程，政策内容主要影响因素还在于权力决策者对于政策目标、社会影响、实施预期等多方面的考量和预估。

三、理论主义

理论主义认为，政策的制定是为了达到某一社会效益，而且区别于其他政策方案，最终选择的政策应该是综合考量之后的社会最大效益。政策制定者需要综合考虑社会各方面的因素，权衡不同阶层的利益矛盾体和利益冲突，最终确定出各个阶层都能够接受的、总体利益更高的一种策略。这里的效益最大化不单指利益方面的金钱因素，还包括社会团体和精神指导方面的因素。理论主义更倾向于让政策制定者能够：（1）细化社会中各个阶层的利益偏向和心理预期；（2）制定出不同的方案以谋求不同的社会效益；（3）准确预估不同方案的认可程度和执行力度；（4）了解不同方案的投入产出比；（5）通过对比、分析得出最大社会效益化的政策策略。

但是，理论主义在执行过程中会受到现实中很多不得已因素的影响。理论主义的预期往往在实际制定过程中会夭折，被各种障碍阻挡，使得理论主义不能在真正意义上进行有效实施。主要障碍可以总结为：（1）社会效益是相对的，不同阶层和群体之间的利益冲突和矛盾体是阻碍制度制定的关键因素；（2）理论上的社会效益最大化，事实上各个效益不能用准确的数据体现；（3）政策制定者往往存在以权谋私的现象；（4）政策制定者为了不明显地显示维护自身利益，往往更注重制定过程而非制定结果。

四、渐进主义

渐进主义认为，公共政策就是政府权力部门基于现有的各项政策进行必要的修正和补充，对不合时宜的政策进行修正，空缺的政策则进行补充。渐进主义认为任何一任领导者都不可能把某项政策制定得完美无缺、天衣无缝，而且随着时间的推移和社会的进步，可能在当时来说非常成功的政策会因越来越发展的现代社会而不合时宜，这时，政策的修正就应该适时地发挥作用；同样，有些在制定时没有出现状况的政策会在若干年后出现缺漏，这时，政策补充就应该提上台面。渐进主义有其自身的优点：（1）决策的制定与现实不会出现太大的偏差，可行性和实施性都具有很大的操控空间；（2）渐进方式做出的决策允许决策者在一定程度和一定时间内出现一定的偏差，然后根据不同的社会效应对决策进行适度的修改；（3）通过微调策略，调整不同阶层和群体的矛盾；（4）渐进方式可以较为稳妥地制定和实施某一政策，不会出现过激的社会效应或造成过大的突发状况。

渐进主义是把前后的决策分析作为相互连贯的过程，前者和后者有着必然的联系和结果。渐进主义注重事物的演变积累，当状况积累到一定程度时，渐进决策就应该进行适当的调整。渐进决策需要跟着时代的步伐不断地完善和前行。一般来说，渐进决策是出现在和平年代，在社会条件和发展情况没有出现太大起伏的前提下使用的决策方法，具有明显的保守性，相对而言缺乏变革性和创新性。

第三节　公共政策与管理学

　　管理学是一门综合性的交叉学科，是系统研究管理活动的基本规律和一般方法的科学。管理学是适应现代社会化大生产的需要产生的，它的目的是：研究在现有的条件下，如何通过合理的组织和配置人、财、物等因素，提高生产力的水平。公共政策的管理学基础可以认为是公共管理学。

　　公共管理学，是运用管理学、政治学、经济学等多学科理论与方法专门研究公共组织，尤其是政府组织的管理活动及其规律的学科群体系，与行政管理学、政府管理学、公共行政学、行政学常常可以看作同一个概念。公共管理学源于20世纪初在西方形成的传统公共行政学和60—70年代流行的新公共行政学，之后于70年代末期开始因受到公共政策和工商管理两个学科取向的强烈影响而逐渐发展起来。如今它已经成为融合了公共事务管理等多个学科方向的大学科门类。

　　公共管理学在其发展过程中，因学者们研究取向上的差异而显现出不同的风貌与内涵。波兹曼认为，尽管研究途径及理念互有差异，但就概念的演进而言，公共管理研究大致可分为两种途径。其一是公共政策途径（简称P途径）。P途径下的基本观点是：公共管理必须与公共政策的形成与制定密切联系，因而该学派直接将公共管理界定为政策管理，认为只有从管理的观点探讨公共政策，才能落实政策目标，实现理想境界。其二是企业管理途径（简称B途径）。20世纪70年代，在管理思潮的影响下，各国的企业行政管理学院不再专注于对内部行政管理过程的研究，转而注重研究工商政策与管理战略。在此背景下，B途径的公共管理研究也逐步发展起来。B途径与P途径有以下不同之处：（1）前者的课程设计依循商业学院的传统，后者则依循公共政策学的传统；（2）前者并不强调公共组织与私人组织的差异性，后者则特别凸显公共组织的特殊性；（3）前者企图与公共行政合流，后者则企图摆脱公共行政，而形成一个独立的管理领域；（4）前者重视策略与组织间的管理，是过程取向的，因而强调组织设计、人事与预算等问题，后者则强调政策与政治问题；（5）前者主张采用量化分析（如集群资料分析、实验设计），后者则强调采用个案研究方法。

　　系统、科学的公共管理学只有在整合公共政策与企业管理两种研究途径的基础上才有可能形成。为此，国外研究者进行了长期不懈地探索，波兹曼总结学术界各种观点，提出公共管理具有以下本质特征：公共管理是一个整合性的概念，是介于企业管理与公共行政之间的"第三条道路"。它在"什么"与"为什么"的层面上沿袭公共行政或公共政策途径，而在如何的层面上沿袭企业管理途径。虽然公共管理是将私人部门的管理手段运用于公共部门，但并未由此改变公共部门的主体性。当代公共管理学非常重视组织运行的内外部环境，尤其是重视外部环境的变化，强调实施战略管理，这是公共管理相对于公共行政的优越之处。公共管理强调价值融合与责任分担，关注政府改革与政府重塑，是一种全新的治理模式。

综上所述，由社会事务复杂性、社会价值观多元性，以及公共关系的错综复杂等因素所决定，公共管理学必然是一个科际整合的研究领域。这意味着公共问题的解决有赖于运用多学科的基础理论与分析工具。公共管理需要借用社会科学其他领域，如政治学、社会学、心理学和管理学的研究成果，尤其需要从公共经济学、福利经济学、公共财政学、经济管理学中获得处置和调节现代社会中各种复杂经济利益关系的有效政策手段。

一、公共产品理论

公共产品理论，是正确处理政府与市场关系、政府职能转变、构建公共财政收支、公共服务市场化的基础理论，不仅是新政治经济学的基本理论，也是公共管理学的基本理论。公共管理学的理论基础首先是公共部门经济学，其核心部分是公共财政学，而公共财政学的基础内容就是公共产品理论。早在19世纪末，奥地利和意大利学者将边际效用价值论运用到财政学科研究上，论证了政府和财政在市场经济运行中的合理性、互补性，形成了公共产品理论。1919年产生的林达尔均衡是公共产品理论最早的成果之一。按照萨缪尔森《公共支出的纯理论》中的定义，纯粹的公共产品或劳务是这样的产品或劳务，即每个人消费这种物品或劳务不会导致别人对该种产品或劳务的减少。公共产品或劳务具有与私人产品或劳务显著不同的三个特征：效用的不可分割性、消费的非竞争性和受益的非排他性。根据公共经济学理论，社会产品可细致地区分出公共产品与私人产品。其意义在于，合理界定政府组织与市场组织及其他社会组织在公共物品提供与生产中的相互依存和伙伴关系，从而有助于清晰地划分各级政府组织的职责范围。对公共产品提供途径的分析，有利于根据公共产品的属性进行多样化的制度安排，实现公共产品与劳务的有效供给。

二、公共选择理论

公共选择理论是一种以现代经济学分析民主立宪制政府的各种问题的学

科，传统上是属于政治学的范畴，是"对非市场决策的经济学分析"。公共选择理论产生于20世纪40年代末，并于五六十年代形成了公共选择理论的基本原理和理论框架。60年代以来，公共选择理论的学术影响迅速扩大。英国经济学家邓肯·布莱克于1948年发表《论集体决策原理》，被尊为"公共选择理论之父"。公共选择理论主要研究选民、政治人物以及政府官员们的行为，假设他们都是出于私利而采取行动的个人，以此研究他们在民主体制或其他类似的社会体制下进行的互动。在"经济人"预设的前提下，公共选择理论认为政府低效和规模不断膨胀的根本原因在于官僚制在公共服务供给中的垄断特性。具体而言，就是缺乏竞争、缺乏利润激励，以及缺乏监督机制。因此，改善官僚制的运转效率、消除政府失灵的根本途径在于取消任何形式的"公共垄断"，在公共部门中恢复竞争，引入市场竞争机制。公共选择理论悲观的结论能够给公共管理者以警示，告诫他们完善民主宪政，提高公共管理效率，避免政府政策失灵。

三、委托代理理论

委托代理理论是20世纪30年代美国经济学家伯利和米恩斯针对企业所有者兼具经营者的做法存在极大弊端而提出的，因倡导所有权和经营权分离，企业所有者保留剩余索取权，而将经营权利让渡，委托代理理论成为现代公司治理的逻辑起点。委托代理理论是制度经济学契约理论的主要内容，所研究的委托代理关系是一个或多个行为主体根据一种明示或隐含的契约形成的关系。委托代理理论是建立在非对称信息博弈论基础上，其中心任务是研究在利益相冲突和信息不对称的环境下，委托人如何设计最优契约以激励代理人。在政治与公共行政领域，公民与政治家、政治家与行政官员之间均存在着委托—代理关系，委托人和代理人的目标冲突与信息不对称是委托代理问题的核心。在有限理性和机会主义的"经济人"前提下，代理人利益与委托人的利益未必一致，他可能去追求个人利益而把委托人的利益放在次要位置，甚至以牺牲委托人的利益为代价，因而，在公共部门中，逆向选择和道德风险等问题仍会普遍存在。为了保证官员和政府机构能够按照委托人的意志行事，必须建立政府官员责任与激励结构，强化对政府组织的监督机制。

四、交易成本理论

交易成本理论是由诺贝尔经济学获奖者科斯在1937年提出的，是新制度经济学及产权理论的核心，根本论点在于对企业的本质加以解释。由于经济体系中企业的专业分工与市场价格机能之运作，产生了专业分工的现象。在产权关系界定模糊不清、环境不确定、信息不对称以及人类有限理性与规则匮乏等情况下，交易成本会变得异常高昂。因此，政府强化在建立产权制度、确立相关的法律秩序方面的作用，通过合理的制度安排和制度创新，可以有效地控制与减少交易成本的支出，提高经济活动的内在效率。

第四节　公共政策与伦理学

伦理学又称道德学、道德哲学，是关于道德问题的理论，是研究道德的产生、发展、本质、评价、作用，以及道德教育、道德修养规律的学说。而道德则是社会与自然一切生存与发展的利益关系中，善与恶的行为规范，及其相应的心理意识与行为活动的总和。伦理学所研究的道德，作为社会意识形态之一，是通过一定社会经济关系为基础的社会物质生活条件来反映的；伦理学则是通过善与恶、权利与义务、理想与使命，即人们的行为准则等一切范畴和体系来反映的。

在西方，伦理学这一概念源出希腊文，本意是"本质""人格"，也与"风俗""习惯"的意思相联系。古希腊哲学家亚里士多德最先赋予其伦理和德行的含义，所著《尼各马可伦理学》一书为西方最早的伦理学专著。在中国古代没有使用"伦理学"一词，19世纪后才广泛使用。但在先秦诸子百家的论著中，有大量关于人生道德、伦理的内容，特别是"君君臣臣""孝悌之道"等。其实在古希腊的同期，中国的伦理学已然兴起了。

伦理学以道德现象为研究对象，不仅包括道德意识现象（如个人的道德情感等），而且包括道德活动现象（如道德行为等）以及道德规范现象等。伦理学将道德现象从人类的实际活动中抽分开来，探讨道德的本质、起源和发展、道德水平同物质生活水平之间的关系、道德的最高原则和道德评价的标准、道德规范体系、道德的教育和修养、人生的意义、人的价值、生活态度等问题。其中最重要的是道德与经济利益、物质生活的关系、个人利益与整体利益的关系问题。对这些问题的不同回答，形成了不同的甚至相互对立的伦理学派别。

在古希腊罗马时期，苏格拉底和柏拉图都把至善作为伦理学研究的主要内容，并强调四大品德之一的"智慧"。亚里士多德认为，伦理学是研究人们的行为及品性的科学，或者说是研究人的道德品性之科学。古希腊哲学家伊壁鸠鲁认为，伦理学所研究的主要问题，是人生目的和生活方式，强调伦理学是研究幸福的科学。与伊壁鸠鲁学派对立的斯多阿学派，从强调义务出发，认为伦理学是研究义务和道德规律的科学。公元前1世纪的罗马思想家M. T. 西塞罗，把他的伦理学著作称为《义务论》，并将古希腊的伦理学称为道德哲学，赋予伦理学以新的意义。在近代，人们对伦理学的对象更有不同的理解，例如：伦理学是研究人生目的的学问；是研究善和恶的学科；是研究人的行为、道德判断和评价标准，研究道德价值的科学；是研究理性原则和规律的科学；是关于情感意志的科学；是研究道德语言的科学等等。所有这些关于伦理学研究对象的看法，都是围绕着道德问题提出的。除了把伦理学看作是纯理论抽象的道德哲学的观点外，大多数伦理学家都承认研究的目的是为寻找和建立一种调整人与人之间的关系、维护社会秩序和培养有道德的人的理论。他们或多或少地涉及到伦理学的对象和任务问题，但都没有做出科学的解说。

19世纪初，随着资本主义经济的发展，无产阶级反对资产阶级的经济斗争和政治斗争日益尖锐。无产阶级为了清除剥削阶级旧道德和各种非无产阶级思想对工人阶级道德面貌的腐蚀，培养大批无产阶级新人，迫切需要新的道德理论。马克思和恩格斯适应这种需要，从辩证唯物主义和历史唯物主义的基本理论出发，创立了马克思主义伦理学。马克思主义伦理学将道德作为社会历史现象加以研究，着重研究道德现象中的带有普遍性和根本性的问题，从中揭示道德的发展规律。马克思主义伦理学建立在历史唯物主义基础之上，强调阶级社会中道德的阶级性及道德实践在伦理学理论中的意义。

国际上比较成熟的具有代表性的伦理价值观主要有以下几种。[①]

一、功利主义

功利主义，即效益主义，是伦理学中的一个重要理论。提倡追求"最大幸福"，认为实用即至善的理论，相信决定行为适当与否的标准在于其结果的实用程度。代表人物有哲学家杰瑞米·边沁、约翰·斯图尔特·密尔等。早在功利主义正式成为哲学理论之前，就有功利主义思想雏形的出现。公元前5世纪的亚里斯提卜、前4世纪的伊比鸠鲁、中国古代的墨子及其追随者的伦理学中都存在着如何促使最大快乐的思维，他们是古人中功利主义的先驱。功利主义正式成为哲学系统是在18世纪末19世纪初期，由英国哲学家兼经济学家边沁和密尔提出，其基本原则是：一种行为如有助于增进幸福，则为正确的；若导致产生和幸福相反的东西，则为错误的。幸福不仅涉及行为的当事人，也涉及受该行为影响的每一个人。根据应用方式，功利主义可

---

① 胡敏：《当代公共政策伦理的理论来源》，《学习时报》，2010年6月22日。

分为：情境功利主义、普遍功利主义、规则功利主义。早期的功利主义者认为公共政策应当坚持功利原则，也就是最大多数人幸福原则；功利主义对公共政策的理解建立在一个特定的逻辑前提上，也就是社会并不是一个有机体，而是一个虚构的共同体，是由原子式单个的个体所组成的，他们之间并没有任何的有机联系，所以，共同的利益无非就是由组成共同体的成员的个体利益简单相加所得到的总和。

二、正义主义

约翰·罗尔斯认为：正义是社会制度的首要美德。罗尔斯在他的《正义论》开篇就指出："正义是社会制度的首要价值，正像真理是思想体系的首要价值一样……法律和制度，不管它们是如何有效率和有条理，只要它们不正义，就必须加以改造或废除。"正义是秩序良好的社会的基础，现代社会作为一个合作体系，它的正当性与稳定性就在其基本制度的正义性之中。罗尔斯从社会合作理念出发，试图构建一种社会基本结构，坚持认为公共政策制定必须合乎两个正义原则：第一原则是权利原则，实际上就是自由优先原则，自由只能为了自由的缘故而被限制；第二原则是差异原则，社会的、经济的不平等应当这样安排，在机会平等的前提下，职务和岗位向所有社会成员开放，还要保证受惠最少的人获得尽可能最大的利益。具体来说，自由平等优先于机会均等，机会均等优先于分配平等。两个正义原则是平等公民在"无知之幕"中，通过正义的程序所获得的，即规则的参与者事先对自己参与游戏的身份与地位是无知的，以中立的身份对规则进行设定。尽管有许多人认为这是价值中立，但也有观点认为是利益中立，即所有人在自己的身份利益中立的状况下进行规则的制定与参与。这正是因为价值上有了公平、正义取向的结果。因此具有伦理上的合理性，所以可以作为公共决策的基本伦理准则。公正的社会又应当避免自然的"博彩"，不能因为有些公民因为自然的劣势而生活不幸，因此，社会经济利益的分配应当在保证机会均等的条件下，对那些在合作体系中最不利者给予一定的补偿。

随着对正义研究的深入，哲学家还将正义分为不同的类型，如分配正义、惩罚正义、补偿正义、程序正义和持有正义。（1）分配正义，指的是正义的分配福利和负担。它需要考察是否由于某一政策或行动而获得利益，但是对于如何分配才算正义，不同的人有不同的看法，有人认为应该平均分配，有人认为应该参照能力或者需要分配。（2）惩罚正义，意味着对某些人予以惩罚，其基本要求是惩罚与罪状相符。在某些条件下可以减轻或者免除行为者的道德责任，这些条件称为谅解条件。根据美国管理学家乔治的观点，谅解条件有三个，即减少行为可能性的条件、缺乏必要认识的条件、缺乏必要自由的条件。(3) 补偿正义，要求对过去给某些人造成的伤害或不正义给予正义的补偿。这就需要考虑到如何补偿或者补偿多少合理的问题，以及涉及伤害如何衡量的问题。(4) 程序正义，是指决策、程序和各方协议正义，其标准是"回报、惩罚、福利、成本分配的原则和程序是否正义"。(5) 持有正义。美国哈佛大学哲学教授诺齐克坚持认为，正义就是正义的持有，公共政策应当坚持这一原则。从某种程度而言，诺齐克对公共政策伦理标准的理解是与罗尔斯相互对立的。他对政策之应然的理解是建立在"权利"这一理念之上。正义只是对于资格而言，只要有资格拥有，哪怕是社会财富不平等程度最大，也是合乎正义的要求。从个人与政府这种关系看，公共政策也只有限制在国家权力使用可以得到合理性辩护的地方，而不得越雷池半步，否则就没有任何合理性与合法性。因此，公共政策的伦理标准只可以是持有正义而不可以是罗尔斯式的分配正义。他的正义包括三个原则：一是转移原则，任何通过正义途径所获得之物都可以自由地转移；二是正义的初始获得原则，人们最初是如何获得的那些原则，可以为第一原则而转移的事物提供解释；三是对非正义的矫正原则，如何处理通过非正义途径所获得的收益。

三、平等主义

平等主义是基于所有个人要求在社会上的平等政治主张，以及所有人应平等地得到社会的保障，包括法律权利、政治权利、公民权利等。其核心思想是平等必须不分种族、不分性别，政府的政策不应因为个人的性别、种族和宗教信仰而有所偏袒。(1) 资源平等。资源平等是当代最著名的法理学家罗纳德·德沃金的观点。德沃金从接受市场的不平等出发，认为公共政策制定必须坚持资源平等原则。市场经济是我们现在所知道的所有经济运行模式中最为有效的模式。但是，市场运行不可避免地带来结果的不平等。这种不平等对政治社会而言是不合理的。作为一个自由主义者，德沃金认为公共政策一定要体现平等的关切，既要在道德上平等地对待每一个人，又要让人们为自己的选择承担责任。尽管资源平等无法精确实现，但因为这一伦理要求体现了对人的真正的平等的关切，所以还是可以依据这一伦理原则去评价真实世界里的分配和相应的公共政策制定。(2) 能力平等。当代杰出的经济学家和哲学家、印度籍美国哈佛大学教授、1998年诺贝尔经济学奖获得者阿玛蒂亚·森从自由的发展理念出发，坚持认为公共政策的伦理标准是基本能力平等原则，发展的过程就是扩展人类自由的过程。发展就意味着人的发展，就意味着每一个人都可以"持久生活（不在青春年华就夭折）和活着过一个好的生活（而不是一个艰难的、不自由的生活）"，所以发展的根本就是每一个公民的能力的发展。这样，对发展的伦理学思考就必须从对人的本质进行考察。那么，从另外一个方面我们就可以说，发展就是要破除对人的能力的各种不利的限制，使每一个社会成员的能力都可以得到应有的发展。公共政策作为对社会的总体性的政治安排，其伦理的可辩护性就在于对人的自由与能力的保护与提升。

第五节　公共政策与心理学

　　心理学是一门研究人类心理现象、精神功能和行为的科学，主要包括基础心理学与应用心理学两大领域，其研究涉及知觉、认知、情绪、思维、人格、行为习惯、人际关系、社会关系等许多领域，也与日常生活的许多领域——家庭、教育、健康、社会等发生关联。心理学一方面尝试用大脑运作来解释个体基本的行为与心理机能，同时，心理学也尝试解释个体心理机能在社会行为与社会动力中的角色。另外，它还与神经科学、医学、哲学、生物学、宗教学等学科有关，因为这些学科所探讨的生理或心理作用会影响个体的心智。实际上，很多人文和自然学科都与心理学有关，人类心理活动其本身就与人类生存环境密不可分。

　　20世纪70年代后，政策研究逐渐成为西方心理学的一个活跃领域。美国心理学协会（APA）1988年首次颁发每年一度的公共政策研究杰出贡献奖，标志着政策研究成为应用心理学的一个重要发展领域，同时也表明政策研究在心理学的未来发展中具有旺盛的生命力。

　　西方心理学研究者对公共政策现象日益感兴趣，愈加重视对公共政策这类重大社会问题进行研究，其原因是多方面的。首先，与时代发展的需要紧密相联。西方层出不穷的社会矛盾，如种族歧视、贫富差距、道德沦落、青年颓废、吸毒泛滥、环境污染、能源危机等，迫使各国政府不得不通过提高政策制定能力来化解社会的危机。受时代发展和相邻学科变化的影响，公共政策问题逐渐成为部分心理学研究者关注的一个焦点。其次，与政策问题离不开人的心理活动有关。政策现象的特征，决定了无论是政策的制定还是政策的贯彻与执行，或者政策的反馈与修改，都与人的心理活动紧密相联。人们普遍感到，政策已不单是政策制定者、政治学家、社会学家的问题，离开人的心理活动，运用政治学、社会学等传统的研究方法已不能很好地解决政策问题，所以，政策问题的较好解决，需要心理学的加盟。第三，与心理学家日益增强的社会责任感和道德感有关。近年来，从社会责任与道德维度评价心理学的作用，受到心理学家们的高度重视。心理学工作者越来越多地感到自己所肩负的社会责任。关注公共政策的公平、公开、公正以及它的科学性，为心理学家实现这种抱负提供了重要的活动舞台。第四，与心理学长期追求的目标相一致。自第二次世界大战以来，西方心理学特别强调心理学必须关心人类的幸福生活与福利，必须有助于实现人类社会文明的最高目标。政策的制定、贯彻经常涉及社会各阶层甚至整个社会的切身利益，心理学参与到政策研究中去，可以有力地促进心理学基本目标的实现。第五，与西方公共政策研究的社会化有关。在西方，特别是在美国，政策已不仅是政府部门的事。政策研究的社会化异常突出。各种类型的政策研究机构纷纷涌现。它们为心理学专业工作者提供了就业机会，间接地促进了心理学中政策研究方面的发展。

将心理学的研究发现转变为公共政策问题，是心理学政策研究中最为活跃的领域。通过心理学的研究，发现公共政策的死角，揭示心理学研究的公共政策含义，唤起公共政策的制定者、决策者及社会各方面对政策现象心理层面问题的重视，把心理学研究与公共政策的制定结合起来，促进公共政策的发展，心理学研究者做了大量政治学、社会学研究做不到的工作。

一、公共健康政策的心理学研究

公共健康政策是帮助个人、群体和社会获得美好生活的重要指导原则。特别是因为许多健康问题本身就与行为和心理因素有关，心理咨询与治疗是公共健康政策的一个重要组成部分，它吸引了一批心理学家不断在这方面展开研究。利文顿的研究指出，虽然心理学在发展与公共健康的应用关系方面取得了巨大的进步，但是在把心理学研究综合到公共健康的基础结构中去仍有待改善。人们在制定公共健康政策时需要进一步认识到心理学在公共健康实践，特别是在预防疾病方面的独特贡献。他对如何加强心理学与公共健康政策的结合作了展望。霍尔特格莱夫则对公共健康政策的形成过程与参与者，行为科学和社会科学在形成公共健康政策中的作用，行为科学与公共健康政策制定过程相结合的机会与障碍进行了分析。他指出心理学对公共健康政策的制定具有重要的影响，并对加强这种影响的途径进行了分析。

二、司法政策心理学研究

从动态的角度研究社会公共权威的行为，尤其是社会公共权威的政策行为，是当代政治科学的一大特点。法律、法院的判决是如何产生的？司法判决后是如何执行的？这些问题是政治科学研究的重点对象。心理学中的政策研究也没有放过这一关键领域。把心理学研究与司法政策联系起来，是心理学政策研究的特色之一。从1988年到1998年，在美国心理学协会11次政策研究杰出贡献奖的得主中，戴梦德、特普林、赖斯三位的研究工作都与此有关。戴梦德通过分析死刑的法律判决书，发现某些死刑判决书提供了不适当的指导和忽视了可能导致陪审团错误解释判断书的框架。他提出心理学研究可以帮助发现判决过程中出现不当的来源，加强法官与陪审团之间的交流，改善他们对相关信息的理解，从而减少判决过程中出现与宪法不一致的情况。他的研究把问题落实到了司法程序和政策上，指出司法部门在起草、修改和做出判决时，如果采用社会科学的研究发现和跨学科的方法，可以产生更有效的司法判决。特普林对美国城市中囚犯的精神失常问题做了相当仔细的研究。通过研究，她发现由于违法、治疗经费短缺和法律手续严格等原因，警方很少把犯法的精神病人送到医院急诊部治疗。尽管精神病人并不比非精神病人有更多的违法可能性，但是他们的被捕率是常人的两倍。她使用多方法的途径去克服单一方法的不足，首次把严密的心理学现场研究方法引入到犯罪审判环境中，提出在司法机构中特别需要提供心理服务。她的研究结果成功地使心理健康与犯罪司法系统结合起来，并被用于指导警方的政策。

三、环境保护政策的心理学研究

许多心理学研究者把心理学研究与环境政策联系起来。比如，他们围绕环境噪声对身心的消极性影响做了大量的研究，试图以此唤起社会对噪声问题的重视，促使政府制定相应的环境保护政策。史泰博等人对美国联邦政府的环境政策进行了分析，发现它是根据剂量—反应模式得到的有限资料并以技术方法为基础的。该环境政策只与群体接受噪声的平均烦恼水平有关，没有考虑到不同的环境、不同的人对环境噪声有明显不同的心理反应，没有考虑到人对噪声的耐受能力有明显的个别差异等关键心理因素，忽视了心理因素与噪声效果的相互关系。他们提出以环境压力理论和噪声评价模式为框架，来调节和排列无关联的变量以及与公众对噪声的不满纠缠在一起的各种复杂的内部关系，并以此形成环境政策。

四、社会保障政策的心理学研究

社会保障政策涉及的范围很广，成年人自杀、无家可归、吸毒等问题都与社会保障有关。社会保障政策包含许多心理学的问题。越来越多的心理学家认识到，国家在制定社会保障政策时，如果忽视了人们的心理反应，将会削弱它们的作用。因此，从心理学的角度定义有关问题，为社会保障政策的制定提供人际影响、组织、社会网络等方面的心理学研究结果，促进健全的社会保障政策的形成，就成了心理学工作者努力研究的另一个重要方面。塔卡尼雪通过对成年人危机的研究，向美国立法机构提出了制定相关政策的建议。他认为在起草相关的社会保障政策时，必须包括以下三方面的内容：(1) 有助于形成一种综合性的方法。通过它使人们认识到某些成年人的身体健康、心理健康问题是影响成年人生活的重要因素。(2) 使人们认识到单纯向成年人提供信息、教学并不足以发展成年人健康的生活。社会需要使成年人认识到健康的重要性并向他们提供必要的社会服务，增加他们应付生活危机的技能。(3) 有利于社会机构、家庭、学校、大众传媒等通力合作帮助成年人摆脱危机。加兰等人通过对自杀者的人口统计学、危险因素、防护措施的心理学分析，发现许多自杀干预努力并没有从当前的研究发现中获益。由于研究者和发展自杀干预计划的人缺乏适当的交流，流行的防止自杀的课程教育并没有效果。他们提出需要把心理学研究的经验知识与政策形成和具体的干预努力综合起来，才能克服原来方式的不足。为了有效地降低成年人的自杀率，社会必须在政策上支持初级防护努力、专业性的自杀防护教育、警方对武器的管理与教育，以及传媒防止自杀的宣传等各项活动。

第三章
公共政策要素分析

十九大报告中指出要"提高党把方向、谋大局、定政策、促改革的能力和定力,确保党始终总揽全局、协调各方"①。报告中强调要不断完善提高民族政策、文化经济政策、就业政策、国民健康政策、生育政策、敬老政策、国家安全政策、外交政策、国防政策……小到每一个社会个体,大到整个国家的前途命运,都与公共政策休戚相关。西方学者对于公共政策的研究始于20世纪50年代,对于公共政策内涵与外延的揭示是一个渐进演变的过程。威廉·詹金斯认为:公共政策是由政治主体或团体主体在特定的情境中制定的一组相关联的决策,包括目标选择、实现目标的手段,这些政策原则上都是力所可及的。这一定义在界定制定公共政策的主体、认可主体行为范围以及公共政策的计划职能的基础上,进一步指出了实施公共政策的约束条件,从而揭示了制定公共政策需要遵循的客观性以及对环境的依赖性。公共政策的要素可以归纳总结为:公共政策问题、公共政策目标、公共利益、决策主体、政策对象、政策环境,以及公共政策的制定、执行与评估。公共政策是一门需要学者和政府官员共同研究的学问,后者的实践经验对于政策科学的发展具有重大意义;政策科学必须有"发展构建"的概念,它以社会的变化为研究对象,所以必须建立起动态的模型,因此有必要对公共政策的特点与构成要素进行系统分析。

第一节 公共问题与公共政策问题

公共政策缘起于公共问题,针对不同的公共问题才会出现各种不同的公

---

① 习近平:《决胜全面建成小康社会 夺取新时代中国特色社会主义伟大胜利——在中国共产党第十九次全国代表大会上的报告》,人民出版社2017年版。

共政策。然而,并不是所有的公共问题都有机会上升为公共政策问题,政府的选择性应具有主动性,不能等公共问题扩大了、严重了再亡羊补牢,而是应该具有前瞻性、预见性和查漏补缺性。

一、公共问题与社会问题比较

社会问题并不等同于公共问题。

首先,公共问题影响的范围广泛。能称之为"公共问题"的社会问题,一定具备两个方面的广泛性。一是影响人群的广泛性。这集中表现在它超越个人以及少数人的范畴,对多数人以及绝大多数人产生了影响。比如:环境问题、交通问题、住房问题、就业问题、贫富差距问题、食品安全问题等等。社会问题外延比公共问题宽泛,有的社会问题"并不影响很多人,不会对他人产生直接效果,这类问题称为私人问题。而那些有广泛影响,包括收到交互过程的间接影响,以及所有这些影响都达到了必须认真对待的问题,人们才称为公共问题"[1]。也就是说,社会问题与公共问题有重合的部分,社会问题包含了私人问题和公共问题。公共问题一般超越了个人特定的环境和范畴,它与人类整个社会生活、制度或全部历史有关,因此,公共问题是大众的问题,是人们的价值、观念、利益或生存条件受到了威胁而出现的问题。有时它也泛指那些人类社会存在的某种危机的困境。另外,实际存在的公共问题往往牵涉到较为广泛的社会关系,甚至影响到为数众多的民众。[2]二是公共问题涉及地域的广泛性。公共问题不仅仅是某家某户某个单位的问题,而是一个地区、一个省份、一个国家,甚至超越国界限制而对人类共同生活造成潜在或者现实的影响。这里需要注意的是,一些学者,尤其是西方学者的译著,认为社会问题是影响社会全体成员或部分成员的共同生活、破坏社会正常活动、妨碍社会协调发展的社会现象;认为所有社会问题影响的都是多数人,影响的范围也是宽泛的。这主要是东西方文化与文字表述的差异性引起的。一部分西方译著所说的社会问题等同于我们所说的公共问题,是对术语理解上的混淆。

其次,社会问题与公共问题影响的程度也是不同的。社会问题是指社会的实际状态与社会期望之间的差距。公共问题具有影响的不可分性和社会共享性。具体来说,就是指公共问题对个人或团体、群体的影响是相同的。不论是有益的影响还是有害的,都会使社会成员受到相近的影响,而不仅仅是对社会的预期无法实现。因此,社会问题和公共问题的区分并不仅仅涉及人

---

[1] 陈庆云:《公共政策分析》,中国经济学院出版社1996年版,第148页。
[2] 赵成根:《行政决策概论》,北京大学政治学与行政管理系成人教育自编教材,第44页。

数范围的区分，还有影响程度的区分。公共问题一定是对社会成员产生了广泛影响，而不仅仅是主观的预期不能够满足。

二、公共政策问题的选择

公共问题并不等同于公共政策问题，能够成为公共政策问题的公共问题是指政府决定有所作为的问题。政府治理的工作量是巨大的，政府是社会生活中的关键力量，政府采取行动是一种集体共识，同时也是解决市场经济和社会机构不能解决的社会内部冲突所需要的。一部分专家学者认为，政府需要采取行动的公共问题一定是影响面积大、影响人群广、影响程度深的公共问题。但是这并不是我们搭建政府公共政策模型应有的逻辑起点。这种等待问题出现以及问题影响恶化再解决的被动状态，不利于政府公信力的形成，也不利于社会健康良性的发展。

我们在解决公共问题的价值选择上，应采取一种更为主动的姿态。主动查找已有政策的漏洞，以及建立公共问题预警系统。

首先，应作为市场手段的必要补充。公共政策作为政府的干预手段，尤其是在中国特色社会主义市场经济体制下，要积极主动地去弥补市场手段的不足，建立完善的国家体制和制度需要公共政策主动查漏补缺，填补短板，促进市场经济良性发展，协调社会矛盾，确保效率，兼顾公平。

其次，对已有政策出现问题的及时监控和调整。已有公共政策经过合法程序出台后，并没有终结，之前对政策考证及论证都是一种专业的推测，政策效果需要实践的检验，一旦出现政策性的漏洞和差错，一定要有监控预警，及时发现问题、处理问题，而不是等待问题的扩散和严重恶化。因此，政策试点是一个不错的选择。

第三，新出现的公共问题。随着时代的发展、社会的进步，新情况与新问题总是如影随形。对社会出现的变化，新问题可能出现的预警，都是公共政策针对公共问题的必要选择。政府对公共问题的掌控应具有预见性、主动性和可控性。

三、公共政策问题的应对

政府一旦确定应对的公共问题，便需要采取相应的行动，根据具体的问题通过程序生成相对应的政策。而这种政策如同工具，不同的工具运用于不同的问题。比如政策的管制功能，分为积极性管制和消极性管制。（1）积极性管制：政策条文的规定突出正激励原则，即对某种行为加以物质或精神方面的奖励，以刺激这种行为重复出现的频率，从而达到减少其反向行为的目的。(2) 消极性管制：政策条文的规定突出负奖励原则，即对某种行为加以物质或精神方面的惩罚，以抑制这种行为重复出现的可能，从而达到有效管制的目的。比如：汽车尾号限行政策出台以后，仍然拒不执行的车辆便会受到罚款惩罚。又如对外来人才落户的鼓励政策，就有利于高精尖人才的引进。这两种管制功能区分起来也非常容易，在法律条文中出现"应当""必须"这些词汇的强制性规范，类似于消极性管制，出现"可以"等词汇则属于选择性或者授权性规范，类似于积极性管制，此外，公共政策还有引导、调控、分配等功能，这些都是公共政策可以选择的工具。

那么，遇到怎样的问题需要哪一级政府负责制定和实施公共政策，这也是我们政府制定公共政策需要首先应对的。美国"自由主义者认为，在国家层面上存在着一个能够起作用的群体，联邦政府比州和地方政府的调控和再分配能力更强；另一方面，保守主义者相信，公共政策问题，应该由距离这些问题最近的那一层政府解决"。[1] 现代社会，公共政策一定是有其层次要求的，一刀切的政策往往是欠缺科学性的。一般而言，高层次的政策对低层次的政策具有指导作用，但它往往都是概括性很强的原则规定，难以规范人们的具体行为，可操作性不强，只有把高层次的政策逐层分解并加以具体化，才能使之转化为低层次一系列具有可操作性的辅助政策。比如，中央政府制定的政策往往是从整个国家的全局出发，对地方政策具有宏观的指导性作用。而地方政府应依照本地区的实际情况，具体分析政策的目标群体，以中央政府的政策为框架，制定出适合本地区情况的政策。我国的政策一般分为元政策（也就是制定政策的政策）、基本政策以及具体政策三个层面。

第二节 公共政策目标的设定

政策目标是公共政策的核心要素，政策目标也是对公共政策进行评估的基本依据。政策目标的特性会影响公共政策效果的取得，确定政策目标也是要综合考量许多的因素，目标的实现也受诸多复杂因素的影响。

一、公共政策目标的三个层次

（一）理想目标

理想目标是特定政策所追求的最为理想化的目标。它是在假设一切条件

---

[1] 小约瑟夫·斯图尔特、戴维·M. 赫奇、詹姆斯·P. 莱斯特：《公共政策导论》，人民出版社2011年版。

都能够具备的情况下所要实现的目标。比如：实现共产主义、追求绝对的社会平等等。理想目标的执行往往是自上而下的，将理想目标逐级分解到行政指挥链条中，随行政层级的降低而不断具体化，并被下属各层级行政官员贯彻落实的过程。这个过程需要将政策目标逐级分解为具体的、可操作的实现政策目标的管理途径和手段的过程。理想目标的具体化过程主张政策完全服从于政策目标的实现，偏重于演绎式的工作思维方式。我们国家对政策目标实现的动员能力还是很强的。但是，理想目标的设定在注重价值合理性的同时要对现实情况深入了解，以及落实目标的政策可操作性。

（二）预期目标

政策目标的实现往往会受到各方面因素的约束，比如成本约束、合法性约束、信息约束、政治约束、专家智库的约束、已有工作基础的约束等等。考虑到目标约束条件以及现实条件提供的可能性，政策的理想目标往往要和现实妥协。这就是一般意义上的预期目标。政策目标的设定需要我们考虑实现目标的内部条件，比如人、财、物、信息等管理资源条件，以及政策对象的认可和接受程度、已有的工作基础和经验等等。

（三）现实目标

现实目标是指政策预期目标的实现程度，也可以理解为政策效果的一部分内容。但政策效果并不就是政策目标的全部内容，因为政策有预期的产出和非预期的产出。预期的产出与政策目标密切相关，非预期的产出也并不见得都是不好的，只是超出了当初预期的目标，是政策的"副产品"。当然，非预期产出中有一部分可能是偏离政策目标的产出，是政策带来的副作用。

二、政策目标的特性

（一）政策目标的含糊性

政策目标的设定往往都具有含糊性，这种含糊性体现在两个方面：一是用语的概括性。比如，"使社会风气好转""实现社会秩序的稳定"等等。这些用语往往无法具体衡量。二是政策目标往往具有非量化的特性。并不是所有的目标都是可以数量化的，不能够量化的目标也不见得就是不科学的，可量化的目标也不见得就是科学的。所以，对目标的量化标准一定要把握两个方面：一是根据针对具体的公共问题具体评估，二是辩证地看待数据标准的科学性。

（二）政策目标的多元化特性

政策的目标往往是多元化的。比如公务员加薪政策要实现的目标就包括：高薪养廉、拉动内需、吸引优秀人才、稳定公务员队伍等。多元化的目标通常包括主要目标和次要目标，目标与目标之间有可能带来目标上的冲突，而影响目标的实现。这就要求我们区分主要目标和次要目标，在确保主要目标实现的同时兼顾实现次要目标。此外，还要对政策除了实现预期目标之外产生的副作用有足够的预判和应对。

（三）政策目标的系统性

政府政策的目标确切地说是个目标体系，应当看作一个整体的系统。政策目标在时间纵向上分为最终目标和直接目标。政策的最终目标往往不能一步到位的实现，要分阶段、分步骤、分程度、分地区地逐步实现，所以直接目标的实现是最终目标实现的保障和基础。而在实现直接目标和阶段性目标的同时，应时刻不忘最终目标的指引和方向，一步一步稳健地向最终目标迈进，以期最终目标的实现。

三、公共政策目标的设定

（一）政策问题与政策目标的相关性

对政策问题做出怎样的诊断，就会有什么样的政策目标。这一方面考验我们政府的诊断能力，另一方面也检测着我们政府的应对和决策能力。比如，认为城市治安问题是由"民工"造成的，就会有"限制民工进城"的政策目标。

（二）政策目标的正确性和合理性

政策目标的正确性和合理性主要是指目标的可行性，包括政治上的可行性、经济上的可行性和技术上的可行性。政治上的可行性主要指不违反上位法以及现有的法规政策；经济上的可行性主要是指政策资源对实现政策目标的限制；技术上的可行性主要是指政策方案的可操作性，也是指技术条件或技术环境为政策目标实现所提供的支持。但我们在制定政策时，不应该用政策目标的合理性来说明政策本身的合理性或政策手段的合理性。

（三）政策目标的前瞻性

政策目标的前瞻性优化了目标的合理流动。政策目标如果不具备预见性和超前性，势必带来未来诸多的公共政策问题，与其不断地对旧有政策进行修补，不如一开始制定的政策就具有前瞻性。这如同城市道路建设，新建的城市交通道路不单要满足当前的人流量与车流量的需求，还应当满足10年、20年后城市发展的需求，以减少重复建设。而这种前瞻性正是检验一个政府执政能力优劣的关键所在。

四、影响公共政策目标实现的因素

(一) 对政策目标的共识程度

对政策目标的认可和共识,是制定、执行、落实政策目标的前提,这包括政策制定主体对政策目标的共识、政策制定主体与政策执行主体对目标的共识、政策对象对政策目标的共识。政策制定主体的共识,这是统一思想的客观要求。政策制定主体与政策执行主体的共识,因为两者往往是相互独立的利益实体,所以未必能够达成相应的共识,所以如果不达成共识,在执行上就会大打折扣。政策对象对政策目标的共识,是基于对维护自身利益的认同,也是我们制定政策目标的根本出发点。

(二) 政策目标的实现并非单因素作用的结果

特定政策目标的实现可能是多种社会因素综合作用的结果。比如计划生育政策控制人口数量的目标。当人口数量"得到控制"时,可能会夸大政策的作用。事实上,人口数量的减少可能是人们生育观念改变的结果。这样,在评价政策目标实现程度时,就需要排除其他因素的影响,客观地评价政策所做的贡献。

(三) 政策目标的相互配套性

政策目标的相互配套性主要是指政策目标之间是否会相互冲突。比如一些政策鼓励人们晚婚,另外一些政策特别是福利待遇的分配政策,则在事实上鼓励人们早婚。再比如,一些政策要实现拉动内需的目标,鼓励人们把钱从银行里拿出来,另一些政策则要实现其他目标,事实上鼓励人们把钱存进银行里(正如住房货币化政策和教育产业化政策)。

(四) 政策目标与政策手段混淆

在政策目标与政策手段之间的关系上,往往容易变成政策手段代替了政策目标,比如减员增效,原本增效是目标,而在执行的过程中,为了实现减员却往往会忽略增效的目的。再比如,罚款本身是服务于一定政策目标的,但最终却成了考量政策目标实现与否的唯一标准。

(五) 政策对象对政策目标的规避

由于政策对象对政策和政策目标的理解有所不同,对政策的态度也有所不同,所以现实生活中大量的存在着"绕过政策"或"规避政策"的现象。比如"油改气"政策,就不利于实现增加税收收入的目标;企业压低养老保险缴费基数的做法,则会出现影响养老保险目标实现的情况。

(六) 政策环境的影响

政策环境有利,将推动政策目标的实现;政策环境有敌对性,则可能会使政策目标打折扣。政策环境对政策目标的实现影响是巨大的，决定着政策目标实现的程度。这一点将作为公共政策要素单独分析，在这里不再具体分析。

（七）政策目标的有限性

政策目标通常是有限的，不可能通过一个政策解决所有问题、解决所有人的诉求，但人们的期望值往往过高，往往寄希望于一个政策解决多个问题，然而政策很难做到让人人都满意，兼顾每一个人的利益是不现实的，再加上政策宣传方面的误区，以至于政策目标在实现程度上打了折扣。

第三节 公共利益的维护、增进与分配

公共权力来源于公民的授权，政府行使公共权力的根本目的在于使社会公共利益实现最大化，并对公共利益进行公平、合理的分配。公共政策是以实现公共利益为目标的，公共利益的实现包含三个层次的内容：维护公共利益、增进公共利益和分配公共利益。公共利益是公共政策的主要目标和逻辑起点。因此，对公共利益的维度和层次、维护、增进与分配要有充分的认识，才能从根本上理解公共政策的制定、执行与评估。

一、公共利益的横向维度和纵向层次

"公共利益"的实体解释理论无法界定"不特定多数"这个概念，对"利益"的内涵也无法形成共识。经济学界认为不同的价值偏好之间不可能形成"公共利益"，法学界部分学者则认为它是政府为了调和不同的利益而生造出的一个概念——"公共利益不过是政府调和竞争的利益之后所获得的佣金"。[①] 边沁所谓只有个人利益，没有"公共利益"的说法又从另外一个视角为"公共利益"敲响了丧钟——"公共利益"如不能通兑为个人利益，则"公共利益"是虚幻的。[②] 人们通常认为公共利益是抽象的，是虚幻的。如果这样去理解，公共政策就失去了目标和依托。事实上，资源和条件都是人们可以感知或把握的，所以我们把公共利益看成是客观的、现实的。其实简单说来，公共利益就是那些具有社会共享性的资源和条件。

（一）公共利益的横向维度

公共利益的从横向上可以划分为：需要通过强制手段来实现的秩序性的

[①] John Bell, PublicInterest: Policy or Principle, Roger Browns worded, Law and The Public Interest, Franz Steiner Verlag Stuttgart, 1993 (27).

[②] ［英］边沁著，时殷弘译：《道德与立法原理导论》，商务印书馆2000年版。

公共利益，比如社会秩序、市场秩序和金融秩序、交通秩序等；人人皆可以共享和收益的基础性公共利益，比如公共基础设施、公共工程和公共项目等；服务于大众的服务性公共利益，比如大多数的公共服务；保障性的公共利益，如可持续发展问题、国防以及社会保障等。区分横向性质的意义在于不同类型的公共利益，其实现的手段和主体可以不同。比如秩序性的公共利益通常只能由政府来实现，其他主体并不拥有公共权力。基础性、服务性和保障性的公共利益可以由政府的公共政策来实现，也可以通过其他社会行为主体来实现。比较特殊的是，保障性的公共利益大多数没有现实的收益，所以企业一般不愿意涉足，所以政府应当承担主要责任。

（二）公共利益的纵向层次

公共利益在纵向上可以划分为：社区性公共利益、地方性公共利益、全国性公共利益、全球性公共利益。区分这些层次的意义在于不同层次的公共利益应该由不同层次的政策主体和公共政策来实现。不同层面的利益的维护、增进和分配，需要不同层面的政策主体抓落实，区分好责任范围，是政策不脱离现实，更好地维护公共利益的保证。

二、公共利益的维护和增进

维护公共利益是公共政策要实现的目标之一，政府活动领域是"公共人"活动的领域，在政府活动领域中只能以谋取公共利益为目的。公共利益自身也有着被维护的必要性。首先，群体理性的不稳定性和非理性倾向，需要公共政策对社会公众的行为进行调控；其次，公共利益本身最容易受到最少的照顾；第三，公共利益都是非营利性的，一些社会主体不愿意涉足。因此，公共利益必须要由公共政策来维护和增进。

政府应当将维护和增进公共利益作为基本职责。公共行政就是实现公共利益最大化的社会管理过程，它基于这样一个基本理念：承认社会公民具有平等的权利，这些权利并不因为个人的地位、性别、种族、收入等的差异而受到损害，也不能被权力和特权所侵害。政府必须在市场主体中间保持公平和中立，对所有市场主体一视同仁。

腐败是公共利益的对立面。公共权力如果没有受到有效的监督，利用公共权力谋取私利的行为将会严重蔓延，公共权力必然走向公共性的对立面，丧失其公共性。必须加快行政伦理立法遏制腐败，通过法律的强制性、惩罚性来维护行政伦理的纯洁性，才能有效防止腐败，从而保证公共利益的实现。

三、公共利益的分配

"自由社会的政府是价值的权威分配者,它所用的不可量化的尺度是正义和社会福利。"① 公共政策应具有利益的分配功能。每一项具体政策,都有一个"谁受益"的问题,即把利益分配给谁?这既是重要的理论问题,又是一个严肃的实践问题。离开了"究竟把利益分配给谁"这一核心问题,公共政策将失去制定的必要性,即使制定出来也会失去其灵魂。如果说公共利益的维护和增进是从整体上对公共政策的要求,那么公共利益分配,就是从利益内部进行具体划分的要求。

首先,公共利益分配要确保公平正义。这个公平不是绝对的平均,而是让不同的利益主体在不侵害其他公共利益的前提下、相互妥协的基础上达成政策上的认可,不让某些群体、某个人的利益受到不正当的损害。其次,公共利益分配要求政策的科学性,政策在具体执行上要有可操作性,要有约束力,能够将公平、平等、正义等价值理念落到实处,体现到每个人、每个群体的切身利益上。第三,公共利益分配要求政策的高效性。公共利益涉及公众人数众多,不同的团体、单位、集体、个人,往往需要政策在执行的过程中高效、快捷,能够便捷地将公共利益分配到每个具体的个体头上。

第四节 影响公共政策的决策主体、政策对象与政策环境

公共政策所涉及的人群以及政策所处的环境因素直接影响公共政策的内容制定以及政策目标的实现。研究政策决策主体、政策对象以及政策环境十分必要,是研究分析公共政策不可或缺的重要因素。政策主体、社会公众和利益集团与政党构成了人群因素;政治经济制度与决策制度、社会舆论与大众传播媒介、国际环境与国家利益、社会文化构成了政策环境因素。

一、决策主体

直接决策者是指依据法律或传统在决策机关中占有决策职位因而直接参与决策的人,一般包括执政党组织、各级政府中有关的立法、行政、司法人员等。因此,公共政策在决策过程中必然涉及政府内工作人员的个人利益、地方和部门等的利益、整个政府机构的利益。这部分直接决策者因为直接参

---

① [美] R. J. 斯蒂尔曼编著:《公共行政学》,中国社会科学出版社1989年版。

与政策的制定过程,所以他们对政策会产生最为直接和明显的影响。参与这些政策决策的个人和群体的观念、人生经历、文化底蕴、政治觉悟、能力素质,必然会对政策的制定产生极大且深远的影响,这种主观性是无法避免的。

二、社会公众

从根本上说,社会公众是公共政策制定和执行的基础,因为政策就是为了协调促进或解决公众的利益问题,在现代民主制国家里表现得会更为明显。首先,公众可以通过民主选举决策的制定者而间接地影响政策。其次,公众可以通过是否接受来影响政策。第三,公众可以通过各种信息渠道向政府反馈自己的意见和诉求,从而影响公共政策。第四,公众可以通过民主选举代表间接参与或影响政策的制定。第五,公众有权对政策的制定情况进行监督、评估。因此,公众作为间接决策者,在政策过程的各个阶段都对政策发生着重大影响。

三、利益集团与政党

政党作为一种层次更高、组织更严密更正规、肩负的责任更大也更有影响力的政治组织,是最重要、对政策的影响最大的群体。利益集团对政策的影响方式有以下几种:首先是通过推举代表本集团利益的代表直接参与决策,提供政策建议方案,通过民主制度支持或反对某个政策方案等等,对政策产生直接的影响作用;其次是通过影响公众,利用大众媒体宣传鼓动,获取民众支持;第三是在西方国家,还会通过形成"压力集团",使用游说等方式说服直接决策者或对他们施压,从而影响公共政策。

在我国这样的社会主义国家,因为人民群众的根本利益是一致的,所以并不存在西方国家相互争权夺利的利益集团。但同时,我们需要注意的是,现阶段我国也存在着国家利益、集体利益和个人利益之间的矛盾,也还存在区域之间、行业之间、部门之间的利益冲突。不同群体之间利益的差异也是今天社会矛盾的根源,所以客观上也存在不同的利益群体。利益群体的利益诉求也会通过各种方式表达和争取。因此,同样会对公共政策产生较大影响。此外,我国的民主党派通过政治协商会议等民主制度对各项政策也有着重大影响。

四、政治经济制度与决策制度

政治制度一般指统治阶级用以统治国家的方式和方法,如政体制度、国家结构形式、政党制度、选举制度、官吏制度、决策体制与程序等。决策制度是指党和国家制定政策法令所采用的方式方法，涉及最高决策权是什么、最高决策者是谁、决策需经过什么样的合法程度、决策需要遵循什么原则等，对政策具有十分重要的影响。不同的政治制度有着相应的决策制度，决策制度对公共政策的影响，最为核心的是决定着谁是最高决策者，以及最高决策权如何体现。同时，决策制度还决定着决策程序和原则的产生及内容，而决策程序和原则又直接决定了所采用的决策形式和决策方法，直接影响政策制定的科学性、有效性和可行性。

和政治制度同样重要的是经济制度。经济制度是整个社会制度的基础，决定着上层建筑。经济制度直接决定着社会生产中人与人之间的关系，规定着社会的生产、分配、交换以及消费的形式，规定着生产资料的所有制形式。经济制度作用于政治制度，并让决策制度直接反映经济关系和经济诉求，对公共政策影响巨大，尤其是一些重大的公共政策，因此，经济制度是政策的一个极为重要的影响因素。

五、社会舆论与大众传播媒介

社会舆论在信息化时代的作用越发凸显，可以快速地促使大众所关心的重大问题及时进入政策议程，它能够集中且快速地表达和反映人民群众的愿望、呼声和诉求。社会舆论作为一种媒介，对政策制定能起到推动作用，因此，对政策也同样具有十分重大的影响。社会舆论要通过大众传播媒介的广泛传播才能形成并扩大，这些信息载体又反过来极大地影响着人们的价值观念，影响着人们的认知、判断与选择，影响着社会舆论方向和整个社会的行动。因此，媒介对信息的筛选和侧重，表述方式所夹带的倾向性，都值得我们下大力气去研究。而大众传播媒介要对公共政策产生作用，主要是通过对直接决策者和间接决策者的影响来实现的。

六、国际环境与国家利益

任何国家都要与其他国家发生某种关系，特别在当代更是如此。这种关系必然会影响到一个国家的政策，不仅是对外政策，也包括国内政策。十九大明确指出：我们要推动构建新型国际关系，推动构建人类命运共同体，"中国将积极发展全球伙伴关系，扩大同各国的利益交汇点，推进大国协调和合作，构建总体稳定、均衡发展的大国关系框架，按照亲诚惠容理念和与邻为善、以邻为伴周边外交方针深化同周边国家关系，秉持正确义利观和真实亲诚理念加强同发展中国家的团结合作"。① 正是要为我们国内营造出良好的国际和周边环境，为国内政策营造稳定良好的国际氛围，为对外政策铺垫好国与国之间的和平协作关系，让政策所涉及的国际利益实现共赢互助。当代随着全球经济一体化进程的加快和信息技术的高速发展，国家利益驱动各国之间相互依赖程度不断加强，国际环境对各国的政策正发挥着越来越大的影响。

七、社会文化

按照美国文化人类学家本尼迪克特的说法，文化是通过某个民族的活动而表现出来的一种思维和行动方式，一种使这个民族不同于其他任何民族的方式。特定社会的总体文化给该社会成员规定了一套比较明确的行为规范和价值标准，它归根到底是一套价值体系，直接反映出群体中相互认同的共同需求、喜好、情感、审美等等。由于人们制定政策是以群体价值倾向为基础的，因而文化对政策的影响是显而易见的。而文化的变化是一个缓慢的渐变过程，所以文化对政策的影响也是相对稳定及缓慢的。以文化为主导的群体价值观千差万别。美国的核心价值便是源于基督教的新教徒文化，认为美国人是"上帝的选民"，担负着"拯救世界和全人类"的使命。因此，这也便能解释美国人那种天生的道德优越感和要充当"国际警察"的对外政策。中国人传统的保守消费文化，同样直接影响着国内的经济政策。但我们同时也应认识到政策对文化的引导作用，这种反作用力往往会起到转变文化观念的关键作用。当然，过激的政策也会被社会群体所抵制，因此，运用恰当的政策引导传统文化一定要把握好度。

第五节 公共政策的制定、执行与评估

公共政策的制定、执行是公共政策产生及"落地"的过程，这个过程是操作层面的因素，所涉及的内容是公共政策中最具体的，也是最直接的要素。评估是公共政策制定、执行这个动态过程中的重要一环，评估是对公共政策有益的监控与调整，它可以视为一个结点，也可以视为一个起点。

一、公共政策的制定

公共政策的制定过程是公共政策主体选择解决或不解决某一公共问题或

---

① 习近平：《决胜全面建成小康社会 夺取新时代中国特色社会主义伟大胜利——在中国共产党第十九次全国代表大会上的报告》，人民出版社2017年版。

事件的决策过程，是公共政策主体意愿和实现方式的表达过程。公共政策的形成过程是各利益相关者相互博弈并相互妥协的结果，影响这一过程的主要因素有公共政策制定主体、利益相关者进行博弈的制度基础、决策信息质量、决策方法、公共政策得以发挥作用的环境假设。

公共政策制定的原则包括：一是信息完备原则，政策的科学性是与信息的全面性、真实性成正比的。因此，充分、及时而准确地占有信息，这是政策规划活动成功的根本保证。二是系统协调原则。要综合考量公众的需求以及各个部门、群体、个体的诉求，做到系统整体把握制定政策，协调好各方利益。三是科学预测原则。这对政府制定政策的能力提出了严格的要求，这也是科学执政的必然要求。四是现实可行原则，即针对现实问题既有可操作性且有实际效果。五是稳定可调原则。政策在执行过程中会遇到很多不可预测的因素干扰政策效果，需要我们及时调整，稳步推进政策执行。公共政策制定的逻辑程序一般划分为以下几个步骤：政策问题的认定、政策议程的建立、政策方案的设计、政策效果的预测、政策方案的合法化。

当前国内的专家学者关于公共政策制定的研究主要集中在民众参与、决策成本、信息对称几个方面，对公共政策的制定程序设计、法律依据、部门协调配合、专家和地方机构参与方式等还需要更加具体更科学地去设计可操作、实用性强的模型。以便于我们在现有的基础上积极稳妥地推动政策决策的科学化、法制化和高效化。加强政策制定主体——领导、决策层、部门以及整个政府机构的能力水平，建设更科学、合理、高效的政策制定程序，加强民众的参与度，提高信息的透明度，降低决策成本，加强专家与地方智囊的咨询、研究与考证的参与度，都是公共政策制定的未来方向和目标。

二、公共政策的执行

公共政策执行，即将政策付诸实施的意思。最早将政策执行问题引入学术研究领域的美国政策学家普雷斯曼和韦尔达夫斯基就把政策执行定义为："在目标的确立与适应于取得这些目标的行动之间的一种相互作用过程。"[1]查尔斯·奥·琼斯认为："政策执行是将一项政策付诸实施的各项活动，在诸多活动中，要以解释、组织和实施三者最为重要。所谓解释是将政策的内容转化为民众所能接受和理解的指令；所谓组织是指建立政策执行机构，拟定执行的办法，从而实现政策目标；所谓实施是由执行机关提供例行的服务

---

[1] Jeff L. Pressman and Aaron B. Wildavsky, Implementation, Berkeley: University Of California Press, 1984 (3rd edition), pp. xx – xxi.

与设备，支付经费，从而完成议定的政策目标。"①

公共政策执行是政策过程的有机组成部分，是有组织的活动过程，也是一个利益选择的过程，它由一系列的活动所构成。公共政策执行是实现政策目标的关键环节，公共政策执行结果是政策检验、修正与完善的基本依据。公共政策的执行过程是公共政策主体的意愿或公共政策目标得以实现的过程，是在公共政策的指导下进行的公共管理活动在时间与空间上的延续。影响这一过程的主要因素有：业已产生的公共政策的质量、从事公共管理活动的管理人员的价值与风险偏好以及从事公共管理活动的素质、公共政策的利益相关者与公共管理者之间的委托代理制度。公共政策执行的效果取决于公共政策执行体制是否科学，取决于公共政策执行过程是否合理，取决于公共政策执行考评机制是否完善。我国公共政策执行领域尚存在诸多问题，有的还相当突出，比如执行体制混乱、扩大执行、中断执行、执行评价标准模糊、政策变通、选择性执行、基层共谋、政策梗阻、政策空传、运动式执行等政策执行失败的现象。这些问题的存在制约了我国公共政策功能与作用的发挥。

政策执行的特点包括：一是执行目标的一致性和执行途径的多样性；二是执行内容的特定性和执行范围的有限性；三是执行对象的适用性与决策的多层性；四是执行方向的原则性和执行方式的创造性；五是执行过程的动态性和执行活动的连续性；六是执行影响的广泛性和执行效果的社会性；七是政策执行空间的协调性与同步性。针对目前政府执政问题要把握几个方面：一是加强中央和地方利益整合；二是提高中央政府对政策的控制能力；三是改革政策执行体制；四是健全政策执行监督机制；五是提高政策执行人员的素质。

三、公共政策的评估

公共政策的评估是指从事公共政策管理活动的机构组织相关人员依据公共政策中界定的目标与手段等内容，对公共政策活动产生的结果和价值进行评价，并为调整公共政策内容与执行过程提供反馈信息的活动。公共政策的评估过程是公共政策过程中必不可少的一个环节，是验证公共政策的正确性并测评公共政策活动有效性的重要手段。

第一，政策评估能够检验政策的效果和影响，为我们提供政策运行结果所带来的价值方面的信息，帮助我们对政策是否取得了成功以及在多大程度

---

① Charles O. Jones, An introduction to the study of public policy (2nd edition), North Situate, Mas: Duxbury press, 1997, p.139.

上取得了成功做出正确的判断。第二，政策评估为决定政策的未来走向提供了依据，从而决定是继续执行政策还是终止政策，是进行政策调整还是重新制定公共政策。第三，政策评估能及时发现政策过程中的问题，是改善执行不力、提高行政效率的重要保障。第四，政策评估能有效地测评现行政策的效率和效益，为进一步优化政策资源配置奠定基础。第五，政策评估为目标群体表达政策观点、反馈政策意见、评价政策绩效提供了平台，从而有效推进公共政策的科学化和民主化建设。

目前，在我国现实的公共政策过程中，政策评估还没有成为一个正式的政策程序，在现行体制下，政策在制定和实施之后并没有进行评估。了解政策效果的基层无权评估，有权进行评估的领导机关又不了解情况。当前，政策评估既缺乏评价体系、制度，也缺乏参与机制。因此，尽快建立健全政策评估组织体系、政策评估制度体系、政策评估信息系统，加强政策评估理论研究，对完善政策体制、改进政策质量意义重大。

第四章
公共政策模型

在公共政策理论与实践发展过程中,为便于分析、理解和解释公共政策,预测公共政策的实施效果,基于不同理论和视角,学者们探索总结出大量的概念和模型,客观揭示公共政策从产生至终结的"全生命周期"及其产生作用的规律,为政策工作者更好地投身于政策实践提供了科学的依据和指导,也为社会公众理解和参与政治生活创造了便利与可能。公共政策创新作为一项复杂的系统工程,存在于公共政策的全生命周期,深入理解和把握公共政策模型,有利于全面系统地推进公共政策理论与实践创新。本章从公共政策模型的基本概念入手,探讨西方经验的经典政策模型和中国行政实践的政策模型,分析不同政策模型的建立初衷、基本要素、政策制定的标准,以及政策追求偏好等问题,总结在中国特色行政体制和社会文化下,公共政策执行的模式、经验与不足,为促进公共政策决策科学、执行有力提供理论指导,为公共政策的标准创新、流程创新与方法创新寻找突破口与落脚点。

第一节 公共政策模型概述

一、公共政策模型的基本概念

模型,简而言之即对真实世界的抽象或模拟。人们通过模型描述一些典型事物、自然现象或案例,归纳和总结真实系统的内在联系与规律,达到认识和改造世界的目的。模型既可以表现为根据展示或实验需要将实物原型放大、缩小及简化而制作的样品或模子,也可以是人们对研究的概念、系统或过程的抽象性和概括性表达。按实际用途、表现形式等划分,模型的种类复杂繁多。简单地可分为具体模型和抽象模型两类。具体模型主要指与原型在形态几何上相似的模型,如示意沙盘、模型飞机、交通地图等。具体模型通常与原形十分相似，能够为原形提供更加形象和直观的说明，帮助观察者联系到现实生活中的真实事物。抽象模型是人类发挥自身主观能动作用，借助文字、符号、图表、数字等结构化语言创造出来的一系列理念系统，用以揭示研究对象在真实系统中的内在特征和外部联系。以抽象模型为主要表现形式的模型化思维，极大地加快了人类探索和认识世界的步伐。

政策工作者将模型化思维有效地引入到公共政策领域，总结形成了大量理论模型[①]。具有代表性的模型有制度主义模型、过程主义模型、渐进主义模型、精英模型、公共选择模型等等。由于不同学者研究公共政策问题情势的角度和侧重点不同，构建的模型大多不存在竞争关系，彼此之间也很难进行比较，但最终目的都是为了更清晰地思考公共政策的成因、发展规律和作用效果，更透彻地解释公共政策实践中出现的各类情况，为预测社会未来发展和改进政策系统的结构与功能提供理论依据。

二、公共政策模型的有效性及价值

运用模型或模型化的思维，实际上是从看似并不存在规律的真实世界中提炼出程序，将来源于人类经验的主观印象匹配真实客观现象，人为地创造出一个认知世界。在很多情况下，从实践经验中提炼出的模型并不是经验的再现和翻版，而是人们逐渐发展形成的直观感受、理性认知、价值观念和精神信仰的综合反映，带有较多的主观色彩。因此，无论在理论研究还是现实实践中，政策工作者都必须对模型是否"真实"保持高度敏感，确保公共政策模型的有效性和实际价值。

第一，符合社会现实及其发展方向[②]。服务现实政策的设计、分析、制定、实施，是建立公共政策模型的重要目的，因而保持公共政策与社会发展动态同步更新，不仅是公共政策模型必须始终努力的方向，也是有效构建公共政策模型的前提。尽管公共政策模型较为抽象，但构建模型时，应当从现实出发，确保模型的内核具有真正意义上的指涉对象，否则人们在理解和使用模型时很容易感到困惑与茫然。当然也有例外，一些模型尽管看起来十分"不切实际"，却能够引导人们关注和思考其"不切实际"的具体原因。典型的如完全理性模型，完全理性模型的基本假设——"理性人"假设显然脱离实际，现实中政府不可能做到完全理性的决策，并确保公共政策实现社会成本最小化和收益最大化。为了弥补这一缺陷，人们不断地寻找非理性决策的

---

① 宋锦洲编著：《公共政策的概念、模型及应用》，东华大学出版社2005年版。
② 叶海卡·德罗尔著，王满船、尹宝虎、张萍译：《逆境中的公共政策制定》，上海远东出版社1996年版。

原因，试图探索更为理性的决策过程和决策环境①，这同样是模型存在的重要价值。

第二，简化和排序政治生活和公共政策。公共政策模型的实用性和有效性还体现在具有简化与排序政治生活的能力，能够帮助公众更清晰地思考政治生活，更全面地理解现实社会中的各种关系②。例如，渐进主义模型表明，推进社会变革的成本和难度是巨大的，政治家们为了维持社会稳定、保持社会秩序会更倾向于选择折中的政策。博弈模型则说明，一项政策的出台不单需要考虑决策者自身的政治倾向，还应当全面审视博弈对方的立场和行动。因而，在公共政策出台之前进行充分的"利益博弈"模拟，逐渐成为公共政策制定的重要程序。总之，政策模型应当将政治活动社会化、生动化，帮助社会公众理解和接受政策，以争取更为广泛的群体支持现行社会制度和公共政策。

第三，认定公共政策的重要内容。有效的政策模型需要抓住问题的主要矛盾，将人们的注意力转移到对政治生活有真正影响的因素中，使人们更加直接明了地观察到公共政策的真实起因和结果。任何一个公共政策，即使出于解决单一公共问题的目的，也是异常复杂的。而政策模型需要从复杂的政策关系中，挑出某些最为重要的因素和关系，并依据彼此之间内在的逻辑联系进行抽象和简化。因此，尽管公共政策模型比实际运行的公共政策简单得多，但它所运用的任何一个符号和概念都是经过深思熟虑的。关键原因在于它从复杂的政策关系中直接指明对应的自变量和因变量，指出哪些因素是"根本的""深层次的""必要的""全局的"，剔除了"表象的""暂时的""次要的"因素。值得注意的是，在不同的社会环境和政策情境下，由于关注的焦点不同，剔除不相关的因素和认定的重要因素可能是截然不同的。例如，精英模型认为，公共政策的重要内容是精英价值偏好，政策从精英流向大众；而公共选择模型则认为，政策是自利个人的群体选择，它从大众流向精英。这要求公共政策设计必须有重点地确认和把握政策对象及功能导向，才能确保公共政策精准有效的实施。

第四，指导调查和研究。一个概念或一系列概念能够称得上概念模型，它所解释的内容应该能够在现实世界中得到检验和证实。任何公共政策模型都是以一定的理论作为基础的，包括普遍意义上的哲学，也包括相对具体的系统理论、经济学理论等。这些理论包含的经验判断和理性方法被应用到构建公共政策模型中，很大程度上拓宽了分析公共政策问题的视角，为现实公

---

① 赵俊男：《公共政策模型的比较与思考》，《党政干部学刊》，2014年第6期。
② 托马斯·R. 戴伊著，谢明译：《理解公共政策》，人民大学出版社2011年版。

共政策的调查研究提供了指导。但在指导实践的过程中,不同的模型有其适应性。例如,重大的、策略性的、具有变革意义的政策,需要尽可能地通过全面理性模型来判断与决策;事务性的、短期的、影响范围较小的政策,则更适合使用渐进主义的方式来推进。

第五,提供有意义的沟通。在公共政策分析中,决策者、模型建构者的沟通交流,尤其是在政策模型上达成理解与共识十分重要。政策模型需要借助概念进行抽象,在沟通过程中,这些概念应该具有实质性含义并形成较为一致的看法,否则,模型的有效性和政策最终的执行效力都将大打折扣。例如,不同群体对于"精英"这一概念的理解不同,有些公众可能将"精英"定义为由民选产生的政府官员,认为他们能够代表大多数公众的利益;而在另一些公众的眼中,"精英"仅是指少数社会上层人物,他们只根据自己的偏好为社会制定政策,并非公众利益的代表。如果"精英"的概念无法达成社会共识,模型的实效价值也会大大降低。一个好的政策模型不仅仅是公共政策及其过程的简单化描述,还需要对公共政策的原因和结果提出合理的解释,加深人们对公共政策的理解,甚至能够帮助培养公众的政策思维,引导和鼓励人们更加积极主动地参与到各类政策活动之中。

三、公共政策模型的局限性

政策制定、执行和分析的情况千差万别,运用不同的政策模型,可以对更多现象做出相对合理的分析和阐述,但也有一些复杂的情况无法用模型解释说明。因为大多数模型仅从相对单一的视角和理论出发,运用模型模拟真实的政策现象及潜在的政策关系,导致在实际应用中政策模型具有一定的局限性。

第一,主观偏好。政策模型的构建不存在统一的规范。在许多情况下,决策者和政策分析者的个人经验、价值判断和偏好往往起着支配的作用。个人性格趋向沉稳、保守的人,偏爱渐进调适性的政策模型;具有革新精神,勇于进取的人,偏爱创新性的政策模型;理性坚信者,通常喜欢理性政策模型;对政治精英抱有期望的人,往往信赖精英政策模型。因此,现实中,不同国家或同一国家不同领导人上位以后,由于领导人自身的主观偏好不同和独特的性格色彩,一个国家的执政风格往往会出现十分鲜明的转变。公共政策的制定还需要价值判断,尤其是面对诸如教育、医疗等公共资源的分配,国家重点工程建设如三峡工程中的居民迁移等问题时,如何在效率与公平之间平衡,如何在国家利益与个人利益之间取舍等价值判断,成为公共政策设计的先决条件,对公共政策最终导向具有至关重要的影响。

第二，过于简化。政策制定过程中存在着复杂多样的因素。从理论上讲，如果确保影响政策的因素齐全、准确，构建的模型就会精确，依据模型制定的政策也就可靠。但在许多情况下，因为资源与时间的限制，人们无法认识和研究所有的影响因素，只能构建出较为简单粗糙的模型，对公共政策的制定与执行提供有限的解释与指导。如主流经济学利用统计数理模型对公共政策进行实证分析，但事实上模型只是对真实世界的仿真，不是所有条件都可以量化，也不是所有的数据都可以准确地获取。因此，政策分析者在选取数据或案例时，往往会在数据上预付个人的期望，选取与预期结果相关先决条件有关的数据，而拒绝其他对结果可能产生不利的数据[1]。因此，一项理论观点及其模型的提出，不可避免地受到一些质疑和批评。

第三，模型矛盾。制定与分析公共政策有多种技术、方法和途径，特别在政策分析中，不同学者由于所处的时代背景、观察问题的角度、获取的信息不同，对政治与技术的偏重程度不同，构建的政策模型迥然各异，甚至会产生根本性的分歧。美国学者斯通在《政策矛盾与政治清理》一文中提出，政策是从政治情理中形成的，而政治情理即特定的政治情景，本身就充满矛盾和冲突，在这种情境中所形成的公共政策自然就内在地包含着矛盾。但人们却认为政策是基于客观的合理性而形成的，这样就不可避免地会导致政策矛盾。尽管要从分歧中辨别一个模型正确与否十分困难，但在不同的历史阶段和现实情境中，每个模型几乎都能从各种现象中寻找到证明与支撑矛盾分歧的依据。因此，矛盾与分歧总是伴随着公共政策的变革更替而反复上演。

第二节 典型的公共政策模型

政策模型复杂多样，比较典型的公共政策模型有传统理性模型、有限理性模型、制度主义模型、渐进主义模型等。目前，理论界对众多政策模型之间的内在关系还缺乏科学理性的梳理，在政策模型发展与演进的路径上还没有达成一致的观点。分析不同模型的重点内容、适用范围及缺陷，有利于厘清不同模型的政策谱系，科学地选择与运用政策模型，为公共政策理论及实践创新提供参考与借鉴。

---

[1] 师全宇：《公共政策分析经济学范式的局限性》，《中国商贸》，2013年第6期。

一、基于人性假设的政策模型

基于人性假设的政策模型主要源于传统经济学理论，以"经济人"假设为前提，将公共政策视为致力于追求最佳决策方案的目标性行为组合。具有代表性的模型包括传统理性模型、有限理性模型和博弈模型等。

（一）传统理性模型

传统理性模型源于古典经济学理论和以功利主义思想为基础的西方理性分析理论。核心观点认为，理性的公共政策应当追求社会利益的最大化，即公共政策要得出价值最大化的决策，即选择收益最大、成本最低的方案。传统理性模型强调根据数字和事实，用合理的科学方法和精细的计算，分析各个政策方案的成本收益，从中选出最佳选项。它体现了理性主义者对理性的尊崇，具有理想化、标准化的特征。为了实现最理性的目标，在进行最优选择时传统理性模型需要满足以下四个条件：

第一，决策者需要具有绝对理性，即能够全面客观地分析问题，认清面临的形势，预测各种可能的结果。

第二，决策者必须目标明确，可以根据不同目标的重要性排列优先顺序。

第三，决策者必须能够全面详尽地把握社会价值偏好及其权重，准确地计算出每个方案的成本及收益。

第四，不考虑用于决策而产生的各类资源消耗。

决策者在具备上述信息和能力的基础上，还要建立能够获取完全信息的科学决策体系。如图4—1所示。

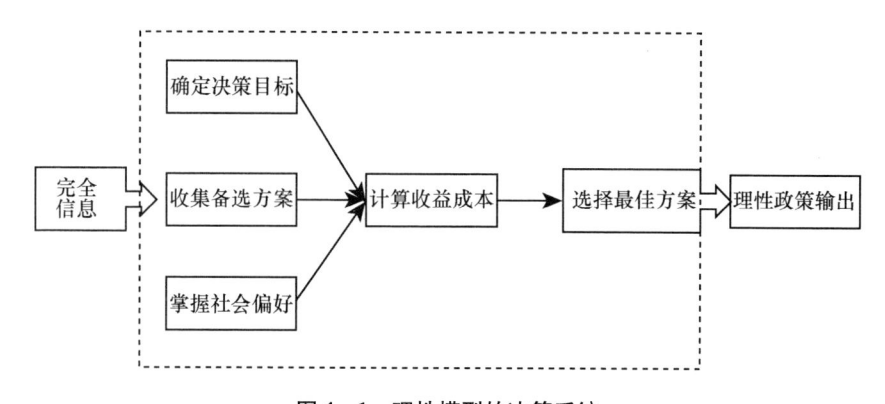

图4—1 理性模型的决策系统

从理论上讲，按照上述步骤和条件做出最优选择是可能的，但完全满足上述条件显然是不切实际的。以查尔斯·林德布洛姆与赫伯特·西蒙为代表的诸多学者对传统理性模型的条件提出了质疑与批评。西蒙认为，在决策过程中不可能收集与决策相关的完全信息；由于处理信息能力有限，也不可能做到信息处理的最优化分析，因此几乎很难获得最佳决策[①]。可见，尽管传统理性模型总结提出了严谨科学的决策体系，但是却忽略了现实中管理决策行为的不足，主要表现在以下四个方面：

第一，决策动机悖离。现实中，决策目标是十分模糊的，具有多元性和相对性，很难保证决策者的动机都是为了社会利益，而不是出于自身对政绩、权利、地位、财富的诉求。

第二，决策能力有限。人作为决策者的主体，处理信息、分析信息以及预测结果的能力十分有限，无法达到模型假设的要求。即使最先进的计算技术，也很难全方位地衡量政治、社会、经济、文化的成本与收益。

第三，决策环境差异。忽略不同群体之间的潜在冲突，即便是某一特定团体内部的利益诉求也很难达成一致。由于认识事物的角度不同，不同决策者对同一情境可能做出差异悬殊的判断。

第四，决策条件制约。现实中，决策者能够调动的人力、财力和物力终究有限，无法获取到理性决策所需要的全面完整信息。

因此，在现实条件下，传统理性模型的要求和决策步骤基本无法实现，但不可否认的是，传统理性模型精简了政策分析所需的变量，简化了分析流程，构建了可行的分析框架，为完善微观经济领域的政策决策提供了有效的方法和路径。

（二）有限理性模型

传统理性模型的"乌托邦"色彩，促使学者们去思考和探索更加具备实践基础，能够指导实际的政策模型。20 世纪 40 年代，针对传统理性模型中的不足，赫伯特·西蒙提出以介于完全理性与非理性之间的"行政人"取代"经济人"假设，界定了有效理性和满意标准等概念，构建了有限理性模型。具有代表性的观点如下：

第一，只要求决策者具有有限理性。现实中，决策者既不可能认知全部信息，也无法掌握决策的详尽规律；人类在计算、设计、记忆、推演等方面能力有限；随着环境的变化，人们自身的价值取向及其追求的目标也会改变。因此，有限理性只要求能够准确地描述决策者在能力范围内做出相对理性决策的过程。

---

① 赫伯特·西蒙著，杨砺等译：《管理行为》，北京经济学院出版社 1998 年版，第 79 页。

第二,"目标—手段"链复杂模糊。在确定目标的过程中,首先要确定出总目标,然后对总目标进行分解,逐级展开,通过上下协商,制定出各部门甚至单个员工的目标,即通过总目标指导分目标,用分目标保证总目标,从而形成一条"目标—手段"链。如,军事行动目标通常被分为"战略目标—战役目标—战术目标"的三个层次,根据不同目标相应地进行任务部署和兵力配置。然而,组织手段和最终目标之间的联系常常是模糊不清的,尤其体现在经济领域,对经济运行进行宏观调控的财政政策或货币政策,实施的最终影响往往很难预测,甚至和初衷完全相悖。

第三,决策者以满意为标准。在决策过程中,决策者使用现有的备择方案比对满意标准,只要有一个备择方案能较好地满足该标准,即达到满意水平。另外,在得到满意的方案之后,决策者往往不愿意继续研究或寻找更好的备择方案。

西蒙的有限理性模型对现实决策行为做出了更为真实形象的解释。一方面,西蒙提出的有限理性概念更适合在指定目标、给定条件和约束的限度内选择满意方案;另一方面,有限理性模型还表明,合理的方案搜索过程和方法有利于高效地选择满意结果,引导人们更加关注决策环境和决策方法,逐步形成科学的决策体系。

(三)博弈模型

20世纪20年代,匈牙利数学家冯·诺依曼开始研究现代博弈理论。1994年,冯·诺依曼与奥斯卡·摩根斯特恩合作出版《博弈论与经济行为》,标志着现代博弈理论初步形成。博弈论并不描述人们实际上如何进行决策,而是解释理性决策者在竞争状态下怎样思考对策,是研究理性决策者之间冲突与合作的理论。在博弈模型中,每个参与者不仅要考虑自己的需要和能力,还要能够判断他人的预期行为,而后做出应对策略。

在军事、外交、反恐等竞争性的政策制定中,决策者必须根据对方的决策做出自己最佳的决定时,博弈模型就有了用武之地。在符合博弈论假设前提下,博弈模型的参与者可以是个人、组织甚至是政府。借助博弈理论,博弈模型可以通过列举所有参与者可能做出的各项选择,解释博弈主体在竞争状态下的决策过程。

以艾伯特·塔克阐述的"囚徒困境"为例,当甲、乙两名囚徒被逮捕时,仅有两种选择:沉默或背叛。如果甲、乙同时选择沉默,因为证据不足,双方均判刑一年;如果甲、乙同时选择背叛,那么将分别判刑八年;如果一方选择背叛而另一方选择沉默,则沉默的一方将受到重罚,判刑十年,而背叛的一方由于检举有功,将立即获释。经二阶矩阵表示,共有四种可能的结果，如表4—1所示。

表4—1 "囚徒困境"

	甲沉默	甲背叛
乙沉默	二人同服刑1年	乙服刑10年，甲立即获释
乙背叛	甲服刑10年，乙立即获释	二人同服刑8年

"囚徒困境"表明，在无法获知对方行动的情况下，博弈模型中的参与者不能单方面做出最优决策，必须通过猜测、估计或者臆想对方行动的可能性，运用理性判断，做出自己的决策，使自己损失最小化或收益最大化。博弈模型为公共政策分析提供了一个有效的方法，尤其是在冲突情境下的政策判断，该模型作用更加明显。尽管现实的政策方案比博弈矩阵所能表现的要复杂得多，决策者也不可能清楚每个对手的政策选择以及每个选择的确切收益，但是，在公共政策制定中引入博弈模拟，能够帮助政策决策者听到不受个人意愿控制和思维局限的多元意见，以类似"沙盘推演"的形式，近乎真实的再现和预估行为体、利用体的应对反应，为政策效应的预判提供了独特的分析思路，可以作为政府理性决策的重要行动指南。

二、关注政策系统本身的政策模型

与理性模型、博弈模型等不同，渐进主义模型、制度主义模型和过程主义模型更加注重将政策、政策环境及政策产生、发展到终结的过程看作一个整体的系统，探索政策系统内在要素之间及外部环境彼此联系、相互作用的规律。

（一）渐进主义模型

1953年，美国耶鲁大学政治经济学教授查尔斯·E. 林德布洛姆（C. lindblom）在《政治、经济与福利》一书中，首次提出"渐进主义"的概念。随后他在《"渐进调试"的科学》一文中，较为详细地阐释了渐进主义模型。渐进主义认为，在多元主体参与所构成的权力格局制衡下，政府的公共政策是政党政治基于过去的经验对现有政策进行的部分、局部的调整，是过去政治活动的延续。概括而言，渐进主义模型具有以下特点：

第一，强调政策的继承性。渐进主义政策制定较为保守，它强调以现有政策、项目为基础，只对政策进行部分的增减或调整，不冒险制定带有根本性、变革性的政策。

第二，关注现行政策的缺陷。渐进主义不强调创新，但也并非无所作为，它注重修改与补充现行政策的缺陷。例如，制定财政预算时，渐进主义者更倾向于增量预算，即在历年预算执行的基础上进行适当调整。

第三，注重政策与现实目标相互调试。在政策实施过程中，渐进主义模型重视政策目标与政策方案交互作用，注重在探索中根据反馈不断对政策进行调节。

因此，渐进主义模型是在不断的学习和试验中对公共政策进行补充和修正的一个过程。渐进主义模型如图4—2所示。

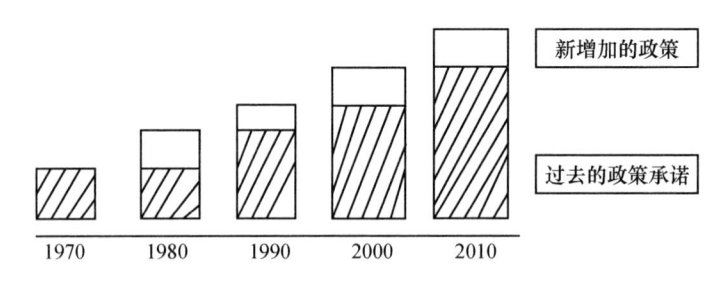

图4—2 渐进主义模型

由于上述特性，渐进主义模型可以看作是政治上的权宜之计，在政治实践中很受青睐。现实中，彻底的变革非常困难，一旦涉及重大政策转变，利益冲突就会加剧。承认以往的政策，可使投入最小化，减少因政党、政治、社会、经济、文化价值、时间、经费等各个变量互相作用产生的矛盾和冲突，同时继续延续个人的事业、维护原有政治体系，又不至于承受变革政策难以预测的风险或因决策失误所产生的持久性严重后果。虽然渐进主义有效提升了公共政策分析的现实可行性，更容易付诸行动，但是依然受到众多批评。批评者认为，该理论不求变革与创新，过于重视短期目标和现实行为，在社会稳定、社会变迁缓慢时还比较适宜，但在人口剧增、资源匮乏、环境污染、货币贬值、物价飞涨、社会动乱、战争爆发等社会环境发生巨大变革时，渐进模型会阻碍社会的变革。

案例1：我国博士后政策制定的渐进主义[①]

在长期封闭的计划经济体制下，人才难以流动、高层次人才缺乏成为影响和制约我国改革开放事业的重要障碍，亟需突破旧体制的束缚，开辟出一条培养高层次人才的新道路。1985年，在李政道先生倡导下，邓小平同志亲自决策建立我国博士后制度。吸取以往激进改革的教训，

---

① 资料来源：许士荣：《我国博士后政策制定的渐进主义分析》，《中国高教研究》，2014第5期，第7—12页；许士荣：《中国博士后政策分析》，华东师范大学2010年硕士论文。

我国博士后政策采取走小步、走快步、不断有进步的渐进发展方式，不断扩大资助经费、设站方式、招收形式等方面的政策调整范围。博士后政策实施30年来，培养了大批高层次优秀人才，取得了很多优秀科研成果，为我国经济社会发展做出了突出贡献。

1. 资助经费

根据国家经济社会发展水平和财政状况，我国博士后资助经费分阶段逐步提高。1985年，规划博士后研究人员日常所需科研经费加上生活费用每人每年8000元。1985年7月16日，经中央有关领导同志批准，博士后日常费用由每人每年8000元增至12000元。随着科研需求和物价上涨等因素，1988年7月1日起，博士后研究人员日常经费提高到每人每年1.5万元。1994年1月1日起，博士后研究人员日常经费提高到每人每年2万元。2001年1月1日起，博士后研究人员日常经费提高到每人每年3万元。2006年1月1日起，博士后日常经费提高到每人每年5万元。

2. 设站方式

我国博士后在设站方式上，经历了从博士后科研流动站到企业博士后工作站；在形式上，从试点到推广、从联合招收到单独招收、从单个企业到开发区、从国有企业到民营企业和外资企业不断扩大的渐进发展过程。1985年，只在高等学校和科研院所规划设立博士后科研流动站。1994年，全国博士后管委会第十四次会议决定，设站单位可与一些工程技术中心和高新技术企业相结合，培养招收博士后。1994年，在宝钢建立了我国第一个博士后科研工作站，高等学校、科研院所与企业开始联合培养博士后。2001年，对具有独立培养博士后研究人员能力的工作站，经批准可以单独招收博士后研究人员。1999年，北京海淀新技术产业开发试验区企业博士后科研工作站设立，企业博士后工作站实现从单个企业到开发区的跨越。2001年4月，微软中国研究院作为第一家独立外资企业博士后科研工作站成立。2001年12月，国家人事部批准广东顺德鸿昌公司设立博士后科研工作站，这是博士后工作站首次入驻我国民营企业。目前，民营企业比较发达的浙江省，有75%以上的博士后科研工作站设在民营企业。

3. 招收形式

我国博士后在招收形式上，经历了由国家统一资助向项目博士后、自筹经费博士后、外籍博士后和地方博士后等模式转变的多元化发展过程。1985年我国博士后在招收形式上只有国家资助模式，名额按学科和单位统一划分。1995年以后，一些设站较多的单位可以灵活地调剂使用计划名额，在北京大学、清华大学、浙江大学进行试点。1998年起，国家只下达各设站单位国家资助名额总数，各设站单位制定本单位各流动站的国家资助名额分配方案。1994年，全国博士后管委会第十四次会议提出，逐步推行以重大科技项目为依托招收博士后的模式。1988年全国博士后管委会允许各博士后科研流动站在完成国家批准的招收名额后，自筹经费招收博士后。从1996年开始，自筹经费博士后已逐步放开，如不超过往年实际自筹经费招收人数，可直接实施。博士后政策出台初期，不接受外籍人员进站做博士后研究。1988年国家开始允许少数条件具备的建站单位在原批准的名额内招收少量外国籍博士进站做博士后，全国招收人数控制在博士后总名额的5%以内。2001年中国加入WTO，博士后政策发生重大调整，开始鼓励有条件的地区和单位，有重点、有目的地招收外籍博士来华做博士后，开拓利用国际人才参与我国经济建设的局面。2006年，政策要求积极吸引优秀外籍博士来华从事博士后研究工作。2012年，为进一步提高博士后国际化水平，《博士后国际交流计划》开始实施。受招收名额和经费等方面的限制，国家层面的博士后招收模式已不能满足地方经济社会发展的需求，一些经济比较发达的省市开始积极建设省市级层面的博士后科研工作站。2008年江苏省开始在全省范围内实施博士后科研工作站创建工作。

综观我国博士后政策制定过程，由于缺乏经验，"摸着石头过河"的渐进主义是其总基调。从历史发展的宏观视角看，渐进主义作为一种比较稳妥的政策制定方法，契合了我国改革开放逐步推进的总体战略和博士后政策的实际需求，对我国博士后工作的全面发展起到了很好的推动作用。但随着我国进入全面深化改革的新阶段，作为脱胎于计划经济体制的博士后政策，当初的政策优势逐渐消解，一些弊端开始凸显，很多政策举措已落后于国家整体改革进程，甚至因游离于国家现行政策体系之外而饱受社会责难。

（二）制度主义模型

现代制度理论和制度分析方法起源于传统政治学理论。制度理论认为，公共政策与政府制度之间的关系非常密切，制度决定着公共政策的内容与价值取向，在其整个生命周期中起着决定性的作用。严格地讲，一项政策只有被政府制度体系所接纳和通过，才能真正开始发挥效力。因此，制度安排、机构设置与公共政策之间的关系一直是制度主义热衷探讨的议题。

制度主义模型认为，制度影响政策制定和执行过程中人的行为方式。例如，约定俗成的工作习惯、规律性的运行方式以及程序化的工作过程等，这些相对固化的行为模式对公共政策内容具有显著的影响。主要表现在三个方面：一是制度可能有利于某些政策的形成与实施，而对另一些政策的实施构成阻碍；二是制度可能为某些群体实现利益诉求提供便利，而抑制另一些群体的利益诉求；三是制度可能为某些人接近政府权力提供方便，而阻碍另一些人接近政府权力。

公共政策作为政府部门的活动，制度同时赋予了公共政策合法性、普遍性和强迫性三大特征，即以国家强制力保证实施，要求公众和全体予以支持和服从，并且公共政策的触角几乎深入到社会各个层面，辐射群体要比其他社会机构的政策或规章覆盖得更广、数量更多。

制度主义模型广泛吸收新古典经济学、新制度主义经济学以及社会学等理论，经历了新制度主义、历史制度主义、理性选择制度主义以及社会学制度主义多个阶段的发展，逐渐成为政策分析的主要方法，能够比较有效地预判政策分析的最新动态与研究走向。如在"古巴导弹危机"事件中，如果政策分析人员能够明确判断苏联政府有关机构的行为模型等制度方面的特征，就可以揭示苏联在古巴导弹危机中的反应。然而，制度主义模型研究的焦点往往只是特定的制度结构，即描述制度的结构、职能、权利、责任、方法、程序等，片面强调制度的作用，忽视了政府制度与公共政策之间的内在联系，尤其是政策过程的重要影响。

（三）过程主义模型

与制度主义重视静态研究不同，第二次世界大战以后，现代"行为主义"政治学越来越关注政策过程和政治主体的行为，企图解释政策行为或政策过程的模式。1973年，美国学者托马斯·史密斯在《政策执行过程》一文中，最早提出系统分析政策执行过程中相关要素的理论框架——过程主义模型[①]。它将公共政策的制定过程划分为一系列政治活动环节，运用阶段性的描述和程序化分析方法，有效地构建起理解和研究公共政策全生命周期的基础框架。因此，过程主义模型又被称为政策生命周期理论。公共政策过程分析途径如图4—3所示。

过程主义模型的分析包括以下七个步骤：

第一，问题确认。发现亟需重视和解决的社会问题，确认此类社会问题是否属于政府范畴，是否需要提上相关议程转化为政策问题。

---

① 韩东林、许博、林乔乔：《基层干部对土地确权政策执行过程的四个维度评价——史密斯模型的一个解释》，《安徽农业大学学报（社会科学版）》，2017年6期。

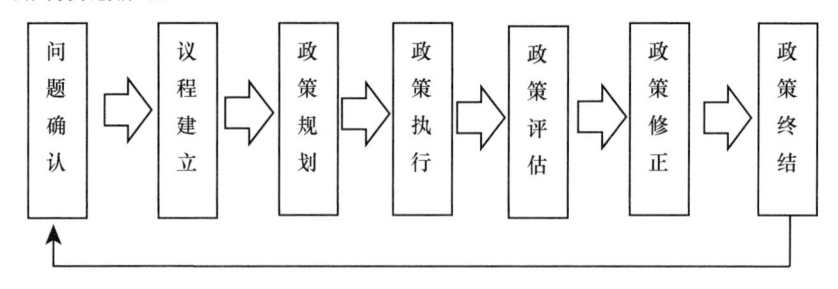

问题确认 ⇒ 议程建立 ⇒ 政策规划 ⇒ 政策执行 ⇒ 政策评估 ⇒ 政策修正 ⇒ 政策终结

图4—3　公共政策过程模型分析途径

第二，议程建立。社会问题具有复杂性、多样性和隐蔽性，政府无法全面挖掘，也无法全面解决现有问题，需要建立相应的政策议程规范，明晰社会问题的优先级。

第三，政策规划。政策规划阶段需要反复推演论证，力求政策方案切实可行。

第四，政策执行。政策执行者通过建立组织机构，运用政治资源，采取解释、宣传、实验、协调与控制等各种行动，将政策观念的内容转化为实际效果。政策执行阶段是政策规划阶段的延续，是检验政策有效性的重要阶段。

第五，政策评估。对政策执行的推进力度、传播速度、收益群体、政策效应及实施效果进行必要的测量和计算，对照寻找政策不足。

第六，政策修正。通过政策效果评估，及时发现并调整政策执行中存在的弊端，制定政策补丁，弥补先前政策漏洞及不足。

第七，政策终结。达到预期政策效果的政策或实践证明失败的政策，进入政策终结阶段。对于那些完全背离了既定政策目标、执行效果差的失败政策而言，政策的终结就意味着重新转回到了分析问题阶段。

过程主义模型将政策分析与制定的过程比作"传送机上的皮带"。这一比喻很好地概括了政策生命过程中的各种政治行为，能够帮助公众更好地理解政策制定和实施过程中的各种活动。

（四）系统理论模型

政策分析的系统理论源于分析政治系统的方法研究。1979年，美国著名学者戴维·伊斯顿正式提出了系统理论模型。在《政治生活的系统分析》中，戴维较为系统地描述了外部环境、政治系统和公共政策三者之间的关系，指出"政治系统具有复杂性和关联性，系统要素之间相互联系、相互缠杂；政策的实质是政策系统应对外界环境压力做出的反应"，"在考察和解释制定公共政策时，要考虑政治、经济、社会与文化等环境因素的作用"。因此，在分析政治系统的运行模式时，专家学者通常将政策系统视为"黑箱"，不分析系统的结构，而通过"输入""政治系统"与"输出"反映三者之间的关系（如图4—4所示）。

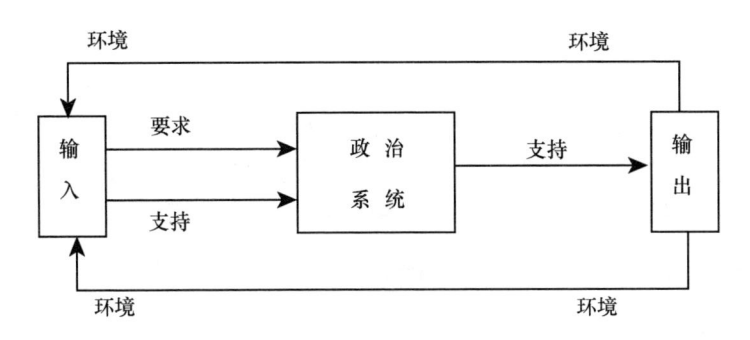

图4—4 政治系统的简化示意图

在系统理论模型中，"输入"指政治系统与外界环境之间相互作用的概括性变量，包括系统外部以一切可能的方式改变、修改或影响系统的所有事件。在这些事件中，"要求"和"支持"是主要的输入方式。其中，"要求"表示为了满足一定的利益需求，政治系统环境的决策主体以政治系统为诉求对象提出的采取行动的政策主张。一般来说，那些代表广泛的环境因素所呈现的要求，会直接影响相关政策的制定。"支持"表示大众集体以事先约定的政治民主方式，选出符合大众意愿的政策方案后，大众集体接受政治系统安排，遵从政策规定。例如遵守法律、缴纳税收等。"输出"变量表示政治系统在完成了公共政策后，反作用于周边环境，改变环境因素的要求，调动环境因素的支持，亦可视为是政治系统根据社会的需求与支持做出价值再分配的政策方案。这些分配方案、规划的总和就构成了公共政策[①]。

在利用系统理论模型分析政策时，学者们通常要解决以下六个方面的问题：

第一，在什么样的政策环境中，"要求"和"支持"可以有效影响政治系统？

第二，政治系统拥有哪些重要特征，可以持久有效地转化"输入"与"输出"？

第三，环境输入影响政治系统特征的作用机制是怎样的？

第四，政治系统的特征影响公共政策制定的作用机制是怎样的？

[①] 付飞翔：《公共政策分析的理论模型评述》，《牡丹江大学学报》，2012年第8期。

第五，环境输入影响公共政策制定的作用机制是怎样的？

第六，公共政策如何作用于环境并反作用于政治系统？

系统理论模型较好地解释了政治现象的复杂性和动态性，这种解释功能不因环境的改变而发生变化。在相对稳定的环境中，"要求"和"支持"变化不明显，政治系统只需渐进地修改公共政策的内容；在快速变迁的环境里，"要求"和"支持"变化突出，为满足自身生存的需要，政治系统必须彻底改革，产生新的输出。但是，系统理论模型在分析政策时仅仅将政治系统视为一个"黑箱"，并没有对政治系统内在作用机制提供很好的解释，忽略了政策决定的具体过程，因而也受到了学者们的一些质疑和批判。

三、着眼决策主体的政策模型

一般而言，公共政策的主体指直接或间接参与公共政策全过程的个人、团体或组织。公共政策主体不仅参与和影响公共政策的制定，而且在公共政策的执行、评估和监控等环节都发挥着积极的能动作用。根据决策主体的不同，可将公共政策分析模型分为精英模型、团队模型和综合模型三类。

（一）精英模型

精英模型将公共政策视为反映精英阶层价值偏好的一种决策理论，1970年首次出现在美国政治学家戴伊和齐格勒合著出版的《民主的嘲讽》一书中。精英模型认为，社会被分成掌握权力的少数人和没有权力的多数人。在公共政策实践中，社会公众缺乏公共政策的理论知识和技术手段，对公共政策既缺乏理解也往往表现得十分冷漠，只有占据统治权利的少数人最终决定着公众对政策问题的意见。因而，公共政策是从精英流向公众，而广大的社会公众只是充当了精英制定公共政策的执行者（如图4—5所示）。

精英模型作为政府权利理论中的一项重要内容，将公共政策视为掌握社会统治权力的精英们的价值偏好，对公共政策分析产生了很大的影响。在发展中国家，特别是在那些带有浓厚专制色彩的政治系统中，在分析和解释公共政策制定过程时，精英模型的作用可能会远远超过其他一些政治系统。这个模型的提出者和追随者认为，在任何社会中，政治精英对政治参与的态度都是影响公共政策形成的最具决定性的因素；只要代议制民主仍然是现阶段人类民主政治的主要形式，那么"精英决策"就不可避免。但是，批评者指出，精英模型认为公众对精英们决策行为的影响是间接和微不足道的，忽视了现代民主国家公众政治参与的愿望和能力及其发展变化的趋势，忽视了精英对公共政策影响在时间和地域上的暂时性和特殊性，过分夸大了杰出人物的作用，不具备对公共政策的普遍解释能力。

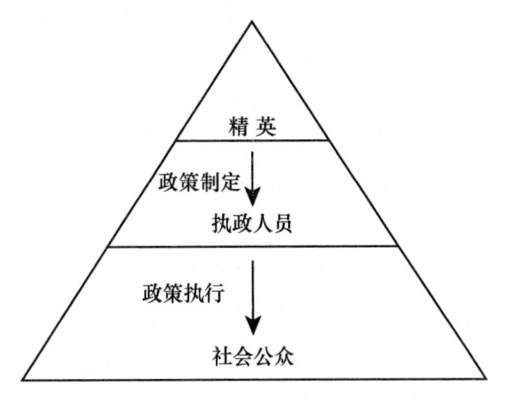

图4—5 精英模型

(二) 公共选择模型

公共选择理论的领袖人物是美国著名经济学家詹姆斯·布坎南。从20世纪50年代起，以美国著名经济学家詹姆斯·布坎南为代表的大量学者，开始从事公共选择理论研究，为公共选择模型的建立与发展做出了卓越贡献。

公共选择理论的研究对象是公共选择问题，包括国家体制、选举规则、管理体制等等。公共选择理论以西方经济学的"经济人"假设为基础，认为无论是政策制定者、执行者还是选民，其行为都会受各自利益的驱使，追求利益最大化。公共选择理论对社会选择的一个基本观点是，社会选择不过是个人选择的集结，只有个人才具有理性分析和思考的能力，个人是基本的分析单位，个人有目的行动和选择是一切社会选择的起因。不同的是，市场行为人追求的是经济利益最大化，政治行为人追求的是政治利益最大化，公众出于各自的利益走到一起，通过契约的形式努力实现并扩大自身利益，公共选择本质上就是将个人选择转化为集体选择的一种政治过程。公共选择理论认为，合法地完成这一政治过程需要经过三个阶段：第一阶段为立宪阶段，通过制定根本性的法规来约束人们的行为；第二阶段为立法阶段，要求人们在现行的规则和法律范围内展开集体活动；第三阶段为行政和司法阶段，它将立法机构通过的法案具体付诸实施，并且执行各项决策。

公共选择理论有助于解释在竞选活动中政党及其候选人为何不会提出非常明确的政策替代方案。公共选择理论认为，政党及其候选人对政治上的原则性问题并不感兴趣，他们感兴趣的是能否在竞选中获胜。因此，他们总是力图寻找能够吸引多数选民的政策立场，甚至将表述政策立场的行为视为一场单纯的政治表演。由于过分强调在市场机制中公众选择的优越性，忽视市场失灵以及政府在提供安全、产权保护等方面不可替代的作用，公共选择理论也同样饱受质疑。2017年，福建省厦门市市民关于海沧半岛计划兴建 PX 项目所进行的民众请愿事件，就是一场重大事务如何在民意与政府的互动中决策的现实演示。通过畅通的民意渠道与众智众创，公众与政府从博弈到妥协，再到充分合作，最终使得公众回归理性。

（三）团体模型

团体模型主要建立在政治学对组织问题的思考之上。团体模型认为，公共政策实际上是团体斗争中相互妥协的产物，这里的团体是指利益集团。1956年，美国学者厄尔·莱瑟姆在其著作《政治的集团基础》中系统阐述了团体模型。厄尔·莱瑟姆认为，公共政策是指在某一特定时间里，团体间的争斗所达到的平衡，它体现了那些一直试图获取优势并相互竞争的派系或团体之间出现的平衡……每一个法令都代表着妥协，因为调节团体间利益冲突的过程，是一个审议和取得同意的过程。任何一个立法机关议决的事项往往代表投票时相互竞争着的团体之间力量的构成，即力量的平衡。因此，在团队模型中，公共政策可以视为不同团体之间冲突平衡的产物，任何一个利益团体（集团）都或多或少地对政府机构施加压力和影响，并在相互竞争中逐渐实现平衡，成为政策形成和发生变化的源泉。

团体模型认为，团体互动体系的平衡主要依赖于三种力量的维系。第一，社会上存在着庞大的、潜在的社会团体，它们拥护和支持国家的宪法体系、维护社会稳定的运行机制；第二，团体间成员资格的相互重叠使任何团体难以偏离社会的基本价值观；第三，团体之间的竞争能够有效控制团体的势力，形成相互制约、相互牵制的局面，从而维护着社会体系的均衡（如图4—6所示）。

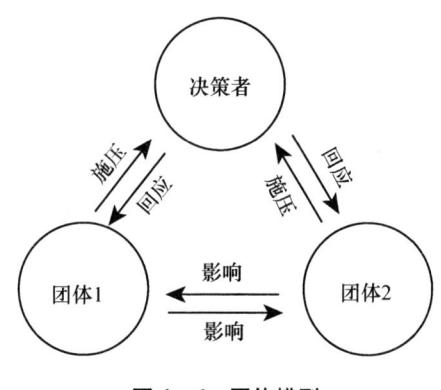

图4—6　团体模型

团体模型为公众理解公共政策提供了一个较为特殊的视角，有助于更好地解释公共政策的延续性。但是，团体模型试图通过团体间利益博弈的框架来解释所有的决策活动，显然过分夸大了利益集团在公共决策中的作用。事实上，集团也是个体的集合，正如个体有追逐自身利益的本性，不同的利益集团也有不同利益诉求，尤其当公共政策不会对其构成明显利害关系时，要调动其积极性十分困难。例如，在城市公共卫生、农村医疗保障、儿童权益保护等不存在团体冲突或团体冲突较小的领域，某些团体可能表现得麻木甚至做出抵制行为，这时就需要政府（决策）部门在公共政策制定和实施过程中发挥更大的主动性和创造性。

案例2：网约车新政：重构利益格局[①]

2016年7月，国家层面出台了《关于深化改革推进出租汽车行业健康发展的指导意见》和《网络预约出租汽车经营服务管理暂行办法》两项文件。根据上述文件的精神，北、上、广、深接连发布网约车新规，大幅度提高专车司机的准入门槛，引起了舆论的广泛关注。备受争论的话题是北京和上海的"京人京车""沪籍沪牌"——北京规定从事网约车必须是户籍在北京且北京牌照的车；上海也规定必须拥有上海户籍且拥有上海车牌才有营运资格。

从《国务院办公厅关于深化改革推进出租汽车行业健康发展的指导意见》中，不难看出新政所带来的悄然变革。例如，网约车出现的同时，出租车改革同样在深化：在经营权管理制度方面，"新增出租汽车经营权一律实行期限制，不得再实行无期限制""新增出租汽车经营权全部实行无偿使用，并不得变更经营主体""健全利益分配制度，出租汽车经营者要依法与驾驶员签订劳动合同或经营合同……合理确定并动态调整出租汽车承包费标准或定额任务，现有承包费标准或定额任务过高的要降低"等。得益于网约车新政的推动，过去因出租车经营权垄断而形成的不合理的利益格局将改变。可以说，网约车新政打破了旧有的利益格局，冲击了以特许经营为基础的固有的监管机制，在出租车公司、出租车司机、私人小客车合乘、乘客等各方之间将重新进行利益平衡。

事实上，北京"京人京车"、上海"沪籍沪牌"的政策，本质上也是一次利益的重新分配，其必然带来的客观结果是：第一，网约车在推

[①] 资料来源：李成刚：《网约车新政：重塑利益新格局》，《中国经济时报》，2016年10月12日第1版。

动客运要素资源共享整合的同时，必然会模糊传统营运与非营运的界限，这是交通领域进行的一次颠覆性创新；第二，利用互联网信息共享，传统出租车和汽车租赁的运营模式已被打破，差异化的出行方式将极大改变人们的主观感觉；第三，拥有合法身份的网约车平台将面临着更严格的监管，车辆、司机等都面临着资质门槛的全新考验。在这样的利益格局的重构中，新政的现实意义表现在三个方面：在乘客方面，安全、便捷、舒适、经济的个性化出行服务需求得以满足；在客运行业方面，新老业态发展，以及乘客、驾驶员和企业的利益得以统筹，推动了循序渐进、积极稳慎的改革；在政府方面，正确处理了政府和市场关系，完善了出租汽车行业法规体系。

综上所述，公共政策模型伴随着人们对自身理性状况认识程度的加深而不断演进，大致经历了"理性主义—行为主义—认知心理"的演进路径。如传统模型，偏重从"利己主义"假设，分析思考公共政策决策和判断及其结果性，但由于有限理性的局限，在实践中很难应用。基于政策系统本身的模型力图弥补这一不足，开始将着眼点放在政策过程、政策行为和政策环境与公共政策的相互关系之中。基于决策主体的模型，更加注重关于价值观、信仰、思想、情感以及个性心理的阐述，试图将人们在直觉决策中的行为特征融入理性决策与政策执行之中，不仅为决策者提供更加可靠的预测工具，也赋予了政策建构过程深刻的文化色彩。这些模型的出发点和关注点，基本涵盖了政策与政策创新所需要着重思考的因素，包括塑造政策创新的能动主体、促进政策创新的特定社会环境、激励政策创新的制度及结构，阻碍政策变迁的路径依赖等。因此，讨论公共政策创新，不能囿于单一理论视域的局限，需要在更为宏观、更为现实的背景环境下，探求公共政策实践中占有重要地位的主体、具有重要影响的制度以及特定文化下的路径依赖，寻找创新的契机。

第三节　基于中国行政实践的政策模型

中华人民共和国成立以来，久经磨难的中华民族逐步实现从站起来、富起来到强起来的伟大飞跃，特别是改革开放以来，我国在政治、经济、文化、生态文明等方面取得全方位的开创性成就。国内外学者在惊叹我国社会主义建设取得辉煌成就的同时，不断试图探究和解释"中国为什么成功?"这一深刻问题。一大批学者开始从我国本土资源和传统文化继承下的执政思维中寻找答案，取得了颇具启示性的成果。其中，具有代表性的有政治动员模型、官僚制模型和"上下来去"政策模型等。

一、政治动员模型

所谓政治动员，是指通过大众舆论和宣传教育等方式发动群众认同和支持政策，或在政府组织内通过政治控制等方式驱使相关人员理解和实施政策，从而促进政策的贯彻执行。正如习近平同志指出的，"我国社会主义制度能够集中力量办大事是我们成就事业的重要法宝。"一些研究中国问题的专家认为，中国政治在很大程度上是一种动员政治。[1] 美国著名汉学家杜赞奇指出，中国有着一个强大的党的组织，它深深地根植在农村和城市之中。国家有足够的动员人民的力量，当要推行计划时，就会去动员庞大的人力资源为其服务。"我们试想想，有多少国家像中国这样动员人民？你不一定会认同这些计划，但你不得不为这种深入社会的动员能力折服。"[2] 因此，政治动员模型能够在很大程度上解释我国政策推行中的许多现象，反映我国公共政策执行的鲜明特色。

政治动员有狭义和广义之分。狭义的政治动员指"通过宣传教育等方式调动群众参与政策执行"。广义的政治动员则增添了"在政府组织内通过政治控制等手段驱动相关人员对政策的贯彻执行"的内涵。王萌认为，政治动员模型在我国的存在和运行，有着深刻的历史与现实成因，主要表现在以下三点[3]：

第一，体制的必然性。与资本主义国家的"三权分立"制度相对，我国实行的是"议行合一"的行政权力体制，即立法权和行政权由国家权力机关统一行使。中国共产党作为执政党，对国家权力机关具有绝对的领导力，在国家的各项工作中处于核心领导地位，有切实的决定权和建议权。因此，无论是政策问题的提出和确定，还是政策的实施，都始终处于党的统一领导之下。

第二，政党的独特性。中国共产党的成立早于新中国的建立，因此，中国共产党的执政目标不是争夺国家内部领导权，而是建立与其执政理念相一致的国家。就中国共产党的组织体系来看，从中国共产党全国代表大会、中共中央委员会等党的中央组织，到企业、农村、机关、学校、科研院所、街

---

[1] 王景伦：《走向东方的梦——美国的中国观》，时事出版社1994年版。
[2] 杜赞奇、程美宝：《从历史和比较的观点看中国改革》，《开放时代》，2009年第8期。
[3] 王萌：《政治动员模型在我国运行的条件性和效用分析》，《社科纵横（新理论版）》，2010年第1期。

道社区、社会团体、军队等各基层单位党的委员会、党总支或党支部,党的组织深深扎根于社会各阶层,为充分发挥政治动员模型的作用提供了强有力的保证。

第三,意识形态刚性。领导者在群众中的绝对权威是政治动员模型充分发挥作用的前提,只有民众对领导人怀有绝对的信任和服从,才能集中力量,夺取胜利。领导人通过在人民群众之中树立崇高的威信,缩短与群众的心理认同距离,消除群众心中的疑惑和顾虑,达到信服的效果。

正是基于这样的政治环境,在我国以往的政策实践中,政治动员能够很好地调动起广大群众贯彻执行中央政策的积极性和主动性[1],一些政策能够在较大程度上依靠群众的力量得以实施和推广。例如,中华人民共和国成立初期的"三反""五反"运动中,各地掀起了检举揭发贪腐官僚行为、揭露不法资本家"五毒"行为的浪潮,一些贪污腐化分子被清除,严重的官僚主义分子被撤换,不法资本家被核实定案或处分等。在短时间内,狭义的政治动员模式就能使政策渗透力达到最大,甚至产生在官僚制度体系下难以企及的政策施行效果。

当然,当决策出现问题时,错误的政策在政治动员的作用下也会被迅速贯彻实施,导致不同程度的失控现象。因此,改革开放以来,广义的政治动员模式开始兴盛,政治驱动现象在我国政策执行过程中日益突出,即执政党通过保留任命政府官员、提出政策路线和否决政府决策的权力,促使政府官员按照党的指示精神贯彻落实相关政策[2]。近年来,随着"依法治国"重大部署的全面推进,政策执行中的政治驱动现象逐步规避,其原因在于,虽然政治动员是推动促进政策执行的有力工具,但也容易导致政策制定与民众的期望不相匹配、绝对权力下政治网络体系阻碍政策执行以及群众的政治冷漠等问题,迫切需要建立现代化的国家治理体系。

尽管政治动员模型在我国的公共政策执行中具有必然性,也可以反映和解释政策过程的特殊性,但是,对政策执行中出现的某些问题依旧解释力不足。例如,按照政治动员模型的逻辑,只要政策科学,政策执行即为高效有力,而这与我国政策实践中出现的"虎头蛇尾""时进时退"以及"政策空传"的现象相悖[3]。因此,政治动员模型也仅能解释某一类公共政策的执行

---

[1] 胡伟:《政府过程》,浙江人民出版社1998年版。
[2] Susan L. Shirk. The Political Logic of Economic Reform in China, Berkeley: University of California Press, 1993: p. 69.
[3] Barrett L. Mccormick. Leninist Implementation: the Election Campaign, David M. Lampton. Policy Implementation in Post-Mao China, Berkeley: California Press, 1987: pp. 383 – 413.

现象。

二、官僚制模型

政治动员能够在我国有效发挥作用，很大程度上得益于层层分工、逐级落实、纵深推进的独特行政体制。因此，不少学者试图用官僚制模型来解释中国的政策执行现象。

官僚制是近代社会生产力飞速发展、社会分工越来越细、组织规模不断扩大的产物。20世纪初，德国社会学家马克斯·韦伯提出官僚制理论。在马克斯·韦伯看来，官僚制是指一种以分部—分层、集权—统一、指挥—服从等为特征的组织形态，是现代社会实施合法统治的行政组织制度。它具有如下特征：①

第一，层级制。实行行政机关等级制和职务等级制原则，按权力自上而下排列成严格的等级层次结构体系，且在每一层级劳动分工的划分中，相对应的官员都有明确界定的权限，上级监督下级，下级对上级负责。

第二，理性权威结构。现代理性官僚制是建立在法理型权威基础上的行政管理模式，构成权威的基础不是领袖的个人魅力，也不是世袭的特权，而是法律或者是根据法律而制定的各种规章和制度。

第三，专业化。工作人员的选拔录用必须接受过长时间培训和经过一般规定的专业考试。官员由契约任命而非选举产生，依据职责对他们进行深入的专业培训，行政人员的晋升以功绩或者资历为依据。

第四，非人格化。行政行为按照既定的规则和程序进行，而不是听任于某个人的意志和偏好，人们服从的不是被赋予了权力的某个人，而是服从赋予此项权力的法律和制度，从而保证行政管理行为中的非人格化倾向，尽可能避免人际关系带来的寻租腐败。

第五，公私分开。行政管理队伍同行政运转物资、生产物资完全分开；公职人员对职位不能占为己有；严格区分公私界限，区别公务活动领域与私人生活领域、工作区域与生活区域；官员与行政管理手段所有权分离，严格公事公办，保证工作人员依靠组织的报酬来维持生计，确保行政管理能力和可预测性的提高。

因此，复杂的公共政策目标在政策执行过程可以被细分为可处理的、可重复的任务。每一项任务归属于某一特定的公职，然后由一个权力集中的、等级制的控制中心加以协调。由此可见，官僚制的核心就是金字塔式的结构

---

① 张婷：《中国行政改革路径选择研究——官僚制的理性重塑》，首都经济贸易大学2006年硕士论文。

形式和高度控制的管理方式，与中国特殊的行政环境不谋而合①。我国经历了两千多年的封建社会，等级制度源远流长，有权威、有等级、有上下之别的组织观念根深蒂固。

但从官僚制的实际应用上看，中国政策执行中的"官僚制"结构与韦伯意义上的官僚制存在一定区别。一方面，尽管中国有着延续两千多年的官僚政治，但中国传统政治文化更加推崇身份、血缘和人情，与韦伯官僚制所要求的理性精神、非人格化、照章办事等有较大出入，与韦伯官僚制的基本特征并不能完全契合。另一方面，在"发展中国家""以经济建设为中心"这样的政策执行环境下，在短期内要使政府行为受到系统化的制度约束难以实现。但是，中国的公共政策执行并没有完全抛弃官僚制的规范，在构建现代化国家治理体系的总体进程下，中国行政管理改革的重要目标之一，就是培塑以法律化、契约化、程序化、非人格化为特征的理性组织文化，这也是官僚制的精华。

三、"上下来去"政策过程模型②

基于西方经验的公共政策模型认为，政策运行的逻辑流程是单向的。例如，渐进主义模型、集团模型等把公共政策的执行过程描述为"自上而下"的过程，而旧制度主义模型、精英模型等则把公共政策的执行过程描述为"自下而上"的过程。鉴于当代中国的公共政策实践，20世纪90年代后期，宁骚教授提出，我国政策制定在认识论上是从"形而下"到"形而上"的过程，政策执行在认识论上从"形而上"到"形而下"的过程，而整个政策过程在政策主体与政策客体的关系上是"从群众中来，到群众中去"的过程。因此，他将这一基于中国经验的政策过程模型命名为"上下来去"模型。

"上下来去"模型认为，政策过程是政策主体认识世界和改造世界的过程。运用"上下来去"理论模型探讨中国的公共政策执行现象，首先必须明确在政策过程中政策主体遵循的是什么认识路线和指导原则，即模型的哲学基础问题。通过对中国公共政策实践的理论总结和哲学思考发现，基于中国经验的"上下来去"模型的哲学基础就是辩证唯物论和历史唯物论。对于我国的公共政策决策者而言，辩证唯物论的认识路线就是"实事求是，一切从实际出发"；历史唯物论则强调，政策主体在制定和执行公共政策的过程中，要坚持以人为本，尊重人民主体地位，始终把人民利益放在第一位，把实现好、维护好、发

---

① 丰云、刘丽杭：《重塑官僚制：中国行政体制改革的选择》，《广东行政学院学报》，2005年第17卷第1期。

② 宁骚：《公共政策学》（第2版），高等教育出版社2011年版。

展好最广大人民的根本利益作为公共政策的出发点和落脚点。

在"上下来去"模型中,"上"代表主观、精神、认识,以及一般居于上位或核心地位的政策行为者;"下"代表客观、物质、实践、行动、个别,以及居于下位或外围地位的政策行为者。"上"与"下"是互动的。在政策的社会认识过程中,"上"与"下"沿着"客观—主观—客观"(或"物质—精神—物质")、"实践—认识—实践"、"个别——一般—个别"的路线互动。在政策的社会操作过程中,"上"与"下"的互动则可以概括为"从群众中来,到群众中去",具体表现为"群众—领导—群众""民主—集中—民主""点—面—点"。"上下来去"的政策过程运行的框架如图4—7所示。

政策的社会认识过程		
政策制定过程	政策执行过程	政策过程的循环
实事求是:一切从实际出发 从客观到主观 从实践到认识 从个别到一般	实事求是:一切从实际出发 从主观到客观 从实践到认识 从一般到个别	物质—精神—物质循环往复 实践—认识—实践循环往复 个别——一般—个别循环往复

政策的社会操作过程		
政策制定过程	政策执行过程	政策过程的循环
从群众中来 从群众到领导 从民主到集中 从点到面:"解剖麻雀",引出一般 调查—研究—决策	到群众中去 从领导到群众 从集中到民主 从面到点:一般号召与个别指导相结合 试点—总结—推广	群众—领导—群众循环往复 民主—集中—民主循环往复 点—面—点循环往复

图4—7 "上下来去"政策过程模型①

"上下来去"模型亦可分解为以下四个子模型:
(一)政策认识的实事求是模型,亦称作政策认识的真理性模型
该模型认为,政策的正确性取决于政策主体经过实践而对客观真理发现

---

① 宁骚:《中国公共政策为什么成功?——基于中国经验的政策过程模型构建与阐释》,《新视野》,2012年第1期。

和把握的程度，要求必须从客观事实出发，从实际国情出发，从社会实践出发去认识与发现真理。这是一个"摸着石头过河"，由特殊事物抽象出一般、由感性认识转化为理性认识、由有限理性上升到完全理性、由相对真理接近绝对真理的一个过程。特定的政策过程可分为从实践中获得理论认识，再使认识回到实践、指导实践、受实践检验这两大阶段。政策形成可视为从前一阶段转入后一阶段的中间环节，前一阶段是从客观到主观（或从物质到精神）、从实践到认识、从个别到一般的过程，而后一阶段则是从主观到客观（或从精神到物质）、从认识到实践、从一般到个别的过程。因此，政策得以与时俱进、不断完善，源自这是一个"物质—精神—物质""实践—认识—实践""个别——一般—个别"的循环往复的过程。其核心命题即为"实事求是，一切从实际出发""摸着石头过河"（在认识论意义上）和"实践是检验真理的唯一标准"。

（二）政策操作的"群众—领导"模型，亦称作政策操作的群众路线模型

该模型认为，正确的决策来源于群众的实践、经验和意见，作为政策决策主体的各级领导干部要密切联系群众，紧紧依靠群众，随时听取群众的呼声，凝聚群众，智慧和力量，代表广大群众的根本利益。在政策的制定过程中，领导干部应当广泛汇集群众意见，通过整理和研究，将分散的智慧集中起来，转化为系统的意见与指导。在政策的执行过程中，领导干部要深入到群众中，宣传和讲解政策内容，加深群众对政策的理解和支持，并带领群众在行动中检验政策的正确性，搜集和整理群众反馈的意见建议，用于修改和完善政策，之后再将改进升级的政策带到群众中，付诸实践检验。因此，该模型的核心命题为"从群众中来，到群众中去"。

（三）政策操作的"民主—集中"模型，亦称作政策操作的民主集中制模型

该模型认为，正确政策的形成及有效实施有赖于坚持民主集中制的原则。实行民主集中制的前提条件是将各政策行为者区分为决策者和非决策者，决策者以民主集中制为决策原则，而各种非决策者则一律视为群众。

第一，决策者以听取意见、讨论、协商等方式发扬民主，使各方面的要求和建议充分反映出来。

第二，集中整理各类材料，分析研究，总结提高，形成政策方案。

第三，若干决策者组成委员会，按照多数决定的规则对政策方案做出抉择，制定政策。

第四，按照"少数服从多数、个人服从组织、下级服从上级、全国服从中央"的原则，将政策施于群众。群众（包括执行机关）在贯彻政策时，需要经过认真的讨论，透彻理解指示精神，得出具体执行办法。

第五，决策者组织群众对政策执行的情况进行总结，形成反馈。该模型的核心命题为"在民主基础上的集中，在集中指导下的民主"。

（四）政策操作的试验模型

该模型认为，一项科学的政策从制定到执行是一个从点到面、再从面到点的过程。首先，对较多的个体和局部进行调查，或者选择少量个体和局部（"选点"）进行系统观察，做个案研究，并对这些个体和局部做比较分析，发现导致政策问题形成的诸因素间的联系，以此为根据做出决定，从而形成政策（"到面"）。然后，政策主体在对政策执行发出一般号召的同时，选择少量个体和局部先行实施政策，即选点试验，从个别人群、个别地方、个别单位、个别事件取得经验并先行显示政策效果，做政策可行性试验，以求"典型示范、以点带面"，推动并完善政策的全面实施。因此，该模型的核心命题为"一切经过试验""解剖麻雀，引出一般""一般号召与个别指导相结合"。

综上所述，"上下来去"模型较好地凸显了当代中国国情，提供了揭示我国独特的公共政策形成及发挥功能的分析框架，但也因为过于凸显中国特色，而难以在其他国家运用。"上下来去"模型仅限于揭示我国具有重大影响的公共政策过程，对于那些日常性、操作性，以及即时性、应急性的公共政策，依然不可避免地存在解释力不足的困境。

四、基于中国行政实践的政策模型特征总结及启示

综合基于西方经验的政策理论模型和以本土经验为依据的公共政策执行过程，不难发现，在当代中国行政实践的具体情境下，这些模型不同程度地闪烁着自身的理论光辉，指导着实践，但又或多或少地表现出适用性不强的局限。这表明，我国的政策模型有着自身独特理论支撑与道路遵循。总结基于我国行政实践的政策模型特征，一方面能够更清楚地解释这些经典的理论模型在我国"水土不服"的原因，另一方面也能够为我们在具体情境下探索符合中国国情、具有中国特色的政策理论与实践创新寻找启示与路径。

（一）主要特征

总结回顾本土经验的政策模型，我国特有的执政理念与行政体制赋予其区别于西方理论下的政策模型的明显特征，具体体现在以下四个方面：

第一，以马克思主义哲学为指导依据。与理性模型、博弈模型等遵循逻辑实证主义与后现代主义的路线不同，基于当代中国经验的政策模型始终沿

着辩证唯物主义和历史唯物主义的哲学路线，探索和揭示理论与实践、政策与实践、政策与理论，以及人民群众与政策主体的基本关系，始终蕴含着深深的马克思主义哲学色彩：政策由实践经验转化升华而来，并在实践中得到完善和发展，实践必须以政策为基本遵循贯穿全程；理论源于实践并为政策的制定提供依据，政策是理论与实践的中间环节；人民群众是政策的主体，人民群众的社会实践是检验政策正确与否的唯一标准。以此为指导，将公共政策打造连接成"理论—实践—人民"的"链条"，在共同作用下最大限度地提升政策供给质量。

第二，能够有效兼容和消解其他政策模型。追求公共决策的科学化与民主化是政策模型的重要诉求，但同样的诉求对于西方的政策模型、公共选择和精英模型可能彼此对立矛盾，而基于中国经验的政策过程模型，乐于接纳和包容具有同样诉求的其他政策模型。以"上下来去"政策模型为例，它所包含的"民主—集中"子模型，能够尽可能地消解公众诉求与精英理念的对立，甚至能够很好地将二者融为一体。再如，政策执行的政治动员模型，又可以吸纳韦伯官僚制模型与团体模型在政策推进中的冲突，从而追求兼容并包、取长补短的政策期望。

第三，独具特色的政策试点与检验。凡是影响持久、深入、广泛的大型公共决策，在可能的情况下，要选择若干局部范围（如单位、部门、地区）先试先行，然后在总结经验的基础上，再形成整体性政策或者再全面铺开政策实施，这种政策试验的设计做法是西方经验模型中较为罕见的。其作用和意义甚至不亚于自然科学研究中的实验。相比之下，西方国家由于政党之间的领导权之争，任何"政策试验"都必须经过激烈的争辩，难以创造"不争论"的试验前提，更为关键的是这种政党之争意味着国家始终缺乏一个稳定、连续的领导体制，也就难以确保"政策试验"能够有力有序地推进直至可行。尽管政策试验能有效地防范"政策粗糙"所导致的不良社会效应，但不得不说，试验需要耗费的成本往往是难以预计的，过多的依赖政策试验，在一定程度上导致公共政策供给长期滞后与社会治理需求。因此，需要更为经济、迅捷的"政策模拟"创新。

第四，公共政策是社会集体的互动行为。基于中国经验的政策模型中，公共政策不单是领导者集体决策的产物，而是中央与地方、领导与群众、上下级决策者、决策者与执行者之间反复互动的结果。而其他政策模型中，政策过程是单向的，过程中的政策行为还被设定为某一国家机构（如立法机构、行政机构）或其他利益集团之间相互博弈、相互妥协的行为。这意味着在中国，广大公众在关系国计民生最为直接的问题上，实质上拥有更多发表意见和参与决策的权利，更有利于保证人民与政府各司其职，维持彼此之间的稳定和谐。尤其在一个以前所未有的速度更新变革的现代社会，公众对于政策供给质量要求空前提高，更加需要密切加深公众与决策者之间的互动，利用好信息技术提供的便捷，更加广泛地吸收大众智慧，推进公共政策众智众创。

（二）创新启示

上述特征的形成与发展，提出了过去一段时间以来，我国公共政策实现其功能的逻辑主线，也为我们推进公共政策创新提供了着眼点与落脚点。一般而言，影响政策创新的具体因素很多，但是这些因素能够产生影响无外乎经历"触发—扩散—发展—终结"这样的四个阶段，由此回归到我国政策实践的具体情境中，在以此四阶段划分为骨干架构的基础上，寻找和丰富能够赋予创新政策生命活力的"血肉"则为重中之重。

第一，政策创新的触发需要激励与动力。有学者提出，促成创新政策的初始设计或最初发动的根本原因在于人们已经感觉到的利益分化和协调的可能性①。也就是说，我国公共政策创新的源动力，即"人民对美好生活的向往与发展不平衡不充分之间的矛盾"，经由我国政治环境的转化，在政策过程中，将以指导理论的创新或中国化、低效体制机制的转轨，以及新技术新业态的诞生为主要作用形式，转化为推动政策创新的直接动力，形成政策创新触发的基础。因此，以构建符合我国国情的政策创新模型为目标，政策工作者们必须重视以下问题：在新的时代背景下，如何更好地规范与推动我国执政理念与指导理论的创新；如何进一步深化行政体制改革，以适应经济发展新常态；公共政策创新应如何更好地应对或迎接新经济时代或新技术革命的到来等等。这些问题是公共政策及模型创新能否触发的前提，是我国公共政策创新的源动力，解决好上述问题，对于确保公共政策创新的针对性和有效性具有重要意义。

第二，政策创新需得到可靠的扩散传播。公共政策包含着对人们行为的规范，必须依托有效的传播与扩散，才能得到社会群体足够多的遵循与仿效。通过政治动员将政策精神解读传递到社会各阶层、各角落，争取广泛深入的理解和支持，在我国政策传播中具有举足轻重的作用。这表明，从政治动员出发讨论公共政策创新涉及到两个层面的问题：一是实践层面，如何通过政策动员，更好地推广、传播公共政策创新的问题；二是模型层面，如何推动我国政治动员模型自身创新的问题。因此，今后一段时间内，政治动员

---

① 陈东：《机理与模型：公共政策创新的规范理论研究》，《理论与改革》，2014年第3期。

不仅要充当我国政策创新的"扩音器",其模型本身也亟需创新路径模式,放大自身的效果。归根结底,公共政策创新又将回归到我国的政党体制与意识形态的讨论中来,即如何更好地发挥国家强制力、文化观念传播以及美好的愿景,来推动创新、实现创新的扩散与传播,进一步凸显研究政策创新及模型构建所应当聚焦的核心。

第三,政策创新需要不断发展与完善。政策创新不是一帆风顺的,当政策创新从群众首创过渡到由政府主导以后,政府机构就要对创新过程中的具体政策设计进行规划与调整。这是一个不断修订与完善政策的过程。因此,政策创新贯穿政策的整个生命周期,它既是政策过程本身所包含的重要内容,也在促进着政策过程自身的变革与发展。可见,推动我国公共政策创新,需要同政策过程一样,以稳定持续的领导体制、反复互动的民主—集中决策、风险可控的试错空间作为抓手,最大限度地激发政策创新与政策过程彼此关联耦合的效应。

第四,政策的终结意味着新政策的崛起。政策终结意味着将进入新一轮政策创新的闭环,需要开始重新审视"触发—扩散—发展—终结"这一政策创新链条,选择合理恰当的时机,运用行之有效的扩散机制,发挥关键作用的动力,推动政策创新及创新模型的发展。这一闭环构成了政策创新与政策过程,"骨""肉"相互连结、互为支持、协同推进的政策创新模型,为我国公共政策创新提供基本的原则遵循。

第五章
公共政策制定

政策制定是政策过程的首要阶段，是政策科学的核心主题。何谓政策制定？政策科学文献对此有广义的和狭义的两种理解。有些政策科学家，如德洛尔将政策制定理解为整个政策过程，把政策执行、政策评估等环节称为后政策制定阶段。大多数政策科学家则对政策制定做了狭义的理解，即把它理解为政策形成或政策规划，指从问题界定到方案抉择以及合法化的过程。本章从后一种意义上来理解政策制定，将讨论政策制定过程的各阶段、环节或功能活动。

第一节 政策议程

政策制定是一个复杂的活动过程，它由一系列功能活动或环节所构成。安德森认为政策形成涉及三个方面的问题：公共问题是怎样引起决策者注意的？解决特定问题的政策意见是怎样形成的？某一建议是怎样从相互匹敌的可供选择的政策方案中被选中的？[1] 查尔斯·琼斯和迪特·马瑟斯在《政策形成》一文中认为，政策形成包括了这样一些问题：政策问题来自何方？如何分清轻重缓急？问题怎样随时间变化？什么人与提案的形成有关？他们怎么做？如何支持提案？体制对方案的形成有何影响？出现了什么跨体制因素促成方案发展？[2] 由此可见，政策制定过程包含了议程设立、方案规划和方案的合法化等功能活动环节或阶段，而设立议程是政策制定过程中起始阶段的功能活动。

---

[1] 詹姆斯·E. 安德森：《公共决策》，华夏出版社1990年版，第65页。
[2] S. S. 那格尔：《政策研究百科全书》，科学技术文献出版社1990年版，第94页。

一、政策议程的分类

政策议程实际上体现了政治组织尤其是国家（政府）如何确定政策的轻重缓急。社会向政府提出了大量的需要采取行动的要求，而在这成千上万的要求中，只有少数受到政策制定者的注意，被决策者所关注并感到必须加以处理而提到议事日程。科布和爱尔德将政策议程定义为："那些被决策者选中或决策者感到必须对之采取行动的要求构成了政策议程。"[1] 我国学者张金马给政策议程下了这样的定义："政策议程就是将政策问题纳入政治或政策机构的行动计划的过程，它提供了一条政策问题进入政策过程的渠道和一些需要给予考虑的事项。"[2] 由此可见，政策议程就是将政策问题提上政府议事日程，纳入决策领域的过程。

将一个政策问题提到政府机构的议程之上是解决该问题的关键一步。一个公共问题或社会问题只有以一定的形式，经过一定的渠道进入政策过程，成为决策者研究和分析的对象，才能成为政策问题，这个问题也只有通过政策过程才能得到解决或处理。政策议程的形成过程，也就是问题有望获得解决的过程，就是人民群众反映和表达自己的愿望和要求，促使政策制定者制定政策予以满足的过程，也是政府或执政党集中与综合所代表的阶级、阶层和集团的利益，并通过政策制定予以体现的过程。

在政治系统中存在多种政策议程，可以从不同的角度对它们加以分类。琼斯在《公共政策研究导论》一书中，从政策活动的功能方面将政策议程分为如下四类：（1）为使问题得到积极的和严肃的研究和认可而提出的问题确认议程；（2）能确定从问题进展到发现解决办法的提案议程；（3）协议或讨价还价的议程，使提案得到支持并能积极和严肃地发展；（4）持续议程，使问题得到持续的检验[3]。科布和爱尔德区分了两种基本的议程，即系统议程和政府议程[4]。张金马主编的《政策科学导论》一书将政策议程分为公众议程和正式议程两种类型。[5] 笔者认为科布和爱尔德的分类方法比较合理，下面简要介绍这两种议程。

（一）系统议程

科布和爱尔德认为，系统议程是由那些被政治社区的成员普遍认为值

---

[1] 陶学荣：《公共政策学》，东北财经大学出版社2006年版，第140页。
[2] 张金马主编：《政策科学导论》，中国人民大学出版社1992年版，第146页。
[3] Charles O. Jones, An Introduction to the Study of Public Policy (2nd ed), North Scituate. Mass: Duxbury, 1977, pp. 40 – 41.
[4] 詹姆斯·E. 安德森：《公共决策》，华夏出版社1990年版，第69页。
[5] 张金马：《政策科学导论》，中国人民大学出版社1992年版，第146页。

得公众注意，并由与现在政府权威中的立法范围内的事务相关的一切问题组成。系统议程本质上属于讨论议程，表现为众说纷纭的情形。可以从大众传播媒介甚至从平时的谈话中了解人们对国家大事和各种社会问题的意见。但这并不是说问题就进入了系统议程，因为还未受到党和政府的关注，问题基本上还处于一种社会广泛的讨论当中。但恰恰由于这种社会的广泛讨论，才形成了一股强大的社会力量，使政策制定者注意和认识到这些问题，经过政策分析把它们列入自己的议事日程。这是政策议程的第一个阶段。

一个问题要想成为或达到系统议程的程度，必须具备以下三个条件：（1）该问题必须在社会上广泛流传并受到广泛注意，或者至少必须为公众所察觉；（2）大多数人都认为有采取行动的必须；（3）公众普遍认为，这个问题是某个政府机关权限范围内的事务，而且应当给予适当的关注。

（二）政府议程

科布和爱尔德认为，政府议程是由那些引起公共官员密切而又积极关注的问题组成的。政府议程是行动的程序，是决策机关和人员对有关问题，依照特定程序予以解决的实际过程。它比系统的程序更具体、更明确。例如，大街上的犯罪活动尽管属于系统议程的范围，但政府将面临更为具体的意见去处理这方面的问题。

科布和爱尔德将政府议程的项目区分为旧的事项和新的事项两类。旧的事项是那些以某种常规的形式出现在政策议程上的事项。例如，公务人员工资的增加、社会保障的增加以及预算拨款。官员们对这些问题较为熟识，而且处理这些问题的方案在一定程度上也已成型。新的事项是由于特定的情景和事件而产生的，也可能因社会上越来越多的人要求政府对某些问题采取行动而引起。旧的事项被认为常常能从决策者那里获取处理的优先权；决策者总是发现自己的时间有限和政策议程安排得满满的；考虑到旧议程的重要性和官员们对之更为熟悉，决策者认为应对它们予以更多的注意。当然，作为新的事项提上政策议程的问题，随着时间的推移，也会变成旧的事项。

国内有学者认为，按照其建立过程中各项功能活动的先后秩序，政府议程可分为四种类型：（1）界定议程，由一些经过积极而且认真研究的项目所组成；（2）规划议程，由一些已达到规划阶段的项目所组成；（3）磋商议程，根据每一规划方案的利害得失，与政策相关的人彼此之间进行磋商；（4）循环议程，已进入正式议程的每一方案，都要不断接受检验，加以修正①。按照这种分类，政府议程是政策议程的第二阶段。

（三）两种议程的区别

系统议程和政府议程是政策议程的两个不同阶段，二者有着本质区别。系统议程一般由一系列较抽象的项目所组成，其概念和范围都很模糊，仅是发现问题，提出问题，它可以不提出政策方案或解决办法。政府议程则较系统议程来得特定而具体，它是对政策问题进行界定或陈述的阶段。问题经过一定的描述，为决策系统正式接受，并采取具体方案试图解决的时候，系统议程就转入政府议程。例如，交通堵塞严重影响了人们的生活，成为大众所关注的话题，但这一阶段还只属于系统议程，等到政府觉察到这一问题的严重性，针对这一问题采取一些具体措施，如控制私人轿车拥有量，减少车流量；加强道路基础设施建设，拓宽路面等等，这里系统议程就成为了政府议程。

在一般情况下，一个政策问题提出的过程是这样的：某一社会问题进入系统议程，然后再进入政府议程，最后成为政策问题。但实际上，很多问题可能不经过系统议程而直接进入政府议事日程。因为政策决策者可能根据自己对社会发展变化的研究分析，主动寻找问题，把它列入自己的议事日程。当然，一个问题即使能够顺利进入政府议程，最后也会出现不同的结果。例如，可能经过决策者的研究很快制定出相应的政策；也可能由于渠道不畅、机构重叠、行动不力、效率低下而做不出任何决定。

已成为系统议程的问题并不一定能成为政府议程的问题。同样，提上政府议程的问题，也并不一定是系统议程的问题。有时，一个政策在在群众中已引起普遍关注和讨论，甚至专家学者和研究机构已对它加以探讨，但执政党和政府并没有把它列入政府议程，有时甚至会采取措施阻止其进入政府议程。在现实生活中也可以看到，在全国和地方的人民代表大会和政治协商会议上，各级人大代表或政协委员就人民群众普遍关心的问题提出的许多议案、意见和建议，并非都能列入政府议程。出现这种情况有多种原因：或是问题本身的性质、规模和影响尚未打破常规应该或能够解决的程度，或是问题的表达方式和途径不符合既定的组织体制和工作程序，或是政府决策者判断失误（如人口问题），或是问题涉及决策者本身的利益等等。有时也会出现一个政策问题已经列入政府议程，但群众还没有注意到的情况。例如，党和国家领导人以及专家学者预见到某些政策问题、某种危机或突发事件的影响等。

---

① 张金马主编：《政策科学导论》，中国人民大学出版社1992年版，第147页。

二、建立政策议程的途径

政府所面临的社会问题非常多,有些社会问题能够顺利进入政策议程,而另一些则难以进入,甚至完全被排除在政策议程之外。那么社会问题究竟如何才能进入政策议程呢?是通过什么途径和渠道进入政策议程的呢?

安德森认为问题是通过如下途径或方式进入政府议事日程的:(1)政治领导人;(2)危机或者引人注目的事件;(3)抗议活动;(4)大众传播媒介[1]。科布和爱尔德认为,建立政策议程的途径可以分为内部和外部途径,其中内部途径为:(1)自然大灾难;(2)不可预测的人为事件;(3)技术变革;(4)民权抗议;(5)工会罢工;(6)生态变化。外部途径为:(1)战争行为;(2)武器技术革新;(3)国际冲突;(4)世界联盟变化。在琼斯看来,社会问题进入政策议程的途径有:(1)政治运动;(2)对大量人员造成威胁的事件;(3)大规模的宣传;(4)个人的努力;(5)先前政策的应用[2]。琼斯和马瑟斯在《政策形成》一文中将这些观点概括成为表5—1[3]。

表5—1 政府议事日程方式

安德森《公共决策》	科布和爱尔德《美国政治中的参与:确定议程的动因》		琼斯《公共政策研究导论》
1. 政治领导人 2. 危机或引人注目的事件 3. 抗议活动 4. 大众传播媒介	内部: 1. 自然大空难 2. 人为事件 3. 技术革命 4. 民权抗议 5. 工会罢工 6. 生态变化	外部: 1. 战争行为 2. 武器技术革新 3. 国际冲突 4. 世界联盟变化	1. 政治运动 2. 对大量人员造成威胁的事件 3. 大规模的宣传 4. 个人的努力 5. 先前政策的应用

社会问题要进入政策议程,既要有能够发现问题的观察机制,又要在公众与政府、上级与下级之间存在良好的沟通机制。因此,我们认为,社会问题进入政策议程的主要途径有如下几种。

---

[1] 詹姆斯·E. 安德森:《公共决策》,华夏出版社1990年版,72页。
[2] Charles O. Jones, An Introduction to the Study of Public Policy (2$^{nd\,ed}$), North Scituate. Mass: Duxbury, 1977, pp. 40 - 41.
[3] S. S. 那格尔:《政策研究百科全书》,科学技术文献出版社1990年版,第97页。

（一）政治领袖

政治领袖是决定政策议程的一个重要因素，"无论是由于政治优先权的考虑，还是因为对公众利益的关切，或者两者兼而有之，政治领导人可能会密切关注某些特定的问题，将它们告之于公众，并提出解决这些问题的方案"[1]。例如，1956年1月中共中央召开的知识分子问题会议，由于受到国家领导人的重视，而将解决知识分子的问题纳入了政府议程。1974年尼克松政府关于放松《清洁空气法案》中某些污染控制标准的建议，便直接地提上了国会的议程。杰克·沃克在研究了美国参议院政策议程确立之后提出：参议院有一些"活跃的立法者，他们受推动社会变革的愿望和渴望获取改革者声望的迫切心情所驱动，探究那些可能成为参议院决策议程上的新事项的问题"[2]。

（二）政治组织

政治组织是形成政策议程的基本条件。政策问题是涉及国家和社会全局的大事情，关系到人们的切身利益，因而政策议程的形成往往是一个复杂的过程。通常情况下，单靠个人的力量是难以实现的，必须借助一定的组织形式（如政党、政治团体和社会组织等）。在我国，这些政治组织主要是政府、政党、工会、妇联和青年组织。通过组织来集中、归纳和反映其所代表的集团的利益、要求和呼声，使之列入政策议程，以政策的形式予以满足，是这些组织的主要职能。一个社会问题一旦被某个政治组织提出来，就比较容易引起政府和全社会的关注，从而被列入政策议程。例如，近年来，我国的各民主党派积极开展特定专题和区域发展规划的调查研究活动，就大政方针和建设、改革的重大问题出谋划策，提出意见和建议，提高了这些意见和建议被列入政策议程的可能性。

（三）代议制

这是形成政策议程的一个基本途径。代议制是人民群众通过选举产生代表，组成代表大会和议会（国会）等，反映各自所代表的利益、愿望和要求，就有关社会问题形成各种议案、提案、建议等，以引起政府关注或要求政府列入议程。当然，政府采纳提案是有条件的，通常是根据问题的重要性、迫切性以及解决问题的可能性和价值判断决定取舍的。在多数国家中，代议制是建立政策议程的最主要的、最正式的途径。人民代表大会制是我国的根本政治制度，也是广大人民群众参政议政的基本形式。不少有关国计民生、经济和社会发展的重大问题就是首先由人大常委会提出来，而后纳入政

---

[1] 詹姆斯·E. 安德森：《公共决策》，华夏出版社1990年版，第72页。
[2] 詹姆斯·E. 安德森：《公共决策》，华夏出版社1990年版，第72页。

府议程的。

(四) 选举制

这是和代议制相配套的一种民主制度。社会主义的选举制度是社会主义民主政治中公民表达自己意愿的重要途径。选举制度一般用于选举立法机关的代表和政务类公务员，用于对重大决策的投票表决，对选举的代表和公务员进行监督和制约。选举的过程实际上是选举人对自己的利益和意愿的一种选择。

(五) 行政人员

国家行政机关的工作人员在执行政策以及处理公务的过程中，因其接触范围较广，掌握信息较多，对群众在生产和生活中遇到的实际问题也就比较了解。他们常常能在无意中发现与原有政策相关的新问题，认识到如果不解决这些新问题，就将妨碍原有政策的执行，或者对整个国家和社会公共利益产生不良影响，因而将之列入政策议程。例如，在对国有企业实行股份制改革过程中，某些企业国有资产流失严重，引起了主管部门的重视，从而将这一问题列入政策议程。

(六) 利益集团

戴维·杜鲁门在《政府过程》一书中认为，各种利益团体寻求着某种合理的平衡状态，如果某一事务威胁这种合理的平衡，那么，它们便会做出反应。当某一团体的平衡被严重破坏时，各种各样的行为就会出现。如果这种破坏不是太大，那么，团体的领导人将努力使先前的平衡得到恢复……这种努力将使团体求助于政府成为必要。如果破坏达到足以使平衡瓦解的程度，则有可能导致其他的行为。利益集团是在政治共同体中具有特殊利益的团体，它们在政治生活中的一个主要目的就是影响决策过程，以便实现自己的目的和主张。各种利益集团就与自己利益相关的问题，单独地或联合其他团体向政府提出要求，并通过游说、宣传、助选、抗议和施加压力等手段迫使政府将其列入政策议程。

(七) 专家学者

在各自的研究领域中，专家学者通过对课题的分析，能够发现某些重要问题，并能凭其专业优势和特长，运用科学理论和分析技术，对社会发展的趋势和进程进行科学预测。一旦取得对经济建设和社会发展产生巨大和深远影响的成果，也能通过各种渠道，将其列入政策议程。如《2000年的中国》这一总结报告，为我国制订"七五"计划提供了不少重要建议。

(八) 公众

公众在生产和日常生活中，对于某些影响或损害其权益的问题不满，一般通过各种渠道向政府反映，以求得到解决。在某些情况下，如果问题得不到解决，群众还会采取一些威胁性的方式（如游行、示威、抗议、罢工、暴乱等），向政府施加压力，迫使政府采取行动解决问题。

（九）大众传播媒介

大众传播媒介被誉为"第四种力量"，具有信息量大、涉及面广、影响力强和传播迅速等特点，能形成强大的舆论压力，从而促使政策议程的建立。有的社会问题可能会引起新闻媒介的注意，通过新闻媒介的报道，它们可能成为政策议程上的事务。例如，贫困地区儿童失学问题，通过新闻媒介的披露，引起强烈的社会反响和政府的高度重视，从而促进了"希望工程"的出台和实施。

（十）危机和突发事件

1958年，当苏联第一颗人造地球卫星发射时，美国政府匆忙将航天技术发展问题迅速提上政策议程（我国"神舟四号"载人飞船试验成功，也引起了美国政府的恐慌）。小煤矿爆炸的事情经常出现，这促使政府将关闭小煤矿问题提上政策议程，并采取了实际行动。突发事件会让相关问题的解决变得迫切，促使这一问题被提上政策议程。

三、建立政策议程的策略

政府是如何在大量的社会问题中选出一部分，将之提上议事议程的？或者说，是什么原因使它们被政府注意并试图去解决的？通常有如下四种形式。

（一）社会中部分团体或个体主动，政府只是有限介入

这大致有四个原因：（1）政府基本上不知道这些问题的存在，尽管现代政府承担的职能在膨胀，政府管辖的范围在扩大，政府也力图通过各种现代科学技术手段，及时获取社会的各种信息，但毕竟这一努力的结果还是十分有限的。（2）政府知道问题的存在，但没有权力去处理。现代政府是个有限的政府，不是具有处理一切问题权力的万能政府。特别对地方政府来说，因上下、左右各种关系的制约，更难于及时处理被认为应该解决的问题。（3）政府知道问题的存在，也有去处理，但无能力处理。政府的一切介入行为都需要消耗资源。更重要的是，一旦要解决这些问题，其消耗的公共资源更大。能不能有足够资源作保证，政府必须考虑到。（4）政府知道问题的存在，也有权力与能力处理，但不能马上列入政府的议事日程，政府处理问题有轻重缓急的安排。

（二）政府主动介入发现和解决问题，社会中的团体或个人只是有限介入

政府主动发现并解决问题有下列几种情况：（1）对于保护环境这一类带

有全局性的问题，政府会从更高的层次上关心并加以解决。对于部分社会团体或个人来说，更多关心的是眼前与局部利益。（2）对于弱势群体，他们特别需要政府的主动关心。政府的政策制定者可能会主动发现他们，也有可能十分偶然地关心到这一问题。（3）对于在各种利益冲突中始终处于主导地位的那一类人，为了防止他们歪曲事实，或是蓄意制造混乱，政府需要主动干预保护冲突中的受害者。（4）出于保护自身利益的需要，政府需要主动发现问题。

此外，在确定议程中，还应注意时间与问题焦点的变化。一旦问题的焦点成为政府决策关注的问题，再经过一段时间后，可能会发生变化。当新事件发生并改变了优先顺序时，某些问题焦点在政策制定者眼中的地位就会改变；在公众中也一样，这说明了问题焦点随时间的变化也可能产生变化。例如，在美国，20世纪60年代末70年代初，外交政策问题的焦点在政府议程中处于重要地位；而在此以后，国内问题如通货膨胀、环境污染、失业、能源短缺等问题则成为焦点。在我国，过渡时期前后问题的焦点、改革开放前后的问题焦点同样发生了重大变化。例如改革开放以前是以阶级斗争、政治斗争、意识形态领域为焦点，而改革开放之后，则以经济建设为中心。

（三）政府及社会团体与个人都主动

这主要有两种情况：一是政府希望解决的问题与公众要求解决的问题完全一致或基本一致，这时能相当迅速地进行政策问题的构建并顺利地列入议程；二是政府希望解决的问题与公众要求解决的问题完全相反或基本相反。双方的主动行为形成了尖锐的冲突。由于对事件与环境的理解上双方产生了差异，而这种差异又会派生出其他各种相关问题，进一步加深了矛盾与冲突。

（四）政府与个人、团体都不主动介入

这种类型从理论上似乎是存在的，但在实践中并不多见。"可能是由于受某一事件影响的人没有可利用的方法，也可能由于缺乏能向政府提出请求的组织，或者干脆是由于和其他公共问题相比较，缺乏引起政府注意的竞争力。也可能私人团体或政策制定者都尽力避免确认这种问题。"[①]

四、建立政策议程的模型

美国学者罗杰·W.科布在《比较政治过程的议程制定》一文中，根据政策问题的提出者在议程中的不同作用以及扩散其影响力的范围、方向和程

---

① S.S.那格尔：《政策研究百科全书》，科学技术文献出版社1990年版，第96页。

序,把政策议程的模型划分为三种类型,即外在提出模型、动员模型、内在提出模型[①]。

(一) 外在提出模型

外在提出模型适用于以下情况:(1) 政策问题的察觉和提出者是执政党和政府系统以外的个人或社会团体;(2) 它表达或提出了某个要求;(3) 企图把问题扩散到社会上其他的团体之中,使该问题获得系统议程的地位;(4) 给决策者以足够的影响力,使问题能够进入正式议程,以引起决策者慎重考虑。

根据这种模型建立的政策议程一般需要经历较长的时间,但是政策问题列入正式议程的议事地位,并不意味着就是政府的最后决定,更不能说明实际执行的政策就是提出者最初所要求的。相反,提出者的要求可能被完全否定,或者至少经过大幅度修正。

(二) 动员模型

政策议程的动员模型所描述的主要是政治领袖自己提出政策问题,并把它列入政策议程的过程。当政府宣布一个新政策时,就等于将这个问题列入了正式议程,而且它也可能就是政府的最后决定。在此,政策已被决定,之所以还要建立政策议程,是为了寻求社会大众的理解和支持,以便更好地贯彻实施政策。动员模型旨在说明决策者为了执行行政命令,如何将问题从正式议程扩散至公众议程的意图。

(三) 内在提出模型

内在提出模型的主要内容是:(1) 政策建议或政策方案起源于执政党和政府内部的某个单位,或者起源于接近执政党和政府的某个团体;(2) 问题扩散的对象是与这个团体或单位有关的团体或单位而不是一般公众;(3) 问题扩散的目的是形成足够的压力或影响,促使政策制定者将问题列入正式议程。在整个议程建立和政策形成的过程中,社会大众的直接参与不多,这是因为提供者不希望把问题列入公众议程中,而希望凭借自身的力量直接将问题纳入正式议程。

以上模型是政策议程三种最典型的模型。在实际政策议程建立过程中,它们往往会形成各种各样的组合。例如,一个问题可能由三个模型中任何一个模型提出,然后进入决策核心;在第二个阶段可能通过动员模型或内在提出模型,由高层次的议程再扩散到低层次的议程。研究任何一个政策议程建立的过程,都需要具体问题具体分析,寻求政策议程的不同途径。

---

① 罗杰·W. 科布:《比较政治过程的议程制定》,转引自张金马主编:《政策科学导论》,中国人民大学出版社 1992 年版,第 154 页。

第二节 方案规划

方案规划是政策制定过程中一个最重要的环节。政策问题一旦被提上议事日程，接着就进入分析研究并提出解决办法即方案规划阶段。

一、方案规划的含义

什么是方案规划？我们先来看看相关教科书对其的定义。

《公共政策》："方案规划，即是发展一套处理公共问题的行动方针，其主要目的，是在使应该解决、能够解决的问题，以最有效的方法解决之。"[1]

《公共政策》：方案规划是"一个针对未来，为能付诸行动以解决公共问题，发展中肯并且可以接受的方案的动态过程"[2]。

《政策科学导论》：方案规划"指的是为解决某个政策问题而提出一系列可接受的方案或计划，并进而制定出政策的过程"[3]。

《公共决策》：方案规划"涉及与解决公共问题有关的并能被接受的各种行动方案的提出"[4]。

笔者认为，所谓方案规划，指的是对政策问题的分析研究并提出相应的解决办法或方案的活动过程，它包括问题界定、目标确立、方案设计、后果预测、方案抉择五个环节。

方案规划有如下几个特征：

第一，方案规划的目的是为了解决既定的政策问题。方案规划的基本任务就是运用分析或研究手段找到解决问题的可操作性方案。政策问题的客观存在是方案规划的前提和基础。问题的确认是方案规划活动的出发点。方案规划是针对特定问题而展开的，问题的性质、范围和程度等决定了方案规划的主要内容。

第二，方案规划的基本内容是方案设计和方案择优。政策方案的设计是针对要解决的政策问题，运用各种定性与定量的分析手段和方法，设计出一系列可供选择的方案。方案择优就是通过系统的分析、比较和可行性论证，在多个备选方案中确定一个能最大限度地实现既定目标的方案（或方案组合）的过程。方案设计时要关注政策目标，目标明确与否直接影响方案的质

---

[1] 朱志宏：《公共政策》，三民书局1995年版，第132页。
[2] 林水波、张世贤：《公共政策》，五南图书出版公司1995年版，第143页。
[3] 张金马主编：《政策科学导论》，中国人民大学出版社1992年版，第156页。
[4] 詹姆斯·E. 安德森：《公共决策》，华夏出版社1990年版，第79页。

量,甚至影响到有效的执行与合理的评估。方案的评估与择优要关注方案的可行性(政治、经济、技术、行政、法律等可行性)论证,充分估计主客观需要与可能,兼顾未来因素对政策的影响,使之建立在充分可行的基础上。

第三,方案规划既是一种研究活动,又是一种政治行为。方案规划是一系列复杂的活动过程。一方面,方案规划要借助专家学者的力量,遵循科学的原则、手段与方法,来展开问题界定、目标确立、方案设计、后果预测、方案抉择等一系列活动;另一方面,由于政策涉及人们之间利益的调节和分配,规划过程中众多参与者因其利益、价值观和信仰的不同而相互影响和相互制约,呈现出错综复杂的特点。方案规划实际上也就是政府和非政府行为者之间的一种互动过程,而政策就是这种互动的结果。

二、方案规划的原则

政策方案的规划必须遵循如下六条原则。

(一)信息完备原则

信息是方案规划的基础和依据。方案规划实际上就是一个与政策有关的信息的输入—处理(规划方案)—输出的过程。信息的搜集、加工和处理,贯穿于方案规划的整个过程。无论是问题界定、目标确立,还是方案设计、方案择优或者是方案实施过程中的补充、修正或调整,都必须建立在全面、准确的信息资料基础上。政策的科学性是与信息的全面性、真实性成正比的。信息越全面、准确,方案规划就越具有科学性。现代社会是信息社会,信息在政策制定中的地位越来越重要。充分、及时而准确地占有信息,是方案规划活动成功的根本保证。20世纪70年代中期,我国的"川气出川"工程计划就是因为掌握的信息不真实、不完整,最后不了了之,给国家造成了巨大的损失。

(二)系统协调的原则

任何事物都处于普遍联系之中,不仅政策本身可以看成是一个系统,而且它也不是孤立存在的,总是与其他政策相联系,处于一个政策体系之中。在方案规划时,要从系统论的观点出发,进行综合的分析,将整体利益与局部利益相结合,内部条件与外部条件相结合,眼前利益与长远利益相结合,主要目标与次要目标相结合。要注意各项政策之间的相互联系、相互影响、相互制约关系,既要考虑到不同层次政策之间的纵向协调,又要考虑到相同层次政策之间的横向协调,从而使各项政策成为一个有机整体,相互支持、协调配套,以产生尽可能好的整体效应。现实生活中,新政策与老政策"打架",此政策与彼政策"撞车",小政策与大政策抵触等现象屡见不鲜,就是方案规划缺乏系统性的明显例证。

(三) 科学预测原则

预测是方案规划的前提，也是方案规划过程中一个必不可少的环节。方案规划是面向未来的，是在事情发生之前的一种预先分析和选择，故具有明显的预测性。简而言之，预测就是由过去和现在推知未来，由已知推知未知。对事物未来的发展趋势及其结果的正确与否做出判断，在很大程度上决定着政策的成败。没有预测或预测不科学，必将导致盲目或错误的决策。所谓科学预测，就是在正确的理论指导下，按照科学的原则、程序和方法对未来情况进行估计的活动。随着现代科技进步和经济的调整发展，社会生活日益纷繁复杂、变化莫测，方案规划中只有运用科学预测，对于未来条件变化、方案执行结果及其影响等方面进行预测分析，才有可能制定出正确的政策，避免决策失误。我国"八五"计划的实施之所以取得重大成就，就是因为它是建立在对未来经济和社会发展趋势的科学预测的基础上。

(四) 现实可行原则

政策总是要付诸实施的，要实施就得具备实施的现实条件，即具有可行性。而政策问题的决策，包含了诸多复杂的因素，只有通过综合的、全面的可行性分析，才能得出方案是否可靠的结论。为此，要充分占有各方面的实际材料，根据既有的人力、物力、财力、时间等主客观条件以及发展过程中的种种变化，对方案进行政治、经济、技术、文化、伦理等方面的可行性分析，从而使方案建立在牢固的现实条件的基础上，使方案的实施具有可操作性并有成功的最大可能。否则，无视现实条件与可能，即使再好的政策也会因无法实施而缺乏实际价值。过去我们在重大工程项目决策中，有的项目不了解市场需求就盲目上马，造成产品积压以及社会劳动和资金的浪费；有的项目原料、燃料、水电供应、交通设施等条件没落实，建成后无法正常投产；有的项目布局不合理，造成长期亏损等等，这都是我们应该引以为戒的。

(五) 民主参与原则

民主的内涵与实质是权力的分享。我国是社会主义国家，人民是国家的主人，让他们充分参与管理国家事务和社会公共生活是社会主义民主的本质要求。方案规划中的民主原则首先就体现在政策是否能真正反映人民的要求和愿望，是否能最终使群众获得利益和实惠。坚持民主原则，还要求政策能保证人民在国家政治、经济、文化生活等各个领域中享有的权利和利益分配；保证广大群众直接参政议政，在参与政策制定的各个活动环节中，充分发挥主人翁的作用。特别是要重视发挥专家智囊团的作用。现代政策制定的一个重要特点就是"谋"与"断"的相对分离,科学的知识与方法已经成为方案规划的不可或缺的要素。学有专长者,往往能在方案规划中担任主动积极的角色,以其客观的立场、学术的眼光、科学的手段与方法,对政策问题详细探讨并提出合理建议。他们不仅为领导决策提供了充分的理论基础,也使得政策的精确度大大提高,对于促进决策的科学化、民主化,具有十分重要的意义。

(六)稳定可调原则

政策作为一种社会生活的指导原则,要有一定的连续性和稳定性,要考虑与原有政策的衔接或过渡,避免朝令夕改,大起大落,影响社会稳定。但是,任何方案规划系统又都是一个开放的系统,总是与外界环境处于不断的物质、能量和信息的交换之中。环境变化了,政策也必须随之做出相应的调整与变动。现代社会经济文化交流愈益频繁,各种社会之间的联系也愈益紧密。一个问题的决策,往往也涉及众多的相关问题。一个细节的疏忽,往往造成重大的影响。因此,在方案规划时要从长远出发,给政策留有余地,具有适当的可以调节的弹性,并根据对未来情况做出的预测,准备好应变措施。特别要注意执行过程中的信息反馈,一旦发现政策与客观情况不适应,就应及时调整。

三、方案规划的程序

从程序上讲,方案规划包含问题界定、目标确立、方案设计、后果预测和方案抉择五个相互关联又相互区别的阶段或环节。

(一)问题界定

问题构成方案规划的起点。有了问题,我们才要去分析和解决,正确提出或发现问题等于成功解决问题的一半。政策问题并不仅仅是一种客观的情况或"事实",而且也是一种感知活动的过程,涉及人的利益和价值(观)。决策者所面临的往往不是一个既定的问题,他(们)必须首先界定所面临的问题及发现问题的根源,然后才能对症下药,解决问题。问题的真正性质和它的表面现象可能有着差距,所以不能毫无保留地接受最初的问题表象,它可能只是冰山的一角,一个更大的问题的一部分;或者是一个当事人或决策者左右不了的问题由于客观情况在不断地变化,政策分析中的问题也在不断地变化,因此,方案规划者应该不时地提醒自己:要加以分析的问题是否仍然存在着?它出现了什么新的变化或显现出什么新的方面?政策分析过程中往往需要重新界定问题。按照一些政策分析家的说法,界定问题以便解决它,这种过程就叫作"向后的问题解决"(backward problem solving)。分析问题的最初可利用的数据，确定将用来评估备选方案的标准，思考可能的备选方案，然后重新界定问题，以便依靠手头上的信息和资源使问题得到控制或解决，这种途径往往是由问题的直接性和分析问题的时间期限所要求的。

公共政策问题通常是复杂的，问题的界定也是困难的，直到我们提出解决办法之前，问题的真实性质不可能十分清楚。其原因是多方面的：当事人的目标不清楚或陈述的目标是相冲突的；有时当事人和方案规划者由于使用不同的术语而互不理解；更经常的情况则是相关的组织不愿意做出明确的目标陈述。对于公共组织特别是政府组织来说，这更是一个特别的问题，因为这些组织有多种多样的使命，服务的对象也不相同。此外，权力在组织中是分散的，并且竞争着的不同部门都在追求某种权力。

在界定问题的过程中，方案规划者力图孤立地解决问题，固定问题被解决的脉络背景，找出主要的作用因素，获得它们之间关系的某些感觉。假如问题是存在的，那么，方案规划者必须首先确定问题的范围大小及严重性程度；其次，方案规划者必须了解不同的个人、团体的立场和影响决策的力量有多大等问题；最后，方案规划者必须知道是否有可供利用的足够信息，以及能否获得更多的信息。

政策分析必须要求确定问题的边界，这很重要，又很困难。问题往往是错综复杂的，对一个问题的解决往往依赖于其他问题的解决（如环境污染问题）。因此，在问题界定的过程中，要注意被分析问题与其他问题的关联，把所有问题看成一个整体，把被分析的问题看作所有问题总体的一个组成部分，放在问题系统中去加以考察。

方案规划过程中的问题界定这一阶段的任务是：消除不相关的信息资料，用数据来说话，抓住焦点或关键因素，明确界定问题；然后，方案规划者应弄清当事人可能解决的问题是否存在，应该能够提供第一手关于问题的陈述，应该能够估计方案规划者所需的时间和资源；当备选方案被派生和分析时，问题的其他方面可能要加以界定，这就出现了问题的重新界定任务。

（二）目标确定

确立政策目标是方案规划过程的第二个功能活动。该阶段有两个密切相关的概念：目标和指标。目标是决策者所追求的东西或政策分析所要达成的目的；指标是政策目标的具体化，是政策目标的具体尺度（指数、数字或其他的质的尺度）。

从理论逻辑上说，在方案规划第一阶段的政策问题界定之后，即进入第二阶段的澄清政策目标。在现实生活中，政策目标受种种因素的制约并非一目了然。因此，方案规划者需要协助决策者在规划方案之前澄清并最终确定解决政策问题的目标。决策者在要求分析者提供技术支持之前,自己必须对政策目标有一定的初步构想,并尽可能清晰地向分析者阐明他希望达到的目标。从某个角度看,决策者规划其目标的过程也是其酝酿行动的过程。为了使其后的行动方案"弹无虚发",更具合理性和有效性,分析者必须通过多种途径,借助科学的分析技术并充分考虑现实因素来完成澄清及确定政策目标的任务,唯其如此才能确保随后的方案选择、结果预测、方案评估等各步骤具有现实意义。

目标确定在方案规划中占据着不可或缺的重要地位,但实际操作的难度却很大,困难源于目标所蕴涵的价值因素、政治因素和目标的多重性及冲突三方面。

1. 价值因素

特定的价值判断是确定政策目标的前提条件,这种内在的价值判断使认定政策目标的过程带有强烈的主观色彩。政策目标到底为何物,这取决于社会群体及社会成员个人的价值观,具体来说取决于群体及个人在社会中的经济和政治地位、相关利益、伦理道德、传统与历史等因素,特别是政策制定者的价值观在政策目标确定中起着举足轻重的作用。

长期以来,城乡二元结构的分割状态潜移默化地影响着人们的思想,认为城乡有别、工农有异的人并非少数。一些城镇领导者的等级观念在利益冲突之时便显露无遗,在几种利益比较之下,"丢卒保车"是他们的第一选择。价值因素对政策目标的影响力由此可见一斑。

2. 政治因素

政治因素是造成政策目标确定困难的原因之一。政策目标是政治过程的产物,而非个人拍板的结果。因此,决策者从政治的角度出发,常常故意把目标弄得模糊不清。与此同时,利益集团对决策所施加的影响也增加了目标确定的难度。经济学学者盛洪认为,"在相当长一段时间里,农民的问题并不是作为农民本身的问题,而是当它影响到另外一些利益集团,并且涉及全局时,才被重视","例如从1994年开始的棉花流通体制改革和1998年开始的粮食流通体制改革,实质上是将棉花和粮食交易重新由政府及其企业垄断,并由政府规定粮棉的价格。推出这种政策的动机,是为了弥补国有粮食收购部门和供销社系统的亏损。在这背后,是整个国有部门利益集团"。[①]

3. 目标的多重性及冲突

政策目标的多重性及冲突是导致目标确定困难的一个不可忽视的因素。

---

① 盛洪:《让农民自己代表自己》,《改革内参》,2003年第3期。

现实的政策目标可能是一个多重的系统：在纵向上是多层次的，在横向上则是多方面的。在政策目标系统中，主要目标和次要目标、长期目标和短期目标、定性目标和定量目标错综复杂地交织在一起，这使得确定目标变得困难重重。例如在农村土地征用问题上，就牵涉到发给农民合理的土地征用补偿金和解决被征地农民的就业等政策目标，但这仅仅是表层的短期目标。国家征用农民土地主要是为了从事非农建设，这势必带来土地级差收益的上升。因此，该问题的深层的长期政策目标应该是实施相应措施，让农民也能分享到因级差地租上升而带来的收益。

目标确定的途径和方法主要包括：价值分析方法、政治分析方法、处理多重及冲突的目标、目标最优化的方法和技术等等。

（三）方案设计

到了方案设计规划这一步，设计者应清楚委托人及相关党派或团体的价值观、目标和目的。设定标准应知道委托人想要什么，有助于方案设计者产生备选方案。设计者也许已经掌握了一系列备选方案。通常寻找附加的备选方案（包括已经知道的方案的混合或修正的方案）比寻找更精确的方案更有效。显然，如果我们没有任何备选方案和没有任何关于发现备选方案的思路，那么就没有什么可分析和选择的了。如果我们最后偏向于一个特殊的行动过程，那么，我们在早些时候就应发现这一过程的存在。因此，尽可能考虑备选方案的广泛范围是非常重要的。决策者自身就是一个重要的资源。他可能有解决问题的想法，却没有在真实世界中实现它们，他更没有办法区分想法的好与坏；政策过程的其他参与者的想法也可能是有用的。同时，维持现状的备选方案和使现状变化最小的备选方案也是值得考虑的。一系列备选方案中应包括作为基本案例的现行政策，通过将其他政策（方案）与现行政策比较，就有可能确定一个新的政策（方案）是否更好，并估计可以期待的改善有多大。此外，通过类比，借鉴别的地方（其他国家、地区）解决类似问题的办法，可能也是一个很好的备选方案的来源。

解决一个已界定了的问题的备选方案往往是很多的，如果我们考虑这些方案的不同组合时更是如此。政策问题一经界定，往往就蕴含了选择某些行动方案而排斥另一些行动方案的可能性。决策者和方案规划者乃根据政策问题的资料，包括背景、范围等，通过相关程序，将其转换成政策方案的信息。这个事实表明，方案的选择受制于最初界定问题的方式因而重新界定问题是必要的，因为新的信息、重新表述问题的可能性将使评估标准增加、减少或修改，分析过程中的这一步应该注意的一点是避免过早地敲定有限的备选方案。

勤于思考可能是搜寻备选方案的一个最有效的办法,尤其是在时间紧迫的情况下更是如此。备选方案可以通过研究、分析和实验,通过"头脑风暴"氛围和脚本写作等方法来寻找。描述那些可能被影响的不同团体的类型以显示出对特定团体有意义的备选方案;表面看来似乎行不通的备选方案往往会被忽略,过去不可接受的东西在现在或将来未必不可接受。检查这些极端的备选方案也可能提供一些不太具有戏剧性的可接受性和关于基本的政策应如何修改的想法。因为参与者的价值观和假定总是在变化,所以,过去不可接受的备选方案不能不加分析就简单地抛弃。

(四)后果预测

政策未来或政策结果的预测是政策规划过程的另一个关键环节,它构成政策方案的评估、比较与抉择的基础。对政策的未来或结果的预测能力及水平的高低直接影响政策分析能否成功以及政策执行能否取得预期结果。通过预测,我们可以获得有关政策方案的前景及结果的信息,加深对政策问题、目标和方案的认识。

可以采用不同模式来进行预测。然而,在政策分析中,基于统计技术和明确的量化模式的应用是相当有限的。因此,在预测社会政治态度和技术变化时往往必须依靠直觉和判断。在预测结果的过程中,当时间比较充分时,可以通过民意测验等技术来估计对各种不同方案的支持;当时间不允许时,就必须采用预测技术及基本模式来说明各种备选方案的结果,用敏感性分析来估计基本假定和参数变化的影响,用快速的决策分析来提供关于不同决策序列的结果的概率统计。在政策分析中,对未来环境的预测也可以使用"复合预测法"来进行。

预测毕竟是在政策执行前、在行动的进程及结果发生以前进行的,社会行动是一个复杂的过程,其中存在着各种各样难以预料的事件或情况。加上预测的理论、假定、措施、方法和技术也远非是尽善尽美的,因而政策前景的预测是一项困难而又易错的工作。

(五)方案抉择

在这一阶段,要根据预测的结果,对备选方案加以比较分析并做出抉择。必须对备选方案的技术可行性、经济可行性和政治—行政可行性方案加以比较。根据规划者与当事人的不同关系,评估的结果可以表述为一系列的备选方案,标准的列举和一个关于每个备选方案满足标准的程度的报告。在结果的表述中,标准的顺序、备选方案的前后次序以及留给不同方案的余地都有可能影响决策。矩阵往往被用作比较的格式来展示评估的结果,脚本的形式也经常被应用;有时,结果也以数字概要表示;有些当事人则要求规划者提供一个优先选择的强有力的论证。

政策规划、备选方案或政策选择的设计和评估,旨在恰当地定义问题,找出可行的和有效的解决办法。这些解决办法是否能被执行,本质上是一个政治问题,这是政策分析过程中的评估阶段必须注意的问题,因为政策方案不能没有考虑执行方面的因素而加以比较。因此在方案的抉择中,必须注意技术上优越的备选方案和政治上可行的方案之间的差别。有时技术上偏好的备选方案是已知的,任务是处理政治上的反对意见。必须应用政治可行性分析来展示这些备选方案,回答如下一类的问题:相关的决策者对政策执行有兴趣、有影响力吗?一个次优的方案有较好的成功机会吗?新的行政管理机构是必要的吗?

很少只有唯一的一个可接受的或合适的备选方案这种情况。不仅不同的方案诉诸不同的利益群体,而且两个或更多的备选方案可能产生大概类似的结果。在这些备选方案中,可能没有一个是十全十美的,因为问题很少能被完全解决,常见的情况是它们的严重性被缓和,负担被均分,或被不太严重的问题所取代。

第三节 政策合法化

在对政策方案做出抉择后,必须将该方案合法化成为真正具有权威性的政策,使之能得到有效的执行,这就是政策合法化问题。政策合法化是政策制定的一个必要环节,其内容十分广泛,值得深入分析和研究。

一、政策合法化的概念与作用

为了更好地理解政策合法化的主体、程序等问题,有必要先从合法化和政策合法化的概念及作用谈起。

(一)"合法性"与"合法化"概念

合法性与合法化是两个密切相关的概念。"legitimacy"(合法性)的形容词"legitimate"(合法的或具有合法性的)有七个基本的含义:(1)根据法律的、符合法律的;(2)合法婚姻所生的;(3)以继承权的原则为依据的;(4)与既定的规章、原则、标准相一致的;(5)符合推理规则的、有逻辑的,并因而有效力的;(6)正当的;(7)正常的或通常类型的。概括地说,"合法性"表明某一事物具有被承认、被认可、被接受的基础,至于具体的基础是什么(如某种习惯、某条法律、某种主张、某一权威)则要看实际情境而定。

"合法性"概念有广义和狭义之分。广义的合法性概念被用于讨论社会的秩序、规范[1]或规范系统[2];狭义的合法性概念被用于理解国家的统治类型或政治秩序。广义合法性概念涉及比法律、政治更广泛的社会领域,并且潜含着广泛的社会适用性。韦伯所谓的合法秩序是由道德、宗教、习惯、惯例和法律等构成的[3]。合法性是指符合某些规则,而法律只是其中一种比较特殊的规则。因此,合法性的基础可以是法律程序,也可以是一定的社会价值或共同体所沿袭的各种先例。一个组织是否具有合法性,那就取决于它能否经受某种合法秩序所包含的有效规则的检验。关于狭义的合法性概念,20世纪初,韦伯曾提出了合法统治的三个类型(合理型、传统型、魅力型)的经典理论,此后哈贝马斯又对这一理论做了进一步的研究,他对狭义的合法性有一个简明的解释:合法性意味着某种政治秩序被认可的价值以及事实上的被承认[4]。统治能够得到被统治者的承认,是因为统治得以建立的规则或基础是被接受乃至认可、同意的。由此可见,合法性概念无论在广义还是在狭义的用法中都包含着同一要旨:由于被判断或被相信符合某种规则而被承认或被接受。合法的统治体现的是公民对政党或群众对正常的承认,是一种"下"对"上"的承认。

与合法性相伴生的一个概念是"合法化"。它的最基本的意思是:显示、证明或宣称是合法的、适当的或正当的,以获得承认或授权。韦伯的合法性概念本身就包含着一方对合法性的宣称和另一方对合法性的相信。因此"合法化"本身就可以从"合法性"引申出来。"合法性"表示的是与特定规范一致的属性,似乎在表明一种客观性。"合法化"表示的是主动建立与特定规范的联系的过程,明显在强调一种主观性。合法化可以理解为在合法性可能被否定的情况下对合法性的维护[5],亦即合法化是指合法性的客观基础被质疑的时候,为达成关于合法性的某种共识的努力。

(二) 什么是政策合法化

尽管政策合法化是西方政策科学家讨论政策制定过程的一个重要方面,但是他们却很少给政策合法化下严格的定义。从字面上看,合法化作为动词,意为"使具有合法性,给予法律力量,使具有权威性,核准或批准"。德国著名学者哈贝马斯认为,合法性(化)是指一种政治秩序被认可的价

---

[1] 韦伯:《论经济与社会中的法律》,中国大百科全书出版社1998年版,第5—11页。
[2] 哈贝马斯:《交往与社会进化》,重庆出版社1989年版。
[3] 韦伯:《论经济与社会中的法律》,中国大百科全书出版社1998年版,第38页。
[4] 哈贝马斯:《交往与社会进化》,重庆出版社1989年版,第184页。
[5] 哈贝马斯:《交往与社会进化》,重庆出版社1989年版,第184—186页。

值,这一概念与政治秩序相关,只能运用于政治领域,"只有政治秩序才拥有或丧失合法性,只有它们才需要合法化"①。美国政策科学家琼斯在《公共政策研究导论》中说,对于任何一个政治系统而言,至少可以辨别出两种合法化:第一种是那种使政治过程包括批准解决公共问题的特定建议过程的合法化;第二种包括那些政府项目被批准的特殊过程。前者可称为合法化,后者可称为批准②。托马斯·戴伊在《理解公共政策》一书中把政策合法化分解为三个功能活动,即选择一项政策建议,为这项建议建立政治上的支持,将它作为一项法规加以颁布③。倒是我国大陆和台湾学者力求给政策合法化给予了较严格的定义。兹举几例:

朱志宏:"政策合法化,就是赢得多数立法人员对政策方案的支持。在美国,政策合法化的过程,就是政策方案经参、众两院多数议员同意,并经总统签署的一个行为过程。""合法化的定义是'遵循一般所认知的原则或一般所接受的准则'。"④

张金马:"通常,公共政策要具有合法性,必须经过一个合法化过程,这种使政策具有约束性或合法性的过程可以是一套法律规定的程序,也可以是一套习惯性程序,甚至可以是遵照领袖人物的指示。……无论哪种程序,只要人民认可、接受,都可使政策具有合法性。""政策合法化是指经政策规划得到政策方案上升为法律或获得合法地位的过程。它由国家有关政权机关依据法定权限和程序所实施的一系列立法活动与审查活动所构成。"⑤

兰秉洁等:政策合法化"就是通过法定程序,提交有关机关讨论通过,并以公报、决定、决议等形式向全社会发布,使政策决定取得公认的合法地位和全国人民的认可、接受和遵照执行的效力"⑥。

彭和平:"政策合法化的过程是使各种拟议中的政策方案获得合法地位、具有社会权威性和约束性的过程,它包括政策法律化、政策法规化和政策社会化三个方面。这三个方面的相互结合使公共政策体系成为一个有机的整体。……政策法律化是使公共政策取得法律形式、具有法律效力的过程。它主要是在国家立法机关的权力和活动范围内进行的。……政策法规化的过程

---

① 哈贝马斯:《交往与社会进化》,重庆出版社1989年版,第184—185页。
② Charles O. Jones, An Introduction to the Study of Public Policy (2nd ed), North Scituate. Mass: Duxbury, 1977, pp. 110 – 111.
③ Thomas R. Dye, Understanding Public Policy (6th ed.), Englewood Cliffs. N. J.: Prentice-Hall Inc., 1987, p. 24.
④ 朱志宏:《公共政策》,三民书局1995年版,第184、223页。
⑤ 张金马主编:《政策科学导论》,中国人民大学出版社1992年版,第23、172页。
⑥ 兰秉洁、刁田丁:《政策学》,中国统计出版社1994年版,第127页。

是政府通过制定行政法规推行各种政策进行管理的过程。它主要是在政府的活动范围内而不是在立法机关的活动范围内进行。……政策社会化是公共政策成为人们普遍遵循的非法律化的社会规范的过程。政策社会化主要是在执政党或政治团体的活动范围内进行的，并且有一套拟定草案、党内外征求意见、中央正式会议审议通过、正式公布的严格程序。"①

综观以上定义或解释，可以看出，除对政策合法化的目的认识比较一致外，对于其他一些问题如政策合法化的主体、对象范围、所适用的程序或采取的活动，理解差异很大，有些解释本身前后也欠一致。

我们认为，所谓的政策合法化是指法定主体为使政策方案获得合法地位而依照法定权限和程序所实施的一系列审查、通过、批准、签署和颁布政策的行为过程。这个概念的外延和内涵可以从如下几个方面来把握：

第一，所有的政策，包括中央政策和地方政策、法律和其他形式的政策，都有其合法化的过程。这是当前我国政策合法化研究中值得注意的一个问题。政策合法化并不仅限于中央政策或全国性政策的合法化，也不等同于政策法律化。地方政策也要合法化，政策法律化只不过是政策合法化的一种重要而又特殊的形式。研究政策合法化，既要研究法律，更要研究其他形式的公共政策的合法化。

第二，政策合法化是有目的的活动。其目的就是使政策方案获得合法地位，转化为合法有效的政策，具有合法性、权威性和约束性，获得人们的认可、接受和遵照执行的效力，使政策有效地发挥规范和指导人们行为的作用，最终实现政策目标，解决政策问题。

第三，政策合法化是法定主体依照法定权限所实施的活动。宪法和组织法对国家机关的权限做了划分，国家机关必须依照法律规定，在各自的权限范围内使相应的政策方案合法化。公共政策体现的是统治阶级的意志，它与个人、企业等所做出的决策不同，具有法定的权威性，对社会具有普遍约束力，只能由法定的国家机关依照法定的权限制定。不具有法定的公共政策制定权力或超越法定权限，都不能使政策合法化。

第四，政策合法化是主体依照法定程序所实施的一系列行为过程。政策的内容、形式和效力范围等不同，政策合法化的主体和程序也就不完全相同，如限制公民人身自由的政策，必须由全国人大依照立法程序使之合法化，而立法机关强调公平、民主，其政策合法化的程序就表现得繁琐、复杂。相对而言，行政机关更强调效率，其政策合法化程序就比较简单。同一

---

① 彭和平：《公共行政管理》，中国人民大学出版社1995年版，第158—171页。

国家机关，不同的政策也可能有不同的合法程序，如国务院制定重大政策，应由国务院常务会议或全体会议讨论决定后由国务院总理签署发布；而一般性政策，国务院总理有权直接签署发布。政策合法化的程序虽然不尽一致，但都有共同的标准，即要符合法律规定；都有基本的步骤，即包括审查、通过、批准、签署和颁布政策等一系列行为过程。

（三）政策合法化的地位与作用

政策合法化在政策过程中占有举足轻重的地位，在实践上也具有重要意义。这主要表现在如下几个方面：

第一，政策合法化是政策制定过程的重要阶段，又是政策执行的前提。在民主、法治的社会，政策合法化是政策过程必经的一个重要阶段。政策方案只有经过合法化过程，才能成为合法有效的政策，制定政策的目的是通过政策执行的环节来解决政策问题。政策执行要以政策具有合法性为前提，具有合法性的政策，才能取得政策对象的认可、接受和遵照执行的效力。没有经过合法化过程的政策，不具有合法性，就不能付诸执行。因此，政策合法化又是政策得以顺利执行的前提。

第二，政策合法化是决策民主化、科学化和法制化的具体体现。政策合法化是一个吸收民众参与决策、加强政治沟通与协调的过程；也是一个决策选优，对决策方案不断修改、完善，对不良方案过滤、淘汰的过程；更是一个坚持由法定的决策主体，依照法定的权限和程序进行决策，对决策行为实施法制监督的过程。离开政策合法化，所谓决策民主化、科学化和法制化都只能是一句空话。当前，建立健全有关决策制度，尤其是重大问题决策前经专家充分认证、重大政策通过向社会广泛征求意见、行政机关政策文件非经法制部门的法律审核把关，领导不予签发等实践中行之有效的制度，既是加强决策科学化、民主化和法制化的需要，也是完善政策合法化程序的重要任务。

第三，政策合法化是依法治国的需要。依法治国是现代国家的基本标志。多年来，我国社会主义建设的经验教训表明，国家建设、经济发展、社会管理和公民权利的保障，都有赖于健全的法制。而我们工作中的失误很多是由于法制不健全、人治代替法治造成的。强调政策合法化，正是强调健全法制，依法治国。当前，政策合法化也是转变政府职能，促进市场经济发育的保障。市场经济就是法制经济，要求政府在法律范围内活动，不得随意以行政命令代替经济规律。政府职能要转向宏观调控，培育和发展统一、开放的市场体系，要努力避免由于政策不合法而造成宏观管理与调控的无序与失调，尤其是要注意有些部门和地方借制定政策之机推行"部门利益至上"和"地方保护主义"，损害全局利益，阻碍市场流通，表面上使政策"合法"化，实际上破坏社会主义市场经济建设，根本上与依法治国的精神相背离。

二、政策合法化的主体及其权限

政策合法化主体是依法有权使政策方案获得合法地位的国家机关。主体与权限是一个问题的两个方面。谁有权使政策方案合法化，谁就成为政策合法化的主体。换言之，政策合法化的主体必须具有相应的权限。这就导致了政策合法化主体的两个基本特征，即宏观上的广泛性和微观上的特定性。同时，还必须注意，主体是由权限决定的，权限又是法律规定的。法律针对不同的国家机关规定了相应的、不同的职权，主体只能在其法定权限内实施政策合法化行为。

（一）政策合法化主体的基本特征

政策合法化的主体具有两个显著的特征，即宏观上的广泛性和微观上的特定性。所谓宏观上的广泛性是指从总体上看，政策合法化的主体是当广泛的。有权使政策方案获得合法地位的国家机关，都可以成为政策合法化的主体。它既包括国家立法机关（权力机关），也包括其他国家机关；既可以是中央国家机关，也可以是地方其他国家机关。因此，不能把政策合法化过程局限于立法过程甚至议会的立法过程。这一点，政策合法化与政策法律化有所区别。政策法律化是政策向法律的转化也叫政策立法，实际上是一种立法活动，其主体只能是享有立法权的国家机关。政策法律化可以说是政策合法化的一种重要而又特殊的形式。政策合法化具有更大的外延，它仅要求政策方案获得合法地位，具有执行效力，并不要求把所有政策都转化为法律。"合法"不等于"立法"。"合法"的内涵是合乎法律规定，甚至包括符合法律原则和法律精神。"立法"的内涵是制定法律，甚或包括认可、补充、修改和废止法律。理解政策合法化主体的广泛性，不仅有助于我们从理论上区分政策合法化与政策法律化这两个不同的概念，而且要求我们在实践中提高执行合法政策的自觉性。特别是在法律体系不很完善的社会，很多社会关系还要依靠政策调整与规范。我们既不能"重政策轻法律"，也不能片面强调和依赖法律而忽视政策的功能。

所谓微观上的特定性是指每一项政策方案的合法化主体是特定的。尽管总体上政策合法化的主体是广泛的，但这并不意味着任何一项政策方案的合法化活动都可以由任意一个国家机关来进行。如邓小平同志针对解决港澳台问题而提出的"一个国家、两种制度"的政策构想，其政策合法化的主体只能是有权制定和修改宪法的最高国家权力机关即全国人民代表大会，因为国家制度问题必须由宪法加以规定。应该注意的是,不能把政策合法化主体的特定性理解为每一项政策的合法化主体都是单一的。有些政策,批准机关和发布机关不同,其合法化主体也就分属两个机关,如国务院组成部门或者省级人民政府制定的某些规章,报国务院批准后,又由制定机关发布施行。其批准机关是国务院,发布机关是国务院组成部门或省级人民政府。显然,二者都是政策合法化的主体。这种情况并不少见,如全国人大及其常委会审议通过的法律,公布权在国家主席,法律由国家主席公布后才能发生法律效力。政策的公布也是政策合法化过程的一个重要步骤。政策合法化的主体不仅指批准或通过政策方案的国家机关,也包括公布政策的国家机关。就是批准机关,有时也不止一家。如我们常常见到的联合发文,就是因为政策内容涉及几个部门的职权,政策必须经过这些部门共同批准才能行文。跨行政区域的政策,也会出现这种情况。政策合法化主体如何确定,关键是看法律对国家机关的权限如何规定。

(二) 政策合法化主体的权限

法律针对不同的国家机关规定了不同的职权,政策合法化的主体必须在各自的法定权限内使相应的政策方案合法化。超越法定权限,就不能制定和颁布政策,否则,所颁布的政策应视为违法和无效,主体也应承担违法后果。这也正是政策合法化的意义之所在。那么,主体在政策合法化过程中应注意哪些权限问题呢?

1. 主体要有合法依据

如依照宪法规定,国务院只有各部、各委员会有权发布规章,而国务院直属机构则不具有这项权力。在实践中,国务院直属机构一直不断地发布规章,其中就存在于法无据的问题。这种情况"随着社会主义市场经济体制的建立不仅不会减少,而且会增多。……与其让它于法无据地长期立法,不如宪法或国务院组织法作出补充规定,予以确认"。[1] 从立法途径加以解决是根本的措施,但立法受众多因素的影响,可能需要很长的时间,在立法问题未解决之前,国务院直属机构制定的规章,由国务院批准、发布,也不失为一种可行的过渡措施。我们这里强调由国务院批准,也由国务院发布,这与有的学者把"直属机构起草,经国务院批准,由起草的直属机构发布"的情况也列为"是有依据的立法"[2] 是不同的。我们认为,既然依照法律规定,国务院直属机构不享有规章发布权,那么规章即使经国务院批准,也不能由直属机构发布,否则,主体仍然于法无据。

---

[1] 王连昌:《行政法学》,中国政法大学出版社1994年版,第150页。
[2] 王连昌:《行政法学》,中国政法大学出版社1994年版,第150页。

2. 注意政策所及事项、地域、措施和手段等的职权限制

如公安部门制定颁布道路交通管理方面的政策，就要注意不能越权规定属于交通部门管辖的事项；国家政策不能干涉别国主体问题；地方政策既要注意行政地域管辖权，更要注意地方与中央的职权划分；行政机关制定政策不能设定限制公民人身自由的强制措施和处罚手段。在改革开放和建立社会主义市场经济体制条件下，尤其要注意避免借制定政策之机推行"部门利益至上"和"地方保护主义"。

3. 注意滞后法律的效力问题

法律的稳定性往往导致不适应客观形势发展的滞后性。滞后的法律，未经废止仍然有效。政策合法化主体如果认为法律滞后，应该提请或建议有相应立法权的机关修改或废止法律，而不能随意以政策取代法律。否则，势必造成政策与法律相冲突。

总之，作为政策合法化的主体，始终应当明确自身的权限，恪守法定的职权范围。作为监督部门，更应依法履行监督职责，维护法律的权威。

三、政策合法化的程序

政策合法化的程序是指政策方案获得合法地位的步骤、次序和方式。从理论上说，政策规划阶段结束后才进入合法化过程。实际上，合法化过程往往包含有政策规划的行为性质。不同的政策方案、不同的合法化主体，往往导致不同的合法化程序。在描述行政机关和立法机关的政策合法化过程之前，我们先讨论政策合法化程序的相对性问题。

（一）政策合法化程序的相对性

程序表现为次序和步骤，也就有它的起点。政策合法化的程序，应该说是从政策规划的终点——方案选优，或者说是从政策方案的最终决定开始的。彼特琴曾说："事实上，无人有最后决定之权，因为根本就没有'最后决定之权'这回事。"[1] 明确这一点，对于我们理解政策合法化的过程是必要的。政策合法化过程并不简单地表现为通过与颁布政策。通过政策，就意味着先要讨论、审查政策方案，而这又往往导致对政策方案的某些内容进行修改以取得较多的赞同意见或决策者的满意。这么一来，政策规划阶段所说的对政策方案的"最终决定"也就大打折扣了，似乎一切又从政策规划阶段开始。

我们以实例来进一步说明这个问题。原国家计划委员会作为国务院统一

---

[1] 朱志宏：《公共政策》，三民书局1995年版，第219、248页。

领导下的综合管理国民经济计划工作、对国民经济进行宏观调控的经济职能部门,具体负责编制国民经济和社会发展计划。当国家计委经过一系列复杂程序"最终确定"国民经济和社会发展的计划方案后,对它来说,政策规划阶段也就结束了,这一方案开始进入合法化过程——报请国务院常务会议审定。国务院审定通过后,根据法律规定,还要报请全国人大审查和批准。因此,相对于国务院来讲,此前的工作都属于政策规划阶段,合法化过程从报请全国人大审查开始。然而,进入人大后,似乎一切从政策规划阶段开始。首先要国务院提出议案,然后人大经一系列法定程序将其列入议程,才能交付代表审议。经审议修改取得比较一致的意见后,政策方案才"最后确定",才能交付表决。因此,审议阶段似乎又属于政策规划阶段,似乎只有表决、通过、批准、发布才真正属于政策合法化过程。可见,政策合法化与政策规划有时的确难以截然分开,政策合法化的程序是相对的。正如林德布洛姆所说,政策过程的各个阶段常是重叠的①。

（二）行政机关的政策合法化过程

政策合法化过程是与政策决策的领导体制紧密相连的。领导体制的不同往往导致政策合法化过程的不同。领导体制从不同的角度可以做不同的划分,如首长制与委员会制、职能制与层级制、集权制与分权制、一体制与分离制等。首长制与委员会制是一种常见的划分。首长制也叫首长负责制或一长制,其法定最高决策权由行政首长一人执掌,其他成员只有建议权,没有决定权。美国总统制就是一种最典型的首长制。有一次,林肯召集七位部长讨论问题,七位部长均反对林肯的意见,而林肯最后宣布说："七人反对,一人赞成,赞成者胜利。"委员会制的最高决策权由委员会各成员共同执掌,各成员权力平等,采取少数服从多数的原则决定政策。中华人民共和国成立后很长一段时间基本上是实行委员会制。1982年宪法则明确规定,从中央到地方的各级行政机关实施首长负责制。我国的行政首长负责制是建立在民主集中制基础上的。在政策决策的过程中,这一点体现得尤为明显。如果单纯从首长负责制的角度看,行政机关的政策合法化过程,凡政策的制定和发布属于本机关的权限即依照规定不必上报审批的,就可以简单地表现为行政首长对政策方案的决定、签署和政策的公布。然而,在行政首长对政策方案的决定、签署之前,有些做法或制度,如政府法制工作机构对政策方案的审查,特别是重大问题必须经常务会议或全体会议讨论决定的法定制度,是与行政机关的政策合法化过程密切相

---

① 朱志宏:《公共政策》,三民书局1995年版,第217页。

关的。根据政策合法化程序的相对性原理,我们可以把这些做法或制度也看作是我国行政机关的政策合法化过程。

1. 法制工作机构的审查

目前,我国县以上各级人民政府和相当一部分政府部门都设置了专门的法制工作机构,审查政策方案是它们的一项主要职责。有关部门撰写政策方案后,一般先由法制工作机构审查,审查通过后再报领导审批或领导会议讨论决定。有些单位还建立了"规范性文件非经法制工作机构的法律审核把关,领导不予签发"的制度。法制工作机构对政策方案进行审查,对于保证政府政策的合法性有着重要作用,应予制度化。应该说明的是,这种审查是协助领导审查,具有参谋、咨询性质,审查的意见仅供领导决策参考。

2. 领导决策会议的讨论决定

根据法律规定,县级以上各级人民政府工作中的"重大问题",须经政府常务会议或全体会议讨论决定,行政首长召集和主持这两种会议,对会议所讨论的结果和应做出的决定,行政首长拥有最后的决定权。即这两种会议都不采取委员会制的一人一票的少数服从多数的办法,而是大家畅所欲言,集思广益,充分发挥集体智慧的作用,对于应该做出决定的问题,则由行政首长拍板定案。法律规定"重大问题"须经常务会议或全体会议讨论决定,但对"重大问题"的内涵或标准并未界定。如根据《中华人民共和国国务院组织法》第四条的规定,国务院的重大问题要经国务院常务会议或者国务院全体会议讨论决定。而国务院批准、国务院办公厅发布的《行政法规制定程序条例》第十四条却规定:"起草行政法规,起草部门应当对涉及有关管理体制、方针政策等需要国务院决策的重大问题提出解决方案,报国务院决定。"这就把国务院制定行政法规可以看作是"重大问题"也可以不看作是"重大问题"。为此,法学界有些学者尖锐地指出:"在国务院,行政立法显系重大问题,应由国务院上述两个会议之一讨论决定,而不能个人说了算",《行政法规制定程序条件》第十条的规定"与《国务院组织法》第四条的规定明显不符"。[①] 我们认为,政府制定重大政策尤其是国务院制定行政法规显然属于"重大问题",经由国务院常务会议或者全体会议讨论决定,应成为政府重大政策方案特别是国务院行政法规草案的合法化过程的必经环节。领导决策会议除国务院常务会议和全体会议外,还有行政首长办公会议。首长办公会议是一种处理日常决策事务的会议形式,可以由行政首长根据工作需要随时召集,有些政策特别是政府职能部门制定的许多政策就是由首长办公会议讨论决定的。

---

① 刘瀚等:《依法行政论》,社会科学出版社 1993 年版,第 168—169 页。

3. 行政首长签署发布政策

行政首长负责制的最主要内容是行政首长在各级政府机关中处于核心地位，拥有最高决策权和领导权。本级政府制定的政策，由行政首长签署发布。根据规定需要上报审批的政策，则应上报审批后发布。如果是报上一级行政机关审批，其程序如上所述，即由上级行政机关的法制工作机构审查、领导决策会议讨论决定后，由行政首长签署或直接由行政首长决定、签署，发布权有的在上级机关，有的则退由原政策制定机关发布。如果是报国家权力机关审查通过的，则进入权力机关的政策合法化程序。需要说明的是，我国的行政首长负责制还包含着"分管领导制度"。在各级政府领导机构中，除了设置一名行政首长，还同时设置若干名副职。这些副职领导人除了作为各级政府的组成人员，参加本级政府的全体会议和常务会议，协助行政首长进行决策外，还直接分管某一领域的日常管理和决策事务，有些政策实际上就是由副职领导人签署。实行副职领导分口把关的"分管领导制度"，能大大补充和加强行政首长的领导能力，这是中国行政管理实践中的成功经验。但在实际管理过程中，如何既保证分管领导制度的有效运作，又确保行政首长对全局性行政事务的统一领导，防止形成多头领导，甚至形成副职超越和代替行政首长的决策权威；如何加强沟通与协调，防止各自孤立地决定和签署政策，以致形成政策之间相互矛盾，都是值得注意的问题。

政策的发布形式是当前我国行政机关政策合法化过程中一个亟待解决的问题。除行政法规和规章的公布形式比较规范，能较为及时地予以发布外，其他政策的发布往往采取行政机关内部层层转发文件的形式，并未公之于众。这种形式既不利于提高行政效率，也不利于政策的贯彻执行。中央的一些政策转发到基层有时需要几个月时间，政策所要解决的问题有的早已时过境迁。有的政策，印发份数非常有限，基层单位往往只有一份，以致具体经办人员也"不知道有这个文件"，这又如何能要求公众遵守？我们认为，除确系内部政策外，凡要求公众遵守的公共政策，必须改善发布形式，及时公之于众。

（三）立法机关或权力机关的政策合法化过程

立法机关，从字面看似乎单指专门从事立法的机关，其实不然。专门从事立法的机关很少。现今大多数国家的立法机关既行使立法职能又行使其他职能，如批准或通过政府提出的计划、预算、决策、质询、罢免和弹劾有关人员，对政府提出不信任案等。议会、国会、人民代表大会等，因其主要职权是立法，所以人们往往把它们看作立法机关的同义语。在我国，人民代表大会是国家权力机关，人大常委会是它的常设机构。国家权力机关包括最高国家权力机关即全国人大和地方各级国家权力机关即地方各级人大。地方人大只有一部分享有地方立法权，如省级、省会市、国务院批准的较大市的人大等，但地方各级人大都享有本行政区域内的重大事项决定权，如批准本级政府的重要报告或计划等。1996年，北京市人大常委会还通过了《关于市人民政府向市人民代表大会常务委员会报告重大事项的若干规定》，要求北京市政府做出重大决策要向其报告。报告重大事项的范围包括：北京市城市总体规划的局部调整及总体布局的重大变更；国民经济和社会发展年度计划的部分变更、预算的调整；有关经济建设和社会发展的重大改革方案；国民经济和社会发展年度计划外的重大建设项目；社会主义精神文明建设的规划和重大部署；对外缔结友好城市；人民群众普遍关心的其他重大问题等一系列涉及本市改革开放、社会主义物质文明和精神文明建设若干方面的内容。因此，研究立法机关或权力机关的政策合法化过程，不能局限于立法过程甚至中央立法机关或最高国家权力机关的立法过程。立法机关或权力机关的政策合法化程序，当然不可能完全一致，但基本包括：提出议案、审议议案、表决和通过议案、公布政策。由于这些程序已有专门的立法学进行研究，我们这里不做详细描述。

1. 提出议案

议案是各种议事提案的总称，包括立法议案、预算案、质询案、罢免案等。不能把议案都叫作立法议案。按照立法机关或权力机关的议事规则，提出议案的同时不一定要提出法律或政策等的具体草案。但政策合法化是将已经过政策规划而获得的政策方案提交审议批准，因此，提出议案的同时也就提出了相应的政策方案。

2. 审议议案

即由有审议权的机关对方案运用审议权，决定其是否列入议事日程、是否需要修改以及对其加以修改的专门活动。对列入议事日程的政策方案的审议，主要围绕下列内容：是否符合政治、经济、文化和社会发展等的需要；是否具有必要性和可行性；是否符合法律和公共利益；是否征询和协调有关方面的意见和利益；名称、体系、逻辑结构、语言表述是否准确等具体问题。

3. 表决和通过议案

经过表决，政策方案如果获得法定数目以上人员的赞成、肯定、同意，即为通过。方案一般采取过半数通过原则，有关宪法的议案一般要三分之二以上的多数通过。有些国家在某些情况下，对议案还要进行全民公决，我国没有这种制度。

4. 公布政策

政策方案经表决获得通过后（有的又经过其他机关或其他形式的批准、认可）即成为正式的政策。但此时的政策还不能执行，还得经过公布程序。公布权不一定都属于立法机关或权力机关，如在多数国家，法律由国家元首公布。在我国，国家主席根据全国人大及其常委会的决定签署主席令公布法律。有些地方国家权力机关如省会市、国务院批准的较大市的国家权力机关制定的地方性法规，要经上级国家权力机关批准后方可公布。

四、政策法律化

政策法律化，顾名思义，就是政策向法律的转化。具体来说，是指享有立法权的国家机关依照立法权限和程序，将成熟、稳定而有立法必要的政策转化为法律。它实际上是一种立法活动，所以又称政策立法。

政策法律化的过程就是立法的过程，其程序也是立法的程序。这里的"法律"或"法"应作广义的理解，包括宪法、（最高国家权力机关制定的）法律、行政法规、地方性法规和规章等。政策法律化的主体也就是有权制定这些法律的国家机关。政策法律化并不是把所有政策都转化为法律，一般只是将成熟、稳定而有立法必要的政策转化为法律。政策法律化是政策合法化的一种重要而又特殊的形式。

（一）政策法律化的主体

政策法律化的主体就是依法有权把政策转化为法律的国家机关，即享有立法权的国家机关。

在三权分立国家，传统上国家立法权只能由议会行使，政府没有立法的权力。20世纪以来，特别是第二次世界大战期间及之后，形势发生了巨大的变化，随着政府职能的扩张，政府也获得一定的立法权。这是对三权分立政体的一个重大突破。现代国家的政府还有扩增立法权的趋势。

我国过去实行的基本上是一种高度中央集权的立法体制。1982年宪法颁布后，立法体制也取得突破性发展，行政机关被赋予明确的立法权，地方立法权也不断得到发展。从现行立法体制看，享有立法权的国家机关包括：全国人大及其常务委员会、国务院、特定的地方人大及其常务委员会。其中"特定的"主要包括：省、自治区、直辖市、省会和自治区首府所在地的市、国务院批准的较大市、自治州和自治县等。此外，对特别行政区的立法体制还有特别规定。

（二）政策法律化的条件

政策法律化并不是将所有政策都转化为法律。只有具备一定条件的政策才转化为法律。

1. 有立法必要的政策

政策与法律的调整范围不完全相同。一般而言，政策对社会生活的调整，其范围要大于法律。有些政策，如执政党调整党内各种关系的政策，对社会不具有普遍适用性，没有必要转化为法律。有些领域，如民族、宗教领域中的许多问题，宜用政策加以引导，不应由法律硬性约束。因此，只有调整属于法律调整范围的社会关系的政策，才有必要转化为法律。

2. 成熟、稳定的政策

政策与法律都要有稳定性，朝令夕改会使人们无所适从，影响政策和法律的权威性，甚至导致政治或经济上的损失。但就政策与法律相比较而言，法律比政策稳定，政策具有更大的灵活性。政策较能适应客观情况的发展变化，易于在实践中不断修改、完善，走向成熟。法律比较定型化、规范化，其制定、修改、补充或废止都要经过法定的、严格的程序，并受到法定的时间限制。人们对法律稳定性的期望值也比较高。法律的稳定性和政策的灵活性决定了只有经实践检验是成熟的、具有长期稳定性的政策才能转化为法律。当然，这也是就一般情况而言。特别是在改革开放和建立社会主义市场经济体制过程中，很多社会关系要靠法律及时调整，不能机械地等待政策在实践中反复检验、完全成熟才后才上升为法律。

（三）政策法律化是政策合法化的一种重要而又特殊的形式

政策转化为法律，当然就获得了合法地位，具有执行权力，且有国家强制力保证实施，从这一点上讲，政策法律化是政策合法化的一种重要形式。但是，从政策过程来讲，政策合法化属于政策制定的范畴，是经政策规划而得到的政策方案获得合法地位的过程，政策方案未经合法化就不具有执行效力。而政策法律化则不同，它一般是将已经过实践检验证明是成熟、稳定的政策转化为法律，即该政策已经处于执行阶段，而不是制定阶段。从这一点上讲，政策法律化与政策合法化又是不同的，只能说是政策合法化的一种特殊形式。当然，政策法律化也不是把政策原原本本地转化为法律，而是一个重新制定政策或者说是立法的过程。从政策包含法律的角度讲，法律也是一种政策，立法阶段也就是政策制定阶段，法律草案也是政策方案的一种，这种政策方案的合法化过程，同时也就是法律化的过程。在这里，政策合法化过程与政策法律化过程是统一的。

第四节　中国政策制定过程的特点与经验

中国政策制定过程具有不同于西方政策制定过程的特点，中国共产党及人民政府在长期的政策实践中，制定了许多正确可行的政策，并逐步形成了一些具有中国特色的政策制定的基本经验。

一、中国政策制定过程的特点

从20世纪70年代开始，在美国政策科学界形成了两种政策制定过程分析模式：理性模式和渐进模式。理性分析模式又分为理性分析和有限理性分析，后者修正了前者的不足之处，代表人物是美国行政学家赫伯特·西蒙。渐进分析模式代表人物有美国政治学家林德布洛姆。同时渐进模式又可分为多元决策模式和精英决策模式。更具体地讲，理性决策分析家认为，政治决策应该建立在充分理性的基础上，其必要性是由政治决定的关系复杂性与关系重大性决定的。有限理性模式则认为决策者在决策过程中受到各种条件的限制，其理性有限，关于决策目标及实现目标的手段的选择也不可能完全基于充分理性之上，决策实现是在各种方案中选择比较满意的，而不是最优的。渐进决策模式则以"政治互动"的动态的途径来分析和解释政策制定过程。渐进分析中的多元主义认为，决策不是分析的结果而是互动的结果，政治决策过程是各党派、利益集团及垄断资本集团相互斗争、相互妥协让步的过程，分析受权力的制约，因而在决策过程中，科学分析只起微弱作用。精英决策则更加认为政治决策实际上是权力精英为自己小集团的利益和统治集团的利益考虑而做出的决定。

以上决策模式对于我们理解分析中国政治现实提供了帮助，但是这仍是不够的。就理性分析模式而言，它的前提是决策者是理性的，对决策信息有充分把握，而且对决策所带来的后果及影响有充分认识，对收益与代价有科学评估。中国以往的政策过程就很难说是理性的结果，相反，更多的情形是一种"有组织的无政府"状态。这一过程在张小劲关于中国国家治理制度方式变迁的考察中得到证实。就渐进模式而言，多元决策和精英决策都是由外部力量对政府施加压力和要求，其前提是一个利益高度分化的社会，而在中国，社会结构分化程度较低，社会利益的表达与综合并非由各种社会结构来承担，而是由政治系统内部权力精英通过分析、研究和调查而将他们所认定的社会利益输入到公共政策中去的。因此，中国政策制定过程呈现出一种"内输入"的特点。

"内输入"概念最初来自伊斯顿的《政治生活的系统分析》一书。伊斯顿声明用"内输入"这样一个不甚成熟的术语来描述严格意义上的由政治角色的经验和活动而不是由社会非政治领域中人们的经验所形成的要求。我国学者胡伟在《政府过程》一书中采用伊斯顿的政治系统分析方法,研究中国政治过程的制度结构与非制度性结构,突出了权力在中国政治决策中的作用(主要表现为权力精英对社会利益的综合与表达),进而借用"内输入"的概念,认为"内输入"是指在社会没有利益多元化的条件下,由政府精英代替人民进行的综合与表达,其特征表现为权力精英之间的政治折中,而不是多元决策下的社会互动。

在西方,由于其社会利益结构分化明显,压力集团往往作为特定利益群体的代表出现,其社会性利益表达现象也比较普遍,因而西方的政策输入过程更多地表现为各种政治力量的社会互动过程。而由于中国的社会利益结构分化并不那么明显,长期以来没有形成较为明显的多元利益结构,也没有分化出相应的利益集团以及其他社会性的政策输入结构。所以,基于党的群众路线的决策规范,以及党的领导和政府官员们"从群众中来,到群众中去"的领导和决策方法,当代中国的社会性利益表达和利益综合并不主要由社会性结构来承担,而主要是由党组织和政府内部的各级官员们来体察和认定的。

中国的社会性利益群体主要不是作为利益集团向政策制定者施加压力,而是更多地发挥了在党组织和政府与人民之间沟通信息、反映情况的"桥梁"和"纽带"作用,更多地呈现出"高度组织化"的政府整合特征,这可以看作是党组织和政府机关的"附属物",它们在政策输入过程中所承担的基础性利益表达和初步利益综合功能也可以看作是党组织和政府"内部输入"功能的一种合理的非政府延伸。与此相适应,它们在政策输入过程中所承担的功能并不具有多少社会互动的色彩,而是与党组织和政府"内部输入"功能交织在一起。"它们既代表一部分群众向中国共产党和各级政府表达意见,又常常反过来协助党和政府做自己所代表的那部分群众的工作,而不是简简单单地施加'压力'"[①],从而使当代中国的政策输入过程表现高度的政府整合性和组织化一体性。正是基于这一点,有些学者认为,当代中国的政策输入过程呈现出明显的"内部输入"特征,这一特征使中国政策问题的提出更多地使用内在提出模型和动员模型,而较少使用外在提出模型;也使中国公共政策制定过程中的决策更多地呈现出"单方案决策"的特征,而

---

① 朱光磊:《当代中国政府过程》,天津人民出版社1997年版,第83页。

不是多方案的择优。① 正因为如此，政策输入成功与否在当代中国公共政策制定过程中扮演着举足轻重的角色。

中国特殊的政治环境决定了政策过程是由政府自身进行利益聚合的表达，政治动力构成了政策形成的客观环境。改革开放前，我国主要实行计划经济体制，政策制定由国家统一规划，社会利益没有分化，政策大多是"自上而下"由政府主导，政策环境与"内输入"的政策过程基本一致。随着改革开放步伐的加快，社会利益多元化，经济改革的步伐快于政治改革，"自下而上"的政策要求增多，政策制定的社会客观环境发生了变化，客观上要求"内输入"的主体多元化，满足改变了的社会环境的需要与人们的社会期望的增长。"内输入"中政府同时承担利益聚合与表达将不可避免地造成政府在两种角色之间协调的困境，面对这样一个日益多元化和自下而上要求日益增多的社会，政府是否满足于纯粹的回应作用，以及能否满足不同社会利益的要求，是当前政治决策面临的问题。随着中介机构的增多，利益综合的功能将部分由其取代。因此，在"自下而上"的政治动力日益增长的转型时期，建立一个与之相匹配的有效的"内输入"模式是一个重要的问题。

二、中国政策制定的原则性要求

中国共产党及各级人民政府根据各个历史时期的不同任务和不同情况，制定了许多正确可行的政策，这些政策对中国革命的胜利和社会主义建设事业的发展，起到了极其重要的指导和推动作用。在长期的政策实践过程中，我国形成了政策制定的一些原则性要求，它们构成了具有中国特色政策制定过程的重要组成部分。具体来说有下列几条：

一是坚持实事求是。中国共产党和人民政府在政策制定中的一个原则性要求就是坚持实事求是的思想路线。在政策制定过程中，坚持一切从实际出发，理论联系实际，将马克思主义的普遍真理与中国革命和建设的具体实践相结合，制定出符合中国国情的正确政策。

二是坚持调查研究。在政策制定的过程中，坚持调查研究的优良作风，是具有中国特色的政策制定的又一原则性要求。在确定政策之前，进行广泛深入的调查研究，全面地了解客观情况，如实地把握客观规律，在调查研究的基础上制定出正确的政策，这是我党我国政府的各级领导机关的普遍做法。坚持调查研究的优良作风是制定正确政策的重要保证。

---

① 孙光：《现代政策科学》，浙江教育出版社1998年版，第123页。

公共政策创新

三是坚持从人民群众的根本利益出发。坚持从人民的利益出发,是我们制定任何一个政策的根本宗旨,也是我国政策制定过程中的一个基本特点。党在各个历史时期的总政策,都是根据人民的利益来确定的,各级党组织和各级政府的领导机关的每一个具体政策的制定,也必须坚持从人民的利益出发这一根本原则。是否符合广大人民群众的根本利益,这正是我们判断政策正确与否的根本标准。

四是坚持民主集中制。民主集中制是中国共产党和我国各级政府基本的组织原则,它是民主制和集中制的高度统一,是高度民主的基础上的高度集中。中国共产党和人民政府的领导机关,在政策制定过程中坚持民主集中制的组织原则,这是制定出正确政策的组织保证。民主集中制包括民主和集中两个方面,是民主基础上的集中和集中指导下的民主的结合。

三、政策制定的公众参与和群众路线

政策的真正目的是为最大多数人民的利益服务的。但直到现在,普通公众中有多少人参与了公共政策的制定呢?中国过去的决策过程,是由上而下的中央集权式的决策模式,难以全面了解民众或地方需要的是什么,公众参与也很有限,经常是以先定案再沟通的方式,往往造成一项政策制定之后障碍重重,难以执行。

在公共政策的形成过程中,公众参与是确保符合民意及政策合法化的根本途径。无论如何,多数公众被排斥在参与公共政策制定进程之外,他们当然要求一种非中央集权的、同民众沟通、有民众参与的决策程序。国外有许多可资借鉴的公众参与政策制定的方式和程序,学者们归纳成以下几点[①]:

一是建立民意调查制度。政府的重大政策出台前都应该进行民意调查,以保证政策符合民意。通过民意调查,还可以宣传政府的政策,获取国民的理解和支持,掌握民众对政府服务的满意程度。加拿大政府1999年聘请民意调查私营企业开展了600多次民意调查,民意调查为政府的政策制定奠定了良好的民意基础。

二是信息公开与新闻媒体的介入。信息公开制度包括允许公众旁听会议制度、议会辩论日志出版制度、议会活动全程实况转播制度、议会网站制度等。英国议会除了允许传媒对议会报道外,还实行文件公开制度。平民院的各类文件一律向公众公开,其中包括平民院法案、平民院材料、贵族院材

---

① 杜钢建:《公众参与政策制定的方式和程序》,央视国际网络,http://www.hnol.net,2002年8月27日。

料、奉旨呈文等。

三是举行公开听证会。在当代法治国家，法律基本上是公开听证会的产物。许多国家的立法程序规则规定，立法必须经过听证程序。这是实现政策制定的民主化与科学化的基本制度。

四是院外集团与游说制度。在民主化和法治化程度高的国家，院外集团的活动是公开化的。在这些国家，院外游说制度培育出大批职业化的政治游说者队伍。在英国，有大量的政治咨询公司为不同的利益集团服务。许多前议员、前议会助理人士和前政府官员也都是这些游说公司的成员。

五是公民请愿与公民投票。现代社会的许多政策问题，诸如战争与和平、环境保护、劳工政策、福利发展、教育改革都需要公民通过积极请愿制度和投票制度来表达意见和参与决策。而且在许多重大政策问题上，公民请愿达到一定人数时，就须依法进行公民投票。通过请愿活动和公民投票程序，公民和大众可以越来越广泛地直陈意愿，参与国事和政策制定。

六是协商谈判制度。在当代政策制定过程中形成多种形式的协商谈判制度。其中党派协商制衡制度和规制谈判协调制度最为重要。在民主化法治化程度高的国家，非执政党在政策制定方面的作用表现在对政府的政策始终保持尖锐批评，并及时提出与政府政策相对应的政策。在韩国、日本、印度、以色列等国家，反对党制度对政策合法化与合理化有着重要的保障作用，成为宪政制度的重要组成部分。

在我国，中国共产党也很早就提倡过公众参与。毛泽东就曾说过，群众既制定政策，又执行政策。中国共产党当初正是通过"从群众中来，到群众中去""集中起来，坚持下去"这样一个自下而上之后又自上而下的反复沟通、实践、修正的过程，使基层群众的意见、要求、利益得以反映到党的各项决策中来。它是一种强调公众参与的典型，是一种向群众开放的具有反映民意和纠错机制的民主决策方式。然而，群众路线这个党在革命战争年代创造出来的优良传统在执政后却没有得到很好的发扬。究其原因主要是群众路线执行与否主要看是具体领导者个人的政治素质和领导能力，而始终没有形成一套制度化、法律化的规范。

中华人民共和国成立后，中国逐步建立起一套与计划经济相适应的以高度集权和计划管理为特点的治理国家模式。这种金字塔式的政府全能管理模式主要是自上而下、层层控制的单向政治过程，它有利于集中全国的政治经济资源，迅速贯彻党和政府的政策和意图，具有高度的动员能力。它除了可以集中国力，以较快速度发展经济外，还适合发动大规模的群众运动。另一方面，这一模式只有"到群众中去"的过程，而没有"从群众中来"的过程。于是群众路线容易流于形式，从而造成民众参与不足。

无论如何，公众参与政策制定有利于加强政策合法化，减少官僚主义和政策腐败现象；也有利于改善决策，集中和反映民意民智，提高决策的科学化民主化水平。因此，在任何政策形成之前，应充分尊重人民群众或者当事人的自主权和想法，强调公众参与，切实贯彻党的群众路线，充分反映民意民智后再制定政策。群体路线业已成为中国共产党政治文化的重要基础，它是我国决策科学化、民主化的必由之路。

四、"摸着石头过河"的政策制定模式

党的十一届三中全会以后，中国共产党摒弃了"以阶级斗争为纲"的错误路线，把党和国家的工作重心转移到经济建设上来，并在确定工作重心转移的同时，做出了改革开放的伟大决策，从而使我国的社会主义现代化建设进入了一个崭新的历史时期。改革开放是一次伟大的革命，是一场广泛而深刻的社会大变革，是一项前所未有的大事业。党的十三大则提出建立社会主义市场经济体制，开始了经济体制的转轨历程。在新的历史发展时期，我国的政策制定仍然坚持了实事求是，从实际出发，循序渐进，逐步形成了"摸着石子过河"的政策制定模式。

"摸着石头过河"的政策制定模式，是以邓小平同志为代表的中国共产党人的一个创造。对于改革开放，邓小平同志曾经指出："胆子要大，但步子要稳，走一步看一步，看到不妥当的地方就赶快改。"后来人们把邓小平同志的这一思想形象地概括为"摸着石头过河"，这是一种适合我国改革开放实际情况的决策模式。我国新时期的政策制定也是遵循着循序渐进的原则，形成了"摸着石头过河"的政策制定模式，这是改革开放时期我国政策制定的一条重要经验。"摸着石头过河"的政策制定模式主要具有以下三个方面的特点：

（一）注意探索，大胆创新

"摸着石头过河"的"摸"，首先就是摸索的意思。改革开放是前所未有的伟大事业，它没有现成的模式可循，没有现成的经验可搬，也没有现成的本本可抄，只有把马克思主义的基本原理与中国社会主义建设的实际相结合，进行前无古人的艰苦探索，在摸索中前进。既然没有现成的模式、经验和本本，就要依靠大胆创新来摸索前进，这就是邓小平同志所说的，首先要胆子要大，要冲破传统的旧观念、旧框框的束缚，敢于提出新措施，制定出一系列具有改革性质的新政策。在改革开放新的历史时期，我们面临着许多

新情况新问题，需要及时加以解决，这就需要有与改革开放相配套的新政策。我国经济体制改革的基本目标是确立社会主义市场经济体制，而原来那些与计划经济体制相适应的老政策已经过时了，这就需要在摸索中大胆创新，制定出与新情况相适应的新政策。

（二）由浅入深，循序渐进

改革开放面临的问题纷繁复杂，需要解决的问题千头万绪，存在着许多困难，具有一定的风险性，不能企求一步登天，在短时间内就建立起一种新的经济体制和运行机制。"摸着石头过河"模式最突出的特点就是强调循序渐进。这就是邓小平同志所指出的，不但胆子要大，而且步子要稳，要走一步看一步。改革开放中的政策制定，一般是从情况比较清楚、条件比较好、阻力及风险比较小的事情做起，让那些现实可行的改革方案优先出台，然后循序渐进，逐步解决更为复杂和困难的问题。看准一步，前进一步，一步一个脚印，实实在在地前进，不断地实践，又不断地总结经验，修正错误，稳步前进，避免改革出现大的曲折和反复。我国改革开放时期的政策制定，基本上是遵循由浅入深、循序渐进的原则的。改革是从农村开始的，在农村推行家庭联产承包责任制的政策，在农村改革的基础上，又进行了城市的经济体制改革；十二届三中全会做出经济体制改革的决定，接着又决定对科技体制和教育体制进行改革，并进一步提出政治体制改革的目标和任务。1992年邓小平南方讲话后，党中央和国务院做出了加快改革开放和经济发展的一系列重大决定，把改革开放和现代化建设事业推向了一个新的阶段。党的十四大又确定了建立社会主义市场经济体制的目标，加快了全国范围内的经济体制改革的步伐。综观改革开放过程中的政策制定，遵循的是"摸着石头过河"的模式，循序渐进，逐步推进，从而有效地处理好了改革、发展和稳定的关系，保证了改革开放伟大事业的顺利推进。

（三）从点到面，协调发展

"摸着石头过河"的模式，从纵向的角度看，强调由浅入深循序渐进；从横向的角度来看，则是强调从点到面协调发展。抓典型搞试点是我党制定政策的一条重要经验，改革开放中的"摸着石头过河"的政策制定模式，也充分运用了这条重要经验。一项重要的改革政策的出台，往往是要进行试点，先从点上取得经验，再由点推广到面，从而做到比较稳定的协调发展。

我国是一个大国，各地情况千差万别，发展极不平衡，东部和西部、南方和北方、沿海和内地，各地的差别很大，政策上的"一刀切"是行不通的，各地在改革开放中，战略策略的选择、实践的步骤和方法不可能是整齐划一的。至今我国改革开放的政策方案的出台，仍往往是选择一些地区或部门进行试点，摸索经验后才普遍实施，求得全面的发展。搞好一个试点，就如同摸着一块石头，全面推广就如同过河，摸着石头站稳脚跟后再过河，这样就能比较稳定地前进，避免大的风险和曲折，使改革开放得以顺利地发展。比如，在对外开放政策的制定上，我国先是决定兴办深圳、珠海、汕头和厦门经济特区，然后又做出了开放沿海 14 个城市的决定，并将长江三角洲、珠江三角洲、闽东南地区、环渤海地区辟为经济区，此后又批准了海南经济特区，做出了开发开放浦东的决策，现在又把改革开放推向中西部地区。这样，对外开放就逐步地从经济特区推向沿海部分城市和地区，进而推向中西部，从点到面逐步展开，协调发展，实践证明，这种由点到面、协调发展的政策是切实可行的。

第六章
公共政策执行

政策执行是政策过程的中介环节,是将政策目标(理想)转化为政策现实的唯一途径。政策执行的有效与否事关政策的成败。因此,政策执行是整个政策过程的又一个重要阶段。本章将讨论政策执行的一系列基本概念、原理及方法问题。

第一节 政策执行概述

政策执行是政策过程的一个重要阶段,我们必须对它加以认真、全面和深入的分析研究,为此,首先必须弄清它的含义、地位和作用。

一、政策执行的研究

20 世纪七八十年代,西方尤其是美国公共政策研究领域出现了一场研究政策执行的热潮,形成了声势颇大的"执行运动"。执行研究的学者们写下了大量的论著,提出了各种关于执行研究的途径、理论及模式,拓展了政策科学的研究范围,丰富了政策科学的理论内容。

在政策科学或公共政策研究中,人们习惯上将政策过程划分为政策制定(规划)、政策执行和政策评估等阶段。尽管政策执行构成政策过程的中介环节,是将政策理想或目标转化为政策现实的唯一途径,因而具有十分重要的地位,但是,在西方政策科学发展的相当长时期,政策执行并没有引起政策学者们的应有重视,政策科学被认为是研究政策制定的学科,而在政策过程链条上缺少执行这一环节。例如,在德洛尔的政策科学范式中,政策科学被界定为对政策制定的研究,其目标是改善公共政策制定系统,提高政策制定的质量;政策过程相应被分成元政策制定、政策制定和后政策制定(包括政策执行和评估等环节)三个阶段。

政策执行不受重视的主要原因在于，人们往往将政策执行看作政策过程中的一个不重要阶段，认为只要政策一出台，便自然地得到贯彻执行而取得预期目标。米德和霍恩将政策执行研究被忽视的原因归结为四个方面：(1) 一个天真的假定。执行过程是简单且人所共知的，并没有什么值得学者关注的大问题。(2) 以计划—项目—预算为焦点。强调权威决策者的作用而排除了"低层次"官员对执行过程的负责。(3) 任务的困难。从方法论上看，执行过程涉及严重的边界问题，往往难以界定相关的行动者。(4) 时间和资源的巨大消耗。[①]

政策执行研究是一种相对新的现象，它的兴起以1973年普雷斯曼和韦达夫斯基对美国联邦政府的创造就业机会的政策项目——"奥克兰计划"执行的跟踪研究而完成的报告《执行》一书的出版作为标志[②]。尽管在20世纪60年代，有一些组织理论家（如考夫曼、德西克、贝利和莫舍）的著作已涉及公共机构如何运作政策的问题，但是真正以政策执行作为主题并进行全面案例跟踪研究的开创性著作则是《执行》这本书。普雷斯曼和韦达夫斯基的研究表明，"奥克兰计划"并不是按政策制定者所设想的那样被执行的，它并没有取得预定的目标，问题就出在执行的方式上，尤其是"联合行动"的困难上，他们的工作引发了政策执行的热潮，导致了七八十年代所谓的"执行运动"的兴起。

政策执行研究的兴起并不是偶然的，而是有其深刻的理论与实践上的原因。从理论上看，在美国，20世纪60年代末70年代初，政策科学取得突飞猛进的发展，政策科学研究视野的拓宽，要求对政策系统和政策过程的各种因素和环节做全面深入的研究。过去人们偏重于政策制定或规划的研究，而忽视了对政策执行、评估和终结的研究，这制约着政策科学的发展，必须加以纠正。从政策实践上看，60年代由约翰逊政府发起的"伟大社会"改革的许多政策项目并没有取得预期的结果，这在客观上向人们提出这样一个问题，即为什么好的或比较理想的政策方案及项目也不能取得预期的结果？这促使人们去评估政策，并寻找政策执行方面的原因。正是在理论与实践的双重作用下，政策执行在70年代初以后成为美国及西方政策科学研究的一个焦点或热门话题。

西方的"执行运动"持续近20年，政策科学家们写下了大量的论著，

---

① D. S. Van Meter and C. E. Van Horn, The Policy Implementation Process: A Cenceptual Framework, Administration and Society, Vol. 4, February, 1975, pp. 450 – 451.

② T. L. Pressman and A. Wildavsky, Implementation, University of California Press, Berleley, 1973, 1979.

做了大量的实证案例分析,提出了种种关于政策执行研究的途径、模式或理论。纵观这一时期的执行研究文献,西方学者们所提出的政策执行研究的途径主要有如下几种。

一是"自上而下"途径,或称为"以政策为中心的途径"或"政策制定者透视"途径。这种途径假定,政策是由上层规划或制定的,然后,它们被翻译或具体化为各种指示,以便由下层的行政官员或职员执行。依照这种途径,政策过程被看作是一种指挥链条,其中,政治领导人形成政策偏好,这种偏好随行政层次的降低而不断被具体化,为下层行政官员所执行。这种途径关注的焦点是政策制定者,考察他们做什么以及如何将政策付诸实践而生效。普雷斯曼和韦达夫斯基的《执行》一书所采取的正是这种途径。

二是"自下而上"途径。与"自上而下"途径相反,"自下而上"途径以组织中的个人(即参与政策过程的所有行动者)作为出发点,政策链条中的较低及最低层次被当作政策执行的基础;它强调政策或项目的成功与否依赖于参与执行项目的行动者的承诺与技巧。这一途径以韦瑟利和利普斯基的《基层官僚与制度创新》一文为代表①。

三是"政策/行动连续统"途径,该途径或多或少有作为"自上而下"和"自下而上"两种途径综合的意味。按巴雷特和富奇的说法,应该将执行"当作一种政策/行动连续统",其中,在那些寻求将政策执行付之于实践者与那些采取行动者之间随时发生相互作用和谈判的过程②。在这个意义上,这一过程既可以看作"自上而下",也可以看作"自下而上",政策制定者将做出限制其他行动者权力的决策,而行动者将做出规避决策者权力的决策。因而这一途径也可以说是以权力作为焦点的。

四是工具选择途径。这种途径从这样一个观察开始——政策执行在很大程度上包含了将一个或更多的政府的基本工具应用到政策问题上,这些基本工具被称为政策工具。不管我们是以"自下而上"的设计方式,还是以"自上而下"的更传统的行政管理方式来研究政策过程,政策决策的实质或形式的过程总是包含着在可利用的政府工具箱中选择一种或几种工具③。这种途径可以处理政府在可供利用的工具中选择特定工具的问题,以及是否可以在政策执行过程中探明工具选择的模式或风格等问题。

---

① R. Weatherley and M. Lipsky, Street level Bureaucrats and Institutional Innovation: Implementing Special Education Reform, Harvard Educational Review, Vol. 47, No. 2, May, 1975.
② S. Barrett and C. Fudye (eds.), Policy and Action, Methuen, Lodon, 1981, p. 25.
③ Christopher C. Hood, The Tools of Government, Chatham: Chatham House, 1986; Stephen H. Liner and B. Guy Peters, "The Logic of Public Policy Design: Linking Policy Actors and Plausible Instruments", Knowledge in Society 4 (1991), pp. 125-151.

"执行运动"的倡导者和追随者们提出了各种执行理论。较有影响的有如下七种：(1) 行动理论——政策执行被视为对某项公共政策所要采取的广泛行动；(2) 组织理论——强调组织在政策执行中的地位，认为只有了解组织是怎样工作的，才能理解所要执行的政策以及它在执行中是如何被调整和塑造的；(3) 因果理论——将政策看作一种假设，将政策执行看作是引导人们到达目的地的地图，关心政策过程中的因果关系；(4) 管理理论——强调政策执行是一个管理过程；(5) 交易理论——认为政策执行是一个政治上讨价还价过程；(6) 系统理论——将政策执行理解为政策行动者与环境的相互任用；(7) 演化理论——主张在政策执行中重新设计目标和修改方案，政策的制定与执行是一个演化的过程。

西方的"执行运动"大大拓展了早期政策科学的研究范围，将长期被人们所忽视的政策执行这一环节或阶段纳入政策科学的视野；政策执行的学者们从不同的途径、方面来探讨政策执行过程，并提出了种种理论，尤其是力图系统地了解影响政策有效执行的各项因素及其相互关系，构造相关的政策执行过程模式，这大大地丰富了政策科学的理论内容。执行研究在某种意义上可以看作是一种力求取代传统公共行政学的新行政管理研究途径，它从传统公共行政学的以机构（官僚体制）为焦点转向以项目及预期结果为焦点，即把项目而不是机构作为基本分析单位。然而，由于作为研究对象的执行过程涉及的因素多而复杂，执行实践千差万别，使得执行研究显得十分困难，"执行运动"并没有形成成熟和得到公认的理论及范式；并且，执行研究的倡导者们往往得出消极、悲观的结论，给人描绘出政策或项目很少能起作用或取得预期目标的令人失望的图景。

20世纪80年代末90年代初，随着政策科学和公共行政科学的发展，尤其是政策分析与管理合流的趋势以及（新）公共管理学派的兴起，作为一种思潮或时髦的"执行运动"便衰落了。尽管"执行运动"的理论遗产肯定留给了政策科学、公共行政学以及公共管理学，然而，耐人寻味的是，有的公共管理学者，如凯特尔，声称公共管理"拒绝传统的公共行政学和执行研究"，并将此作为公共管理的一个基本特征[1]。看来，公共管理途径有着不同于执行研究的某些新的东西。

---

[1] Donald F. Kettl, Searching for Clues About Public Management: Slicing The Onion Different Way, In Barry Boreman (ed), Public Management: The State of the Art. San Francisco: Jossey-Bass Publishers, 1993, pp. 5 - 68.

二、政策执行的含义

政策方案是一旦经合法化过程并公布后,便进入政策执行阶段。政策执行是在政策制定完成之后,将政策所规定的内容变为现实的过程,是为实现政策目标而重新调整行为模式的动态过程。

何谓政策执行?政策科学的学者从不同角度来加以界定,以下略举几个有代表性的例子。

普雷斯曼和韦达夫斯基认为,可以将执行看作目标的确立和适应与取得这些目标的行动之间的一种相互作用过程。[1]

琼斯认为,执行是一系列指向使一个项目生效的行动,其中尤以组织(资源、机构和使项目生效的方法的建立或重新安排)、解释(将项目语言转变成可接受和可行的计划和指示)和应用(服务、款项、工具等的日常供应)三种活动为要。[2]

马杰和图尔认为,政策执行是执行某一项政策所作的各项决定。[3]

斯诺和特里林认为,任何一项化观念为行动的行为都涉及某种简化工作,而组织机构正是这种简化工作的主体;是它们把问题解剖成具体可以管理的工作项目,再将这些项目分配给专业化的机构去执行。于是,只有了解组织是怎样工作的,才能理解所要执行的政策,也才能知道它在执行中是如何被调整和塑造的。[4]

保罗·A. 萨巴蒂尔和丹尼尔·A. 马兹曼尼安认为,可以将政策执行视为这样一种过程,即用法律、上诉法院决定、行政命令,或用议会决定、内阁政令的形式,实施一种基本政策决定的过程。[5]

林水波、张世贤认为,政策执行可谓一种动态的过程,在整个过程中,负责执行的机关与人员组合各种必要的要素,采取各项行动,扮演管理的角色,进行适当的裁量,建立合理可靠的规则,培塑目标共识与激励士气,应

---

[1] Jeffrey L. Pressman Aaron B. Widavsky, Implementation (2nd ed), Berkeley: University of California Press, 1979, pp. XX – XXI.

[2] Chales O. Jones. An Introduction to the Study of Public Policy (3rd ed.), Monterey, California: Brooks/Coles Publishing Company, 1984, p. 166.

[3] R. S. Montjoy and L. J. Toole Jr., "Toward a Theory of Public Policy Implementation: An Organizational Perspective", Public Administration Review, Sep-Oct., 1979, p. 465.

[4] R. F. Elmore, "Organizational Models of Social Program Implementation", Public Policy, Vol. 26, No. 2, Spring, 1978, pp. 185, 187.

[5] S. S. 那格尔主编:《政策研究百科全书》,科学技术文献出版社1990年版,第112页。

用协商化解冲突，以期成就某特殊的政策目标。①

综合上述各家观点，我们可以把政策执行界定为一个动态的过程，它是政策执行者通过建立组织机构，运用各种政策资源，采取解释、宣传、实验、实施、协调与监控等各种行动，将政策观念形态的内容转化为实际效果，从而实现既定政策目标的活动过程。

三、政策执行在政策过程中的地位与作用

政策执行作为将政策所规定的内容转化为现实的过程，在政策活动及其生命过程中具有至关重要的地位与作用。

政府为了有效地管理国家和社会事务，必须根据社会政治、文化发展的需要和态势，针对现实生活中的重大政策问题，及时、正确地制定政策方案。而正确的政策方案要变成现实，则有赖于有效的政策执行，如果没有政策执行，再好的政策方案也只能是一纸空文，政策目标也实现不了。毛泽东同志早就说过，"如果有了正确的理论，只是把它空谈一阵，束之高阁，并不实行，那么，这种理论再好也是没有意义的。"② 正因为政策执行有如此重要的意义，美国政策学者艾利森才说，在实现政策目标的过程中，方案确定的功能只占10%，而其余的90%取决于有效的执行。

（一）检验政策正确与否的唯一标准

一项政策的正确与否最终必须由实践来检验，实践是检验真理的唯一标准。毛泽东同志说过："判断认识或理论之是否真理，不是依主观上觉得如何而定，而是依客观上社会实践的结果如何而定。真理的标准只能是社会实践。"③ 刘少奇同志则说："执行政策就是实践，在实践中间调查研究，在实践中间认识客观世界，在实践中间发现我们的错误，在实践中间发现新的问题，制定新的政策，所以，重要的问题在于执行，在于实践。"④ 凡是经过贯彻执行，促进了社会进步和生产力的发展，并得到群众拥护的政策，就是正确的政策，否则就是错误的政策。通过政策执行，不仅可以检验政策，还可以不断充实和完善政策，若在执行中发现问题和不足，则需予以修正和弥补，促进政策质量的提高，以期政策问题的最终解决。正是从这个意义上说，政策执行是检验政策正确与否的唯一途径。

---

① 林水波、张世贤：《公共政策》，五南图书出版公司1995年版，第264页。
② 《毛泽东选集》第1卷，人民出版社1991年版，第292页。
③ 《毛泽东选集》第1卷，人民出版社1991年版，第292页。
④ 《刘少奇选集》（下卷），人民出版社1985年版，第457—458页。

（二）政策过程的中介环节

一方面，任何政策不可能一经制定就完美无缺，它需要在执行的过程中得到不断修正、充实和完善。政策决策者要根据政策执行过程中实际情况的变化来修正和完善政策，以提高政策的可行性和有效性。另一方面，任何政策都有时效性，它只能在一定的时空范围内起作用，超过这一范围，这个政策就失去效用或完成了它的使命，就要被新的政策所代替。制定新政策要以事实为依据，尤其要以前一项政策执行后的反馈信息为基本依据，在此基础上制定新的政策。因此，政策执行是政策过程的中介性环节。

第二节 政策执行的过程与手段

政策执行是一个复杂的过程，它包含了一些基本环节或一系列的功能活动，而这些活动的完成必须依靠一些必要的执行手段。对政策执行过程和手段的研究是政策执行理论的一个重要组成部分。

一、政策执行过程的诸环节

政策执行过程主要包括政策宣传、政策分解、物质准备、组织准备、政策实验、全面实施、协调与监控等环节。

（一）政策宣传

政策宣传是政策执行过程的起始环节和一项重要的功能活动。政策执行活动是由许多人员一起协作完成的。要使政策得到有效执行，必须首先统一人们的思想认识。政策宣传就是统一人们思想认识的一个有效手段。执行者只有在对政策的意图和政策实施的具体措施有一个明确认识和充分了解的情况下，才有可能积极主动地执行政策。政策对象只有知晓了政策，才能理解政策；只有理解了政策，才能自觉地接受和服从政策。因此，各级政策执行机构要努力运用各种手段，利用各种宣传工具，大张旗鼓地宣传政策的意义、目标、宣传实施政策的具体方法和步骤。只有这样，才能为正确有效地执行政策打下坚实的思想基础。

（二）政策分解

政策分解就是通常所说的制定计划，它是政策实施初期的另一项功能活动，是实现政策目标的必经之途。没有一个长期的旨在取得重大成就的计划，是不能进行工作的。一般说来，一项政策的推出，往往只是指出实现政策目标的基本方向，比较抽象。要使政策执行顺利进行，就必须在这些基本原则指导之下，对总体目标进行分解，编制出政策执行活动的"线路图"，明确工作任务指向,使执行活动有条不紊地进行。制定执行计划,应遵循下列原则:一是客观性原则。编制计划要切实可行,积极可靠,排除主观臆断;计划的各项指标,不保守也不冒进;既不是唾手可得的,也不是经过努力仍然高不可攀的;有关人力、物力、财力等条件,必须精确具体,切不可含糊笼统。二是适应性原则。编制的计划要有适应环境变化的弹性机制,特别是有适应意外情况发生的防范机制。三是全面性原则。编制计划要统筹方方面面、理顺各种关系,切忌顾此失彼。计划应前后衔接,轻重缓急有层次,不同管理层次的计划各有侧重。四是一致性原则。要求政策执行机构内部各职能部门的工作目标和政策目标保持一致,上下级的政策目标保持一致,以增强组织上的统一性和方向上的一致性。

(三)物质准备

物质准备是保证政策执行顺利进行的经济基础,是必不可少的环节。物质准备主要是指必需的财务(经费)和必要的物力(设备)两方面的准备。首先,执行者应根据政策执行活动中的各项开支,本着既能保证执行活动正常开展,又坚持勤俭节约的原则编制预算。预算必须报经有关部门批准后,才能执行,才算落实了活动经费。其次,应做好必要的设备准备,包括交通工具、通信器材、机械设备、办公用品等方面的准备。只有做好充分的物质准备,才能为有效地执行政策创造有条件和环境。

(四)组织准备

组织准备是政策具体贯彻落实的保障机制,组织功能的发挥情况直接决定着政策目标的实现程度。列宁说过,"要有成效地进行管理,……必须善于实际地进行组织工作。"[①] 组织准备不只是解决组织形式问题,而且包括建立精干高效的组织机构、配备胜任称职的领导者和一般的政策执行人员,制定必要的规章制度,使人力、物力、财力得到最合理的利用。

确定政策执行机构。这是组织准备中首要的任务。常规性、例行性政策的执行,如属原机构的任务,则应由原执行机构继续承担,不必另建机构,但有时也可用提高原机构地位或者改组机构的方式来保证政策顺利进行。如果遇到非常规性或者是牵涉面较广的政策,则可组建临时办公机构,以确保政策的有效执行,一旦政策目标实现后即行撤销。

选人用人。这是组织准备工作的一项重要内容,因为人是组织中最能动、最活跃的因素,是组织行为的主体,德才兼备、"四化"标准是选人用人的基本原则。政策执行领导者的工作主要是抓具体落实。因此,政策执行

---

① 《列宁选集》第3卷,人民出版社1995年版,第477页。

者的素质要求侧重于专业管理方面的知识技能和实践经验，要求具有较强的政策理解能力，具有沟通、协调能力；善于用人，做到人尽其用；具有宽广的胸怀，善于处理人际关系；讲求工作效率，善于从实际出发，采取机动灵活、随机应变的方式方法，有步骤、有秩序地推行政策实施。对于一般执行者来说，应具备本职工作的业务知识和管理经验，善于领会领导意图，忠实有效地执行领导指示，保质保量完成政策任务。

制定必要的管理法规制度，明确政策具体推行的准则和依据，保证政策执行有一个正常的秩序。这些法规制度主要有：（1）目标责任制。它主要围绕政策目标的实现，确保每个执行者都能够明确自己在贯彻执行政策过程中应该做什么、怎样做、做到什么地步和遇到问题怎么办等。落实目标责任制，有利于政策目标的实现。（2）检查监督制度。目标责任制定后，有赖于认真忠实的执行，执行的效果如何，必须要及时了解和恰当评判。检查监督制度是目标责任制发生效用的联系环节，严格的检查监督制度是目标管理制得以落实的保障机制。（3）奖励惩罚制度。有功必赏、有过必罚，赏罚分明，这一制度的建立使得整个管理制度形成良性循环，保证整个管理制度稳步实行。目标责任制、检查监督制和奖惩制度是一个有机整体，责任制是核心，检查监督制是手段，奖惩制是杠杆，三者相辅相成，缺一不可，共同形成推动政策全面、有效实施的一套完整制度。

（五）政策实验

政策实验是政策实施过程中的重要步骤。政策实验既可以验证政策的合理性，如发现偏差及时反馈信息，修改和完善政策，又可以从中取得带有普遍指导意义的东西，如实施的方法、步骤、注意事项等，为政策的全面实施取得经验。那些涉及全局关系的重大政策，非常规性政策特别是带有风险性的政策，受各种因素制约、难以进行精确分析的政策，缺乏政策经验、结果难以预料、后果影响深远的政策，都必须经过政策实验。

政策实验一定要按照科学方法来进行，政策实验步骤大致包括选择实验对象、设计实验方案和总结实验结果三个阶段。

1. 选择实验对象

选择实验对象或"试点"，要根据政策方案的要求进行。随便地找一个地方来试点固然不行，给试点创造得天独厚的条件，"吃小灶"，人为拔高"试点"，以此证明政策是正确完善的，更不可取。试点必须在全局情况中具有典型性条件，这些典型条件应具有普遍性，所以试点也称为典型实验。

2. 设计实验方案

用于实验的政策方案可以是一个，也可以是两个或多个。对于范围较广、变化较大的复杂问题,应该有在相同条件下的对照组,以便从比较中得出科学的结论。在某些情况下,试点还可以采取不公开的方式进行,称为"盲试",这主要是为了避免各种人为因素的干扰,防止失去试点的科学性。

3. 总结实验结果

分析和总结实验的结果是政策实验过程最关键的一个阶段。因为总结阶段要根据实验的整个过程和最后结果,检验、评估、修复、补充或者否定政策方案。这个阶段要注意以下几个问题:一是总结要实事求是,要对实施的整个过程和产生结果的所有原因,进行全面系统的考察和分析。分清哪些是最根本的、最重要的原因,哪些是非根本的、次要的原因;哪些是必然性原因,哪些是偶然性原因。同样是成功的结果,通常可以证明政策方案是正确的,但也可能是偶然因素促成的。同样是失败的结果,可能是由于政策方案本身的错误所致,也有可能是试验过程中的人为差错而引起的。二是对成功经验要进行理性思考,要分析研究这些经验适用的范围和条件,要分清哪些经验仅仅适用于试点本身,哪些经验具有普遍意义,在运用这些经验时需要具备哪些条件,需要附加哪些条件。三是要重视失败的经验。要善于从失败的教训中得到启迪,为下一步政策实验扫清障碍。成功的经验能从正面回答我们应该怎么做,失败的经验却能直接告诉我们不应当怎么样做。只有将两者结合起来,才能知道必须怎样做。

(六)全面实施

政策的全面实施是政策实施过程中操作性、程序性最强,涉及面最具体、最广泛的一个环节。全面实施政策要求严格遵循政策执行的基本原则,充分发挥政策执行的功能要素,以保证政策目标的圆满实现。

(七)协调与监控

政策的协调与监控贯穿于政策实施全过程。协调工作做好了,才能使执行人员及其他有关人员做到思想观念上的统一和行动上的一致,才能保证执行活动的同步与和谐,才能提高工作效率,减少或杜绝人力、物力、财力、时间等方面的浪费。监控是政策实施过程的保障环节。在实际的政策实施过程中,常常由于政策执行者认识上的差异等原因,造成对政策理解的失当,或者由于政策制定者与执行者之间存在的利益差别的影响,往往会使政策执行活动偏离政策目标,因而必须对整个实施过程加强监督和控制,以保证政策的全面贯彻和落实。

上述诸环节构成政策执行的功能活动过程。只有每个功能活动环节都做好了,政策执行活动才能顺利进行,政策方案才能取得预期的政策效果。

二、政策执行的基本手段

政策执行手段是指政策执行机关及其执行者为完成一定政策任务、达到一定政策目标而采取的各种措施和方法。政策执行的每一环节都离不开一定的执行手段，政策执行手段的恰当与否直接关系到政策目标能否顺利实现。研究政策执行手段是为了更好地运用这些手段，更有效地完成政策执行任务。政策执行活动的复杂性决定了政策执行手段的多样性。概括说来，主要有以下几类。

（一）行政手段

行政手段是指依靠行政组织的权威，采用行政命令、指示、规定及规章制度等行政方式，按照行政系统、行政层次和行政区划来实施政策的方法。行政手段有着显著的特点：第一，权威性。采用行政手段的行为主体是上级政府机关或上级领导，作用对象是下级政府机关或工作人员。他们之间强调的是垂直领导关系，下级服从上级的关系。行政手段依靠强制性的权威将国家的各项方针、政策准确无误、坚决有力地推行和落实。第二，强制性。强制性体现于行政组织体系在思想上、纪律上要求服从集中统一的意志，这就是说，行政主体所发出的命令、规定、条例等都必须执行，有时属于根本不考虑价值补偿问题的无偿性服从，更有甚者是要求无条件的绝对服从。当然，这同法律所具有的普遍约束力那种强制不尽相同，它允许特别情况下的灵活机动。第三，对象的有限性和时效性。在实际工作中，行政指示、命令等往往是就解决某一具体问题、完成某一项具体任务而做出的，因此，它的内容和发布的对象是具体有限的。不仅如此，行政指令还有时效性，即它只对特定时间和特定对象有效，而不像行政法规那样，适用范围具有广泛性。行政命令是法律的具体化、细目化，它弥补了法律的不足。

行政手段构成任何一种政策执行的不可缺少的基本因素。行政手段具有较强的约束力，带有强制性，它要求在政策规定的范围内，任何单位和个人都必须执行，否则就要承担一定的行政责任，受到一定的处罚。因此，在政策执行中使用行政手段容易做到协调统一，令行禁止。特别是用此方法便于解决一些特殊的、紧迫的、突发性的问题，有利于扭转政策执行中的不利局面，保证政策的顺利运行。但行政手段对上级机关的要求甚高，上级如有失误将会导致连锁反应。另外，执行过程中的无偿性和下级的被动地位都不利于充分发挥下级的积极性和创造性。有鉴于此，要把它限制在一定的范围内，切不可滥用。

（二）法律手段

法律手段是指通过各种法律、法令、法规、司法、仲裁工作，特别是通过行政立法和司法方式来调整政策执行活动中各种关系的方法。法律手段所依靠的不仅仅是国家正式颁布的法律，同时也包括国家各类管理机构制定和实施的各种类似于法律、具有法律效力的规范。法律手段除了与行政手段一样具有权威性和强制性外，它还具有稳定性和规范性的特点。所谓的稳定性是指行政法规一经国家立法和行政机关颁布，就将在一定时期内生效，不会经常变动，更不允许任何机关、社会团体和个人随意更改。行政法律和法规的修订必须根据客观形式发展的要求，由国家立法和行政机关遵循立法程序进行。所谓的规范性，是指它对一般人普遍适用，对其效力范围内的所有组织和个人具有同等的约束力。法律和法规都要用极其严格的语言，不能发生歧义，因为它是作为评价不同人们行为的共同标准。不同层次的法律法规不得互相冲突，法规要服从法律，一般法律又要服从宪法。

法律手段是政策执行活动得以进行的根本保障，依法行政、依法管理不仅具有权威性而且具有科学性和客观性。只有运用法律手段，才能消除阻碍政策目标实现的各种干扰，保障政策执行活动有法可依、有章可循，从而有利于政策的顺利实施。法律手段使用的范围比较广泛，尤其适用于解决那些共性的问题。但是，在处理特殊的、个别的问题时，还需要与行政手段等相互补充。

（三）经济手段

经济手段是指根据客观经济规律和物质利益原则，利用各种经济杠杆，调节政策执行过程中的各种不同经济利益之间的关系，以促进政策顺利实施的方法。经济手段运用价格、工资、利润、利息、税收、资金、罚款，以及经济责任和经济合同等来组织、调节和影响政策执行者和政策对象的活动。经济手段不同于行政手段和法律手段，它有如下三个特性：第一，间接性。它不像行政手段那样是直接干预，而是利用经济杠杆作用对各个方面的经济利益进行调节来实行间接控制的。第二，有偿性。与行政手段下的无偿服从不同，经济手段的核心在于贯彻物质利益原则，注重等价交换原则，"有偿交换、互相计价"是其主要规则。有关各方在获取自己经济利益的权益上是平等的。第三，关联性。一种经济手段的变化不仅会引起社会多方面经济关系的连锁反应，而且会导致其他各种经济手段的相应调整，它不仅影响当前，而且会波及今后。

实践证明，在政策执行过程中，只有正确贯彻物质利益原则，按客观经济规律办事，运用经济手段来调整各方面的经济利益，将实施政策的任务与物质利益挂钩，并以责、权、利相统一的形式固定下来，间接规范人们的行为，给人以内在的推动力，才能充分调动人们执行政策的积极性和主动性，增强政策的效力，使政策目标得以实现。

各种经济手段的功能是不同的，应根据不同情况采用不同的经济手段，切不可简单划一地规定，更不能不加分析地套用。同时，在政策执行过程中，应注意把经济手段与行政手段、法律手段有机结合地使用，这样可以取得更佳的效果。

（四）思想诱导手段

思想诱导手段是一种以人为中心的人本主义管理方法，它通过运用非强制性手段，诱使政策执行者和政策对象自觉自愿地去贯彻执行政策，而不从事与政策相违背的活动。常用的思想诱导手段有：（1）制造舆论——在政策形成之时就大力宣传，使政策的内容深入人心。（2）说服教育——对少数不按政策执行或抵触的对象采取个别谈心，做深入细致的思想教育工作，做到以理服人，而不以强力服人、以大话压人。（3）协调对话——在政策执行出现困难的情况下，决策者和执行者应就政策深层次问题进行商谈，并借此征询群众意见，尽可能在补充政策中做适当调整。（4）奖功罚过——通过奖励或惩罚手段来诱发人们的动机，激励人们的积极性。它体现了社会主义按劳分配原则、公平原则和利益原则，实践证明这是一种很好的管理方法。对政策执行得好的单位和个人给予精神和物质上的奖励，对违抗政策的对象给予惩戒，达到张扬正气，压制邪气。

思想诱导手段有在对象上具有多元性，在方式上具有协调性，在作用上具有宏观控制性的特点。它的最大好处是通过政府有计划地循循善诱，使政策执行者和政策对象自觉地采取某种行为，因而不仅可以节省许多人力物力，而且更主要的是由于这种行为是出自心悦诚服的自觉自愿，因而就能够牢固而持久；而其他行政手段的弊端则是"以力服人"，其结果很可能是"非心服也，力不赡也"。因而当今各国的一个共同趋势是发挥思想诱导作用，尽量减少强迫命令。

政策执行手段随着社会的发展而变化。只要政策执行者不以权力与强制为满足，而是用心观察、总结和创造性地工作，就一定能学会使用多种有益的执行手段，大大提高政策的执行效能，保证政策目标的预期实现。

第三节　创造性执行政策的问题

政策执行有一些基本要求，或者说必须遵循某些基本原则。国内有的学者将这些原则概括为典型性与普遍性相结合原则、追踪决策原则、实践检验原则；另一些学者则概括为严肃性原则、创造性原则、协调性原则、反馈性原则等。我们认为，政策执行中最基本的要求（原则）是如何将原则性与灵活性相统一的问题，也就是如何创造性执行政策的问题。

一、原则性与灵活性相统一的要求

在政策执行过程中，坚持原则性与灵活性相结合的原则，不仅是理论与实践的需要，而且也是政策本身提出的要求。坚持这一原则才能使政策得到有效执行，才能保证政策目标得到顺利的实现。

所谓政策执行中的原则性，是指执行政策必须遵循政策的精神实质，保证政策的统一性、严肃性和权威性，严格按照政策规定的要求去做，全面地、不折不扣地实现政策目标。执行政策要坚持原则性，这是由政策本身固有的属性所决定的。

政策是党和国家为了指导社会实践，调整社会关系，实现一定的政治路线、方针而制定的行动准则。列宁说，"党的策略是指党的政治行为，或者说，是指政治活动的性质、方向和方法。党代表大会通过策略决议，就是要确切规定整党在新的任务方面或者是针对新的政治形势所应采取的政治行为。"[①] 政策作为一种政治行为，就决定了它有很强的原则性。在我国，党和政府所制定的各项方针、政策是代表广大人民群众的根本利益，是指导全国各族人民进行社会主义现代化建设的行为规范和准则。"没有规矩，不成方圆"，政策执行的首要条件就是要在精神实质上忠实地执行政策，保证政策的统一性、严肃性和权威性，严格按照政策本身所规定的政策对象、政策范围去实现政策目标，而不能随意变更、曲解、假借、贪污政策。只有这样，才能保证社会各个方面得到持续、稳定、协调、有序地发展，避免出现混乱现象。

所谓灵活性原则，是指在不违背政策原则精粹和保持政策方向的前提下，坚持从实际出发，采取灵活多样的方式方法，因时因地制宜，使政策目标得到真正实现。灵活性的核心是具体情况具体分析。执行政策坚持灵活性原则，也就是要有创造性，这也是由政策固有的属性决定的。

首先，政策总是针对特定的问题，以时间和条件为转移。我们知道，任何政策都是针对一定时间条件下的特定问题制定的。随着时空条件的变化，政策问题会发生变化，政策也会失去效力，成为过时的政策；而新政策代替旧政策很难做到十分及时，往往要有一个滞后期。在这个时期，旧政策仍以合法的形式存在着。如果受这种固有的形式约束，不敢越雷池一步，势必贻

---

① 《列宁选集》第1卷，人民出版社1995年版，第532页。

误时机,给事业带来损失。在这种情况下,就要求政策执行者坚持实事求是,从实际出发,敢于冲破旧政策的某些不合理条件的束缚,具体情况具体分析,审时度势,积极、灵活、主动地解决实际问题,以弥补因政策的失效而造成的损失。①

其次,政策具有层次性。从纵向来看,政策具有层次性。一般来说,中央的政策是高层次的政策,是从全国的总体情况出发制定的,往往是带有方向性、全局性的原则规定,具有普遍的指导意义。但是,中国幅员辽阔,各地区、各部门情况不同,差异性很大,比如,内陆和沿海开放地区在一些政策的适用上就有不同。中央的政策、规定不可能那么具体,就是省、地区、市县的政策也不可能做得那么细。要使上级的政策同基层的实际结合起来,这就要求地方、部门和基层单位在贯彻执行中必须因地制宜,灵活地制定符合当地实际的具体政策措施。从横向来看,各部门制定的政策相互关联和交叉。国家制定的政策,除了总政策外,往往还有许多国家职能部门制定的具体政策。这些政策往往具有相关性。从总体上看,它们也许是统一的;从局部看,则难免出现矛盾。在这种情况下,就需要执行者灵活掌握。另外,即使是同一政策,也总有一个作用幅度和界限,这也给政策执行的灵活性留下了余地。

最后,任何政策都需要逐步完善。在完善的过程中,必须有局部的修正和补充,任何政策的执行总会遇到新情况、新问题,这就需要执行者根据实际需要,灵活地补充修正,逐步完善政策,做到有的放矢。比如,对于乡镇企业的政策,在创建时期同成熟时期、在企业非常稀少微弱的地区同已经在国民经济中占有相当地位的地区,都不可能是完全相同的、毫无变化的。因此,在政策执行过程中,只有坚持灵活性原则,才能防止政策执行成为简单的政策传声筒,陷入主观主义、教条主义的泥潭。

在政策执行中坚持原则性与灵活性相统一的原则,就是要把政策的精神和实际情况相结合,既要创造性地实施政策,又要正确地把握政策的界限。灵活是在原则所允许的范围内的灵活,而不是违反政策的随心所欲;灵活性的临界点是原则性。我们在执行政策的过程中,如果抛弃了政策的原则性,滥用灵活性,就会产生"上有政策,下有对策"的现象,使党和国家政策难以得到如实地执行;反之,如果在实际工作中把政策的原则性理解成照抄照转,不结合实际情况灵活运用,同样也不能真正落实党的政策。

我国正在进行有中国特色的社会主义建设,许多事情还处于探索阶段,

---

① 刘斌:《论政策执行的基本原则》,《理论探讨》,1989年第5期。

必然会遇到许多新情况、新问题。因此，把原则性与灵活性结合起来，创造性地实施中央和上级政策，就显得更为必要。例如，广东省的顺德、南海、中山和东莞，被海内外誉为"四小虎"，改革开放以来，经济年均增长率达到或超过20%，超过了亚洲"四小龙"在20世纪六七十年代经济腾飞时期的速度。成功的秘诀何在？其中重要的一条就是创造性地执行中央的政策。

二、政策变通

政策变通是政策执行活动中的必然现象，是政策灵活性的一种表现形式。探讨政策变通，防止政策走样是政策执行所要研究的一个重要问题。

（一）政策变通的含义

政策作为指导社会发展、规范人们行为的准则和依据，具有原则性、时效性和灵活性的基本特征。因此，在执行政策过程中，执行者要坚持稳定性与可变性相统一，原则性和灵活性相统一的原则，要善于变通，根据不同时间、不同对象、不同地点、不同条件、不同需要而变通政策，使执行的政策能适应实际情况，取得预期效果。说到底，政策变通是因人因时因事因地制宜地执行政策的方法，是政策的原则性与灵活性关系在政策执行过程中的具体体现。这种灵活变通也被称为"行政自由裁量"，因为它是一种不变之中求变的艺术，所以西方学者称之为"行政权的核心"。可见，在执行政策过程中，政策变通是一种必然现象。

灵活变通是政策执行的客观属性，是一切以时间、地点、条件为转移的辩证方法在执行过程中的具体运用。政策变通的目的是为了更好地完善政策、执行政策，而不是为了违背政策。因此，在执行政策的过程中，变通政策要做到原则性与灵活性的辩证统一，绝不能把它们截然分开。只有坚持原则性，才能维护政策的严肃性和权威性；只有坚持灵活性，才能具体问题具体分析，使政策不被教条化和僵化。

（二）政策变通的形式

正确的政策变通实际上就是政策原则性与灵活性在实践中的具体反映。政策实践表明，在执行政策的活动中，政策执行者对上级政策采取了各种变通形式。有的学者概括了三种变通形式：（1）"求神似，去形似"；（2）"不求神似，只求形似"；（3）"既不求神似，也不求形似"。只有第一种是合理、正确的变通形式，另外两种实际上都是对政策的歪曲。

"求神似，去形似"是一种正确的变通形式，它做到了原则性与灵活性的辩证统一，抓住政策的精神实质，遵循政策要求，结合实际，创造性地加以贯彻落实。党的十二届三中全会通过的《中共中央关于经济体制改革的决定》指出:"要解放思想、实事求是,一切从实际出发,把党的方针、政策同各地区、各部门、各单位的实际密切结合起来,创造性地贯彻执行。"党中央的这一重要思想,集中说明了原则性与灵活性的辩证关系,是改革开放新形势下政策执行的指导原则,也是合理政策变通应遵循的准则。在我们党的历史上,坚持原则性与灵活性相统一的原则,取得了一次又一次的胜利。例如,邓小平同志关于"一个国家,两种制度"的构想,是原则性和灵活性巧妙结合的范例。香港、澳门主权必须归还中国,台湾也必须回归祖国,国家必须统一,这是个大的原则。如何回归?邓小平同志创造性地提出了"一国两制"的构想,我国政府根据"一国两制"的构想和原则先后与英国、葡萄牙政府谈判,并达成了协议,中华人民共和国于1997年、1999年分别对香港、澳门恢复行使主权。香港、澳门问题的解决为棘手的台湾问题的解决提供了科学的范例,这是邓小平同志灵活性、创造性的贡献,也是高水平领导艺术的体现。

"不求神似,只求形似"是一种不正确的变通形式,它把政策理解成照搬、照抄和照转,缺乏灵活性变通性,盲目、机械地执行政策。毛泽东同志早在20世纪30年代就说过,盲目地执行上级的指示,这不是真正执行上级的指示,这是反对上级的指示或者对上级指示怠工的"最妙"办法。我国高度集权的政治体制以及一部分政策执行者能力、素质低下和怕犯错误的心理等是造成僵化、机械地执行政策的主要原因。邓小平同志指出,由权力过分集中而导致的官僚主义是党和国家领导体制中广泛存在的一个大问题。其结果必然形成一个僵化、封闭的管理体制。这种体制也使整个系统内的工作人员习惯于按部就班,缺乏灵活的创新精神。

这些年来,不少党政机关疲于应付具体事务,有的累于交际和应酬而疏于学习和思考,思想上的怠惰决定了他们执行政策中缺乏创造精神,习惯于照抄照转上级文件,或者贯彻上级精神中非要等到有具体细则才肯迈步。否则,就左顾右盼,等待别人创造经验之后再去依样画葫芦,生搬硬套。有的执行人员缺乏足够的纠错勇气,明知上面政策有误,却不指出纠正,而是一味从上,违心地执行错误的政策。这种执行表面上是坚持政策的原则性,是坚决服从上级的指标,实质上是不负责任,脱离了本地的实际,违背了政策的灵活变通性原则,是教条主义和形式主义的做法,对事业有着极大的危害。例如,苏东剧变与不顾本国的经济、政治、文化等实际情况,生搬硬套西方发达资本主义国家的管理模式有关。

"既不求神似,也不求形似"也是一种错误的变通形式,它夸大政策的灵活性,否定政策的原则性,随意变通政策。我国改革一开始就是以扩大企业和地方自主权为先导的,加上实行多年的财政"分灶吃饭"的大包干体制,很快就形成了目前我国各级地方政府成为相对独立的利益主体格局,导致在执行政策过程中,地方政府以地方利益为标准,有选择地执行上级政策。符合地方利益的政策就"用足用活",反之就随意"变通"办理或软拖硬抗,出现了与既定政策相悖的情况。

(三) 如何做到政策变通正确、合理

政策实践表明,政策变通的合理与否直接影响到政策目标的实现,影响到政治、经济、社会生活的有序,因此,探讨政策变通的要求显得尤为必要。政策执行过程中,要真正做到正确、合理的变通,必须注意如下事项。

了解上情。加强政策学习,领会精神实质,这是合理变通的前提条件。政策的基本精神是衡量政策变通合理与否的标准和尺度,一切符合政策精神的变通是正确的,反之都是不正确的。因此,必须认真学习政策,深刻领会其精神实质。只有从总体上、趋势上和客观规律上把握政策,才能在执行中避免只注意和强调政策中的只能做什么、不能做什么,而忽视了其中的应当做什么,从而减少盲动性和机会主义,增强自觉性。在了解上情时,要注意防止两种倾向:一种是囫囵吞枣,不求甚解;另一种是断章取义,为我所用。

摸清下情。要深入调查,明了实际情况,这是合理政策变通的实践基础。政策变通的要点在于从实际出发,离开对实际情况的深入了解,就可能产生偏离实际的盲目变通,达不到政策的预期目的。要摸清下情,就必须做深入细致的调查研究。在开展调查研究上要防止以下几种错误:一是走马观花,不求甚解;二是只看现象,不看本质;三是只看有利因素,忽视不利因素;四是静态研究多,动态研究少。

上下情有机结合。坚持政策的原则性和灵活性相结合的原则,把政策的基本精神和实际情况相结合,这是政策变通的关键。要实现政策和实际相结合,必须把政策具体化。它包括以下几方面的内容:一是对于中央和上级已经明确做出决定的政策,地方和下级就应该把着眼点放在研究本地实际情况和特点、制定具体的实施细则上,大力组织落实,不能随意更改,更不能拒不执行,要保证上级精神能扎扎实实地落到实处。二是对中央和上级只提供政策思路和一般原则的,地方和下级既要注意研究大气候、大环境,既吃透上情,把握上级政策的精神实质,又要注意加强对本单位新情况、新问题的研究,提出适合本地特色的指导性意见,使做出的政策规划方案既与上级的精神相吻合,又与本单位的实际相符合,从而更好地落实上级的政策。三是对中央和上级规定不符合地方和基层实际情况的政策,地方和基层应及时主动地向上级反映情况,经上级同意后,可以根据当地的实际情况合理地变通政策,从而保证中央和上级的政策在各种不同情况下都能得到有效地贯彻实施。

在执行政策过程中，还要注意两点：一要充分考虑政策的社会承受能力，根据时间、地点、条件的不同，在贯彻执行的方法、步骤和程度上要有所区别。有时，某项政策本身是无可非议的，但由于某些原因，人们的理解程度、思想认识还没跟上来，在贯彻执行中应掌握时机，因势利导，绝不能急于求成，否则，其结果只能是"欲速则不达"。二是勇于创造性地解决执行政策中遇到的新情况、新问题，勇于制定过去没有而又符合实际的新政策。

第四节 影响政策有效执行的因素

现实的政策实践表明，某些政策付诸实施之后，并不能取得政策效果。这是因为在执行过程中会遇到各种各样因素的干扰和影响。因此，研究影响政策有效执行的因素，分析这些因素对政策执行的影响方式和作用结果，有助于在实际的政策执行过程中排除干扰，消除不利因素，保证政策得到有效执行。

一、政策执行的若干理论模式

20世纪70年代中期以后，政策学者纷纷从不同的角度来研究影响政策执行的因素，形成了种种政策执行的理论模式，主要有以下六种。

（一）过程模式

史密斯是最早建构影响政策执行因素及其过程模型的学者，他在《政策执行过程》一文中提出了一个描述政策执行过程的模型。

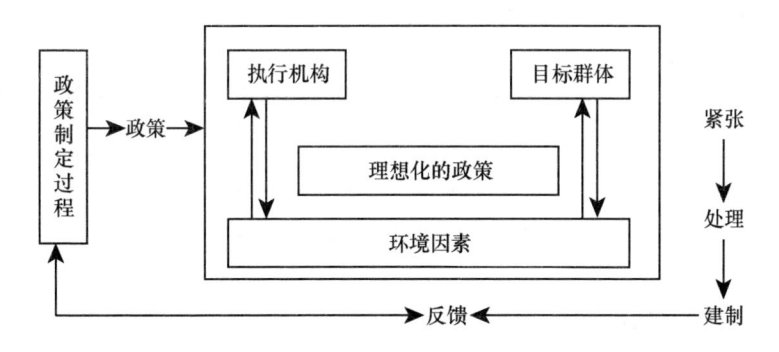

图6—1 史密斯的政策执行过程模式

史密斯认为，政策执行过程中所涉及的重大因素有四个方面[1]：第一，

---

[1] T. B. Smith, "The Policy Implementation Process", Policy Sciences, Vol. 4, No. 2, 1973, pp. 203–205.

理想化的政策，指合理、正确的政策。第二，执行机构，指政府机构中负责政策执行的单位。第三，目标群体，亦即政策对象，政策的直接影响者。第四，环境因素，指政治、经济、文化等环境中那些影响政策执行的、受政策执行影响的因素。"具体地说，政策的形式、类型、渊源、范围及受支持度、社会对政策的印象；执行机关的结构与人员，主管领导的方式和技巧、执行的能力与信心；目标群体的组织或制度化程度、接受领导的情形以及先前的政策经验、文化、社会经济与政策环境的不同，凡此等等均是政策执行过程中影响其成败所需考虑和认定的因素。"

（二）互动理论模式

这一理论模式的提倡者是麦克拉夫林，其主要代表作是《互相调适的政策实施》。麦克拉夫林认为，政策执行过程是执行组织和受影响者之间就目标手段做出的相互调适的互动过程，政策执行的有效与否取决于二者相互调适的程度。麦克拉夫林的这一理论模式主要包括以下几点：第一，政策执行者与受影响者之间彼此必须放弃或修正其立场，寻求一个双方皆可接受的政策执行方式；第二，政策执行者的目标与手段富有弹性，可因环境因素或受影响者需求、观点及改变而变化；第三，这一相互调适的过程是彼此处于平等地位的双向交流过程，并非传统理论所说的"上令下行"的单向流程；第四，受影响者的利益价值与观点仍将反馈到政策上，以致左右政策执行者的利益、价值与观点。这种互动关系可用图6—2来表示。①

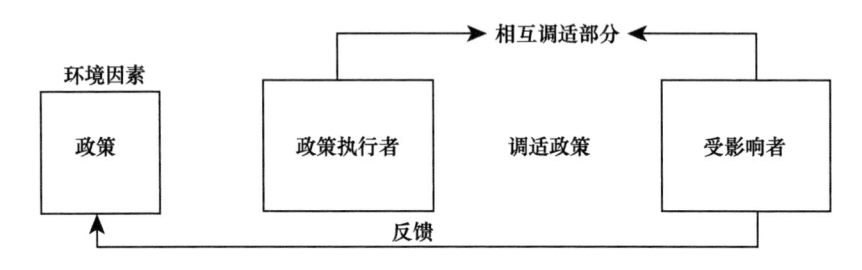

图6—2 政策执行相互调适过程

（三）博弈模式

这一模式是以近代政治学中"博弈"的概念观察执行过程中的相关参与者就政策目标的达成所作的谈判、评价与妥协的互动情形。博弈论认为在冲突和竞争的情况下，每一参加者都寻求得到最大的收获，并把损失减少到最低限度。美国公共政策学者尤金·巴得克是用"博弈"概念来分析政策执行

---

① 桑玉成、刘百鸣：《公共政策学导论》，复旦大学出版社1991年版，第44页。

过程的主要代表。他把政策执行过程视为一种赛局，其间包括下列因素：(1) 政策执行人员，即竞赛者；(2) 利害关系；(3) 策略与技术；(4) 竞赛的资源；(5) 竞赛规范（取胜的条件）；(6) 公平竞赛的规则（即不得作弊）；(7) 竞赛者之间信息沟通的状况；(8) 所得结果的不稳定程度。巴得克认为，政策执行的有效与否，取决于各方参加者的"战略"选择。

（四）循环模式

当代美国公共政策学者马丁·雷恩和弗朗希·F. 拉宾诺维茨于 1978 年提出了执行循环的理论。他们把政策执行过程分为三个不同阶段：(1) 纲领发展阶段；(2) 资源分配阶段；(3) 监督阶段。他们认为这三个阶段是相互循环的，而非直线单向的过程；同时循环过程亦必受到环境条件的冲击与影响。他们还强调每一阶段必须奉行如下三项政策执行的原则：(1) 合法原则；(2) 合理原则；(3) 共识原则。可用图 6—3 表示。[①]

政策执行循环理论侧重分析政策执行要素的重复影响力，并强调环境因素对政策执行过程的影响也是具有重复性的。

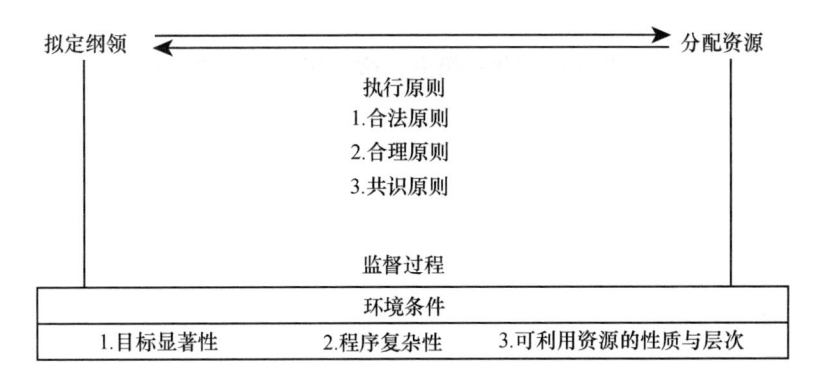

```
拟定纲领 ←—————————————→ 分配资源
              执行原则
              1.合法原则
              2.合理原则
              3.共识原则
              监督过程
         环境条件
1.目标显著性   2.程序复杂性   3.可利用资源的性质与层次
```

图 6—3　政策执行循环理论模式

（五）系统模式

这是米德和霍恩提出的模型。米德和霍恩提供了一个系统模型说明执行过程中影响到政策产生的几个相关因素：(1) 政策标准与目标；(2) 政策资源；(3) 组织间的沟通与强化行动；(4) 执行机构的特性；(5) 经济与政治环境；(6) 执行人员的意向。系统模式可用图 6—4 来表示。[②]

[①] 桑玉成、刘百鸣：《公共政策学导论》，复旦大学出版社 1991 年版，第 46 页。

[②] D. S. Van Meter and C. E. Van Horn, The Policy Implementation Process: A Conceptual Framework, Administration and Society, Vol. 6, No. 4, February, 1975, p. 463.

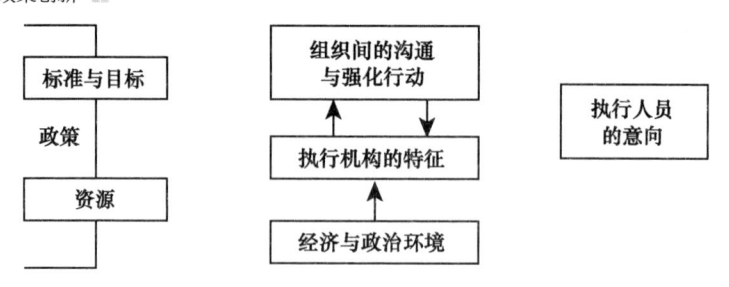

图 6—4 米德和霍恩的政策执行过程模型

（六）综合模式

这是萨巴蒂尔和马泽曼尼安提出的模型。他们建构了一个完整的理论模式，姑且称为综合模型。他们认为影响政策执行各个阶段的因素，最主要可分成三大类：（1）政策问题的可办性；（2）政策本身的规则能力；（3）政策本身以外的变数。每一大类又可细分成几个小类，如图 6—5 所示。[①]

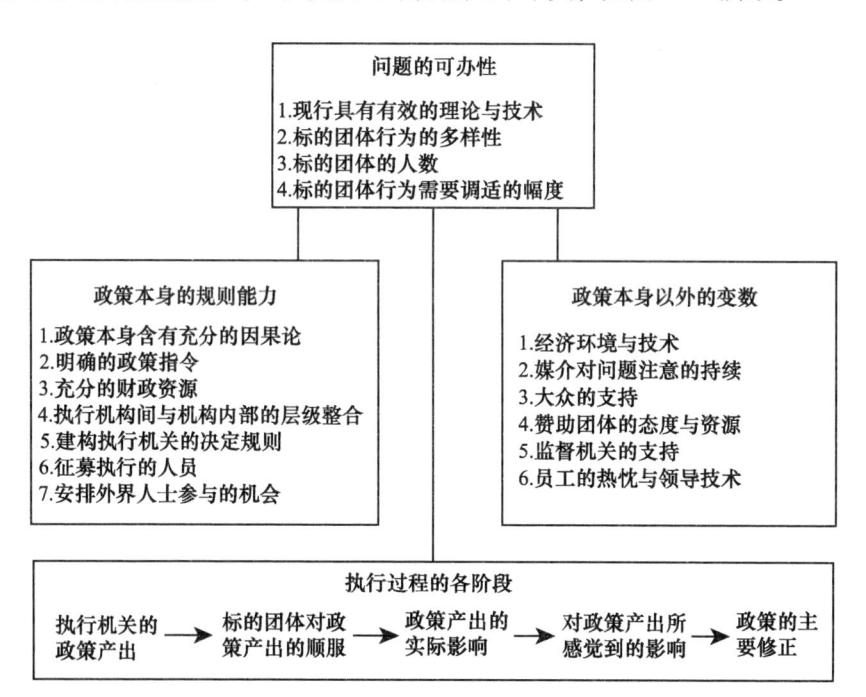

图 6—5 政策执行过程中所涉及的变数

---

① P. Sabatier and D. Mazmanian, "the Implementation of Public Policy: A Framework of Analysis", Policy Studies Journal, Vol. 8, No. 4, 1979 – 1980, p. 542.

综合上述各种见解，结合我国的实际情况，我们将影响政策有效执行的因素归纳为政策问题的特性、政策本身的因素以及政策以外的三个因素。政策执行过程及其相关因素可用图6—6来说明。

```
                    ┌─────────────────────┐
                    │   政策问题的特性     │
                    │ 1.政策问题的性质     │
                    │ 2.目标团体行为的多样性│
                    │ 3.目标团体人数       │
                    │ 4.目标团体行为需要调 │
                    │   适量               │
                    └─────────────────────┘
                    ↙         ↓         ↘
┌─────────────────────┐           ┌─────────────────────┐
│   政策本身的因素    │           │   政策以外的因素    │
│ 1.政策的正确性      │           │ 1.目标团体的服从    │
│ 2.政策的具体明确性  │           │ 2.执行人员的素质与  │
│ 3.政策资源的充足性  │           │   工作态度          │
│ 4.政策上安排执行机关│           │ 3.执行机关的特性    │
│   与人员            │           │ 4.机关组织间的沟通与│
│                     │           │   协调              │
│                     │           │ 5.政策监督          │
│                     │           │ 6.政策环境          │
└─────────────────────┘           └─────────────────────┘
           ↘              ↓              ↙
          ┌───────────────────────────────┐
          │          政策执行             │
          └───────────────────────────────┘
```

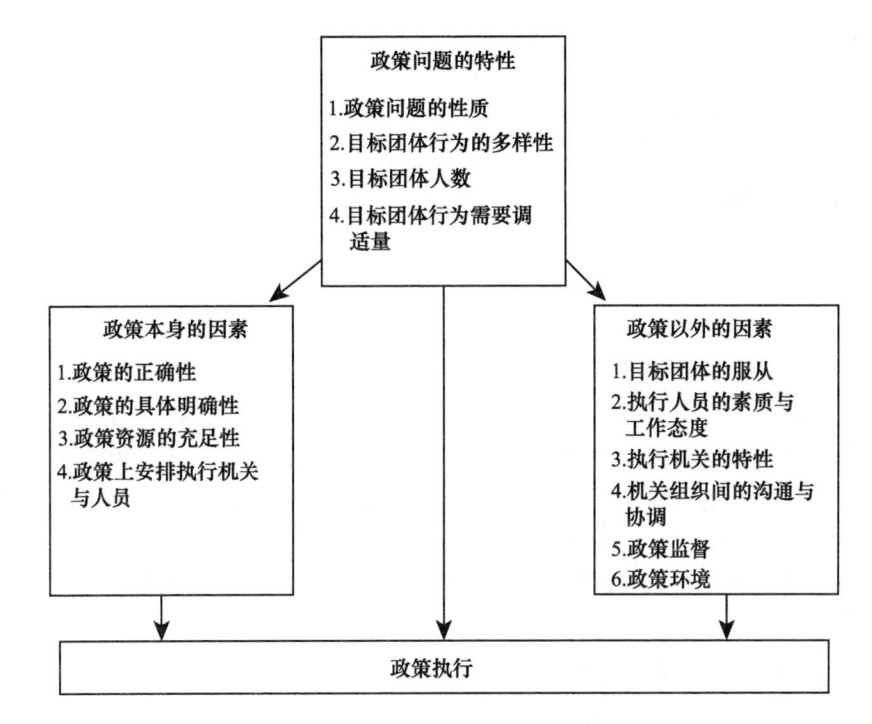

图6—6 政策执行过程及其构成因素

二、影响政策有效执行的诸因素

下面，我们具体分析影响政策有效执行的这几种基本因素，即政策问题的特性、政策本身的因素以及政策以外的因素。

（一）政策问题的特性

政策问题的性质、政策对象行为的多样性、政策对象人数及其行为需要调适量，都直接影响到政策的有效执行。分析这一问题有助于政策执行人员根据不同问题采取不同的措施，做到有的放矢。

政策执行的有效与否，首先是和所要解决的政策问题的类型和性质密切相关的。越复杂的问题，执行的难度越大：如敏感的政治性政策、涉及人们利益分配和调整的经济政策、涉及领域众多的多种综合性政策、创造性较强的改革政策。政策执行中所触动的权力关系越多，涉及的机构和人员越多，政策目标越宏大，要调整的利益关系幅度越大，规范的技术操作等级越高，政策执行的难度也就越大。一般来说,全面性的政策要比局部性的政策执行难度大;高层级的政策要比低层级的政策执行难度大。而在同一层级,同属于局部性的政策,也可因业务内容的简单与复杂不同,在政策执行的难度上有很大差别。

政策所要规范的目标团体的行为种类越多,就越难以制定清楚明确的规则,用以约束政策对象的行为。比如,美国1972年通过的《联邦水污染修正案》,难以取得预期政策目标,其原因就在于水污染的类型繁多,全国计有12000多种污水的来源。在这种种类繁多的情况下,难以制定正确、统一的规则和标准作为监督检查的依据,其执行的成效必然会大打折扣。

政策问题所涉及的目标团体人数的多少,也影响着政策执行的效果。一般说来,政策越明确。涉及的人数越少,政策执行就越容易,越有效;反之,政策执行就越困难,越无效。

政策问题需要目标团体行为调适量的大小,也影响到政策执行的效果。人们因历史传统的熏陶而养成一套行为定向及模式,常习惯于某种成规,倾向于保守持续的状况。要想全面改变人们的思想行为十分困难。因此,为了实现政策目标,目标团体行为所须调适量愈小愈好,这样不至于造成人员的抵制,有利政策的有效执行。我国采用渐进式改革,从某种意义上说正是基于以上认识。

(二)政策本身的因素

在公共管理领域,许多政策不能达到预期效果,执行中困难重重,在很大程度上与政策本身的缺陷有关,因此,分析政策本身是如何影响政策执行的,有助于制定更加科学、合理的政策,使政策得以有效执行。

政策的正确性。政策的正确性是政策有效执行的根本前提。正确的政策符合社会发展的客观规律,代表人民的根本利益,能够促进社会发展,使人民受益,能被执行者所认同,被政策对象所拥护,因而能得到有效的执行。反之,政策执行必然会在政策执行者、政策对象的消极应付和抵制中被搁置。政策的正确性首先要求的是内容的正确、方向的正确,其次要求政策制定具有科学的理论基础、严密的逻辑关系、科学的规划程序。

政策的具体明确性。政策的具体明确性是政策执行有效的关键所在,是政策执行者行动的依据,也是对政策执行进行评估和控制的基础。一项政策要能够顺利执行,从操作上和技术上来说,它必须具体明确,即政策方案和目标具体明确,政策措施和行动明确。同时,政策的具体明确性还要求政策目标是切合实际并可以达到的,是可以进行比较和衡量的,政策目标的完成必须是政策执行者职权范围的事;政策方案应该指出所期待的结果,并要明确规定完成的期限。在实际政策执行中,模棱两可、含糊不清的政策自然让人无法执行,也容易引起政策界限不清和导致政策随意变通。

政策资源的充足性。无论政策制定得多么具体明确,如果负责执行政策的机构和人员缺乏必要的、充足的用于政策执行的资源,那么,执行的结果也不能达到预期的政策目标。因此,政策方案要涉及政策资源的具体规定。一般说来,政策资源主要有经费资源、人力资源、信息资源和权威资源。

必要的经费和人力是政策执行的物质基础,许多政策对此都有相应的规定。俗话说,"巧妇难为无米之炊"。任何政策的执行,都需要投入一定的人力、物力和财力。应遵循以最小的投入获得最大的产出为原则,投入多并不一定产出多,因为有许多管理问题需要解决。因此,在政策执行活动中投入的经费和人力资源都要适量,只有这样才能有助于政策的有效执行。

信息是政策执行活动的必要条件。政策方案要保证政策执行者有畅通的信息渠道和足够的信息来源,否则,执行者就无法制定出切实可行的行动计划,也无法对政策执行过程实施必要的控制。实践证明,政策执行中的某些失误或困难,常常是因执行者缺乏必要的信息造成的。

权威是政策执行的根本保证,是政策有效执行的又一项特殊而重要的资源。政策执行活动的基本特点是需要很多人的共同活动,而共同活动的"首要条件也是要有一个能处理一切所管辖问题的起支配作用的意志"。这个意志就是权威。没有权威,就不可能形成人们这种共同的、相互协作的活动;在各行其是的境况下是无法实现政策目标的。建立政策的权威,就是要使政策成为国家的意志,迫使每一个执行者服从它,否则,政策就无法执行,或在执行过程中走样。当前,我国政策执行过程中不同程度地存在着"上有政策,下有对策"现象,就是政策权威性不够的一种表现。

(三) 政策以外的因素

影响政策执行的因素,除了政策问题的特性、政策本身以外,还有目标团体、政策执行人员的素质和工作态度、执行机构间的沟通与协调等因素。

1. 目标团体对政策执行的影响

目标团体是指政策直接作用、影响的对象。政策能否达到预期目的,不是政策制定者一厢情愿的事情,也不是政策执行者能够完全决定的事情,而是在很大程度上取决于目标团体的态度。目标团体顺从、接受政策,政策执行就会成功;目标团体不顺从,拒不接受政策,政策执行就会失败;目标团体只部分接受,也会加大政策执行的难度。可见,目标团体对政策顺从和接受的程度是决定政策能否有效执行的关键性因素之一。

政策目标是多种多样的，但它总要表现为对一部分人的利益进行分配和调整，表现为对一部分人的行为进行制约或改变。一般情况下，目标团体对政策的顺从接受程度，既与目标团体衡量政策的成本利益有关，也与政策对目标团体行为的调适量有关。一项政策出台，如果目标团体认为是能够增加自身利益的，或行为的调适量较小，就容易被接受。反之，如果目标团体认为是无益的、甚至是对自身利益的剥夺，或行为的调适量过大，就容易被拒绝。这就要求政策制定必须符合社会发展的客观规律，要代表人民群众的根本利益，或者政策需要目标团体行为的调适量要适当，以利于人们对政策的服从和接受。

2. 执行人员的素质和工作态度

任何一项政策最终都要靠执行者来实施。执行者对政策的认同、对政策执行行为的投入、创新精神、对工作的负责、较高的政策水平和管理水平是政策得以有效执行的重要条件所在。现实中的政策变形走样，在一定程度上是由于政策执行者的素质不高和思想观念上的错误所导致的。政策执行者缺乏必要的知识和能力，对某项政策理解不透，把握不准其精神实质，就导致政策在传达、宣传、执行中的失真、失当和失误。特别是在社会转型时期，如果政策执行者思想上存在拜金主义、功利主义、本位主义，就会对国家政策的执行打折扣，甚至搞出各种各样的"对策"阻碍政策的顺利实施。当政策执行者兼任政策对象和执行者的双重角色时，为了局部或个人利益，钻政策"空子"，搞"上有政策，下有对策"，对上面政策或是硬顶，或是软拖，或执行起来马马虎虎。另外，政策执行者的政策水平和管理水平直接影响到政策任务的完成。如果执行者尤其是领导者没有对政策实质的把握能力，就很难争取到政策执行所需的种种资源，不能做好政策实施的宣传指导工作和制定正确的实施方案，不能沟通和协调各种关系，从而难以有效地执行政策。可见提高政策执行者的素质是至关重要的。

3. 执行机构组织间的沟通与协调

沟通是政策执行过程中各级组织人员进行信息交流、传递的过程，是对于政策目标及其相关问题获得统一认识的方法和程序。有效的沟通是政策执行成功的重要条件之一。这是因为：一从纵向沟通来看，上级机构的政策标准本身是不会自动生效的，它必须通过有效的沟通渠道传播给执行者。而执行者对政策的支持程度也取决于上级机构对政策的解释和执行者对政策的了解，而且上级机构对执行情况的了解也只有通过沟通渠道方可获得。二从横向沟通来看，由于一项政策的实施常常涉及众多机构和执行人员的分工合作，而在他们的分工合作过程中难免会产生分歧、误会、隔阂以致矛盾冲突,这就需要通过有效的沟通,相互交换意见、看法,以弥合意见分歧,消除误会、隔阂,化解矛盾冲突,进行彼此之间的了解与合作,提高政策执行的效率。三从执行者与目标团体之间的关系来看,目标团体对政策接受与否以及接受的程度在很大程度上取决于他们之间的沟通。目标团体不可能自发地接受政策。执行者不仅要通过沟通渠道将政策指令传递给目标团体,而且更重要的是执行者应该通过沟通渠道向目标团体说明政策所具有的意义和制定政策的理论依据与时代背景,以及推行政策所要达到的目的,让他们理解和掌握政策,从而积极主动地接受和执行政策。

政策协调是管理组织为了顺利实现政策目标而谋求自身统一和谐、谋求自身各相关要素匹配调剂、协作分工的一种行为方式。在政策执行过程中,发生矛盾是常有的事。如计划本身有不周密、不合实际之处,客观情况变化也会出现一些意想不到的事情。最为普遍的是,各执行机构之间所处地位不同、利益不同,各个执行者人员的知识、智力、经验、性格以及看问题的角度不同,出现意见不同和利益矛盾是很自然的。这些主客观情况都需要通过协调来解决。否则,缺乏协调,将导致本位主义、各自为政,导致资源浪费和效率低下。因此,协调也是保证政策有效执行的条件之一。

政策协调可划分为三个层次:其一是执行机构内部的协调。即每个层级执行领导者对所属部门之间以及工作人员间所做的协调。它可采取具体的计划、工作的分配和对工作进度的检查等办法进行,也可通过提供工作上所需的人力、物力、财力等条件来进行。其二是执行机构之间的协调。包括上下级执行机构之间的协调和平等执行机构之间的协调。上下级之间应保持经常的密切联系,下级执行机构有责任向上级执行机构汇报情况、请示工作,上级执行机构要对下级进行工作布置、指导和检查,及时回应下级提出的困难与问题。横向联系是当代管理活动一个十分重要的内容,平等执行机构之间应相互沟通信息,主动配合、协作。其三是执行机构与其他机构之间的协调。为了保证国家和政府制定的政策能顺利推进,行政执行机构就必须与社会团体、企事业单位发生密切联系,要求紧密配合、良性互动。

4. 政策环境

任何一项政策的执行都要受所处社会环境的影响和制约。适宜的环境当然有助于政策的有效执行,不适宜的环境必将妨碍政策的顺利实施。影响政策执行的环境因素主要有政治环境、经济环境和社会心理环境。

第五节　具有中国特色的政策执行的基本经验

作为政策过程的一个重要环节，政策执行的有效与否关系到整个政策的成败。中国共产党在长期的革命和建设实践中，高度重视政策执行问题，积累了丰富的政策执行经验，形成了若干具有中国特色的原则与方法。

一、注重政策宣传

政策方案并不能自发地被接受，更不能自动地被执行，政策执行是人们的实践活动。政策要得到顺利实施，首先就要让目标群体对政策有所理解，而要做到这一点，必须开展政策宣传。中国共产党人历来重视政策宣传工作。毛泽东在领导革命和建设中，非常强调做好党的路线、方针、政策的宣传教育工作，告诫人们政策和策略是党的生命，各级领导同志务必充分注意，万万不可粗心大意。他指出："善于把党的政策变为群众的行动，善于使我们的每一个运动、每一个斗争，不但领导干部懂得，而且广大群众都能懂得，都能掌握，这是一项马克思列宁主义的领导艺术。"

再好的政策，如果只掌握在领导者手中，不为群众所掌握，那也是无法实施的。因此，在党的七大闭幕时，毛泽东号召同志们到各地去"宣传大会的路线，并经过全党同志向人民作广泛的解释"，"我们宣传大会的路线，就是要使全党和全国人民建立起一个信心，即革命一定要胜利。首先要使先锋队觉悟，下定决心，不怕牺牲，排除万难，去争取胜利。但这还不够，还必须使全国广大人民群众觉悟，甘心情愿和我们一起奋斗，去争取胜利"。

在新民主主义时期，毛泽东等老一辈无产阶级革命家重视政策宣传，使得中国革命的每一个紧要关头，都能使群众团结在党的周围，为实现党的政策而斗争，取得了一个个的胜利。北伐战争失败后，中国共产党领导人民进行土地革命。为了完成这一任务，我党展开了政策宣传攻势，大力宣传井冈山《土地法》和江西兴国县《土地法》，使广大群众了解共产党和红军的土地革命内容，以及建立革命根据地与保卫土地革命胜利成果的重要性，懂得眼前利益与长远革命目标的关系，相信只有共产党和红军才能真正代表广大群众的根本利益，从而支持共产党和红军，投身到建立和保卫革命根据地的斗争中，和反动势力做坚决的斗争，把革命推向全国。

中华人民共和国成立以来，我党仍然高度重视政策宣传工作。一项政策制定之后，除了报纸、杂志、广播、电视等大众传播媒介进行政策宣传外，为了使有关政策迅速、准确地到达执行者和各阶层群众那里，还通过党政组织系统层层向下传达。为了宣传政策，提高党政干部和广大群众理解和执行政策的水平，除了领导发表电视讲话外，还经常举办各类政策培训班，召开宣传会议。政府机关、学校、企事业单位和街道等通过宣传橱窗、黑板报、张贴标语、印发宣传提纲、制作电视宣传教育片等形式，宣传党和政府的各项路线、方针、政策。通过各个方面多种形式的强化政策宣传，形成强大的社会舆论，创造了一个极为有利的政策执行氛围和环境。例如，《北京市关于禁放烟花爆竹的规定》之所以得以顺利贯彻执行，在很大程度上得益于注重政策宣传。在这一规定正式生效之前，北京市动用了所有的宣传工具进行广泛的宣传。在大街小巷张贴标语，向机关、企事业单位和百姓家庭分发了数百万份《规定》《宣传提纲》《致市民的一封信》，制作《京城与烟花爆竹告别》的电视宣传教育片，以历年发生的血淋淋的事实来震撼人们的心灵。通过电视、电台、报刊等各种新闻传媒大力宣传禁放烟花爆竹。还组织了禁放宣传日活动，共设宣传点686个。北京市有关部门的领导还在电视台"为您咨询"节目中当场解答群众提出的问题。正是大规模有效的宣传，使得禁放政策深入人心，广大群众放弃了几千年来形成的燃放烟花爆竹辞旧迎新的习俗。

可见，通过强化政策宣传的途径让各级干部和广大群众充分了解和深刻认识党的各项方针政策，是党的方针政策得以正确、顺利贯彻实施的重要前提和行之有效的方法。注重强化政策宣传是具有中国特色的政策执行的一个基本经验。

二、重视政策试验

重要政策在全面实施之前要在局部地区或试点中加以试验，以取得经验，再全面铺开。这是具有中国特色的政策执行的另一基本经验。

重视政策试验是邓小平同志的政策理论的一个基本内容，他指出："有些问题，中央在原则上决定以后，还要经过试点，取得经验，集中集体智慧，成熟一个，解决一个。"在1992年南方讲话中，邓小平同志强调说："改革开放胆子要大一些，敢于试验，不能像小脚女人一样，看准了的，就大胆地试，大胆地闯。"

重视政策试验是马克思主义认识论在政策执行过程中的具体体现。政策试验既是认识的一种基本来源，也是检验政策是否正确的一个标准。认识正确地反映客观事物的本质和规律是一个过程，特定阶段的认识常常受各种主客观条件的限制，所以，出现不全面、不完善，甚至出现一些偏差的情况在所难免。政策制定和执行也是这样的一种认识过程，因而制定出的新政策也不可能完全符合客观事物的实际情况。同时，任何事物都是在发展变化着的，新情况、新问题和新经验会不断涌现出来，要纠正政策中的失误，跟上形势发展变化的要求，就得选择试点深入实施。在实验中检验新的政策是否正确，搞清楚新的政策哪些是符合客观实际的，哪些是与客观实际不一致，需要补充修改的，这既可以完善政策，又可以创造新的经验，提供新的方法。

　　重视政策试验还可以避免损失，少走弯路。毛泽东同志曾经说过："任何领导人员，凡不从下级个别单位的个别人员、个别事件取得具体经验者，必不能向一切单位作普遍的指导。"总结和落实上级方针政策，需要有正确的方法和得力的措施。这种方法和措施不是从头脑中自发产生出来的，而是通过反复实践，在工作中总结出来的。因此，在推行一种新的政策之前，一定要先在某些地区、部门、单位进行试验，以便得到具体的经验，为有效贯彻落实政策做好准备。如果不试验就贸然推广，必然给工作造成困难和损失。有的事情本不该办，盲目去办违反了客观规律，当然不会成功；就是该办的事情，由于没有实践经验，不掌握操作方法，也不容易办好，也会导致失败。许多领导者时常好心办坏事，究其原因，有些就是操之过急，没有取得试点经验就忙于推广，因主观与客观相脱离而失败。因此，政策实验是保证政策顺利有效执行的一个必不可少的环节。

　　我国改革开放近40年的历程，也就是一个不断进行政策实验的历程，我国的改革开放和现代化建设既复杂又没有现成的经验，因此，更需要政策试验。邓小平同志明确指出："在全国的统一方案拿出来以前，可以先从局部做起，从一个地区、一个行业做起，逐步推开。中央各部门要允许和鼓励他们进行这种试验。试验中间会出现各种矛盾，我们要及时发现和克服这些矛盾。这样我们才能进步得比较快。"例如，农村生产责任制的试验给中国农村的发展注入了一股强大动力。从安徽省凤阳县和四川省广汉县试验成功到转入城市改革的1984年，农村569万个生产队实行了各种形式的生产责任制，落实联产承包的农户达1839.79万户，占当地总农户的96.6%。新的农业生产刺激和收入的多样化既受到鼓励又容易适应新的改革试验，乡政府逐步变成城乡经济的传送带。仅1978年至1981年三年间，中国农村的农业生产率提高了18%，农民的年人均收入增长了66%。农村改革试验的成功，不仅解决了12亿中国人的吃饭问题，而且为城市改革提供了不少可以借鉴的经验。城市各项改革也都经历了很多次试验。1978年，四川省有六个企业开始进行有限的"企业决策自主权"的试点；1979年，大约有4000家企业进入管理自主权试验阶段。接着，首都钢铁联合公司率先进行了"上缴利润递增包干"试点；东北工业重镇沈阳市推出了资产经营责任制试点；乡镇企业以"东莞模式""温州模式""苏南模式"悄然崛起。沙市、常州、重庆、潍坊先后成为综合改革的试点城市，在生产、流通、分配、金融、科技、劳动组合、劳动工资以及政府职能等方面进行改革尝试。

对外开放从特区开始。十一届三中全会以后，经邓小平首倡，党中央和国务院兴办深圳、珠海、汕头、厦门四个经济特区。1981年建立深圳特区以来的实践证明，深圳等经济特区在我国发展对外贸易，引进外资和技术，扩大对外经济交流中，发挥了重要的窗口和基地作用，在改革开放中也发挥了排头兵的作用。当邓小平倡导试办经济特区初战告捷之后，1984年3月26日至4月6日，中共中央书记处联合召开沿海部分城市座谈会，会议决定由北到南进一步开放大连、秦皇岛、天津、烟台、青岛、连云港、南通、上海、宁波、温州、福州、广州、湛江、北海等14个港口城市，从而形成了我国对外开放的沿海黄金地带。随后，1985年1月开放长江三角洲、珠江三角洲和闽南金三角地区。1988年春，进一步扩大沿海经济开放区范围，开放市、县增加到288个，面积达32万平方公里，人口有1.6亿；同时决定海南建省办特区。接着，又规划了350平方公里浦东新区的开发、开放，力图将上海建设成太平洋西岸最大的经济贸易中心，以龙头之势促进长江流域的经济腾飞；并积极参与东亚经济圈，贯通连云港至鹿特丹世界第二条欧亚大陆桥，大力拓展对东欧乃至整个欧洲大陆的经贸活动。至此，由沿海开放进一步推进到沿江和沿边开放。于是，中国形成了多方位、多层面的对外开放格局。

总之，重视政策试验，是"一切从实际出发"在政策执行中的体现，是探索新生事物的重要步骤，是推行改革创新的正确方针，是尊重群众、教育群众的重要方法。不经过试验就推广，那是蛮干；不经过试验就否定，那是武断。敢于试验、重视试验，既避免了改革的失误，又使中国进入了一个新的历程。事实证明，重视政策试验是一项成功的政策执行经验。

三、强制执行与说服教育相结合的执行手段

政策执行活动涉及面广、对象多，是一项复杂的活动，仅有说服教育或仅有强制性执行手段都是不够的。"徒善不足以为政，徒法不能以自行。"因此，采取强制性执行手段与说服教育有机结合的执行手段是我国政策执行的第三大特色。

毛泽东同志在《关于正确处理人民内部矛盾的问题》中就曾指出：凡属于思想性质的问题，凡属于人民内部的争论问题，只能用民主的方法去解

决,只能用讨论的方法、批评的方法、说服教育的方法去解决,而不能用强制的、压服的方法去解决。人民为了有效地进行生产、进行学习和有秩序地过生活,要求自己的政府、生产的领导者、文化教育机关的领导者发布各种适当的带有强制性的行政命令。没有这种行政命令,社会秩序就无法维持,这是人们的常识所了解的。这与用说服教育的方法去解决人民内部矛盾,是相辅相成的两个方面。

党和国家正确、合理的政策是代表人民群众的根本利益的,但有时也会与集体或个人利益、局部利益或眼前利益发生冲突。因为政策总是表现为对一部分人的利益进行分配或调整,表现为对一部分人的行为的指导、制约或改变。在实施过程中,人们难免会在思想、行动上产生这样或那样的问题。为了保证政策的顺利实施,首先就要解决人们的思想问题,做深入细致的说服教育工作。因为人的思想问题的产生,通常与其所处的环境条件、认识角度及能力等诸多因素有关,是日积月累、由量变到质变的过程,要解决思想问题也要有相应的过程。只能依据其发展规律,采取循序渐进、耐心说服的方法。企图用行政命令的方法,用强制的方法解决思想问题、是非问题,不但没有效力,而且是有害的。

但是,在政策执行过程中,仅靠说服教育是不够的,还必须伴之以强制性执行手段。因为说服教育不是万能的,也不是对所有人和事都有效,不是所有问题都能通过说服教育方法去解决。在政策执行过程中,特别是执行控制性和限制性政策时,总有一些人会以身试法,不服从、不执行党和国家的政策,对于这些人只能加强管理,依法制裁。因此,采用法律、行政和经济等强制性手段也是政策执行活动所必须的。强制性执行手段发挥着约束、规范人们的言论行为,统一人们的思想,促使人们向着政策目标前进的作用。

中国共产党人历来重视采用强制性执行和说服教育相结合的方法。在民主革命时期,为了处理好人民军队同群众的关系,保证党的方针、政策得以顺利实施,毛泽东等老一辈无产阶级革命家一方面注重政策宣传,搞好群众和军队的思想教育,统一大家的思想;另一方面又明确规定了体现人民军队性质和宗旨的"三大纪律八项注意",用它来规范人民军队的行为,使人民军队的所作所为深得群众的理解和支持。只有说服教育和严明纪律双管齐下,才使党的民主主义时期的各项政策得以顺利实施,夺取了全国革命战争的胜利。毛泽东同志说过:"共产党队伍的发展,思想的统一性,纪律的严格性。共产党对于全国人民的政治领导,就是由执行上述这些条件去实现的。这些条件是保证自己的政治领导的基础,也就是使革命获得彻底的胜利而不被同盟者的动摇性所破坏的基础。"①

在社会主义革命和建设中,说服教育和强制执行有机结合的执行手段,同样也是我党方针、政策得以贯彻落实的可靠保证。在政策执行过程中,对那些虽经教育,仍不能自觉遵守党纪国法,甚至明知故犯者,采取强制手段实行严惩,不仅能起到悬崖勒马的作用,而且对周围群众能起到警示告诫的作用,对于刹住歪风、弘扬正气颇有效果。

强制性执行手段与说服教育相结合,是马克思主义唯物史观和辩证法在党的政策执行中的创造性运用和发展。它把工作的立足点和落脚点确立在相信群众、依靠群众、尊重群众的首创精神上,找准了人的思想发展变化的客观规律,准确地把握了启发人的自觉性与坚持党纪、国法的辩证关系。坚持强制手段与说服教育相结合,既能有效防止片面强调思想教育而造成放任自流、过分迁就的不良倾向,又能避免不做耐心说服教育工作而滥发命令、随意惩罚的不良倾向。只有坚持强制性手段与说服教育有机结合的方法,才能化消极因素为积极因素,带领广大人民群众为保证党的各项方针、政策的贯彻落实而竭尽全力。

四、抓中心工作、以点带面的领导方法

这是中国共产党人长期的政策执行中所形成的又一特色。抓中心,就是要善于从纷繁复杂的工作头绪中找到并紧紧抓住最能影响全局、可以带动整个工作链条前进的中心环节,也就是抓住主要矛盾。毛泽东在《矛盾论》中指出:在复杂事物发展过程中,有许多矛盾存在,其中必有一种是主要矛盾,由于它的存在和发展,规定或影响着其他矛盾的存在和发展;捉住了这个主要矛盾,一切问题就迎刃而解了。抓中心工作的方法,在毛泽东等老一辈革命家手中得到了有效的运用。在民主革命时期,通过武装斗争夺取革命政权,这是我党所要解决的主要矛盾。以毛泽东为首的老一辈革命家,正是紧紧抓住这一主要矛盾,百折不挠地动员组织广大人民群众积极开展了波澜壮阔的革命战争,推翻了"三座大山",建立了中华人民共和国。在社会主义时期,特别是党的十一届三中全会以来,以邓小平为代表的第二代中央领导集体,紧紧抓住经济建设这个中心,带领全国人民集中力量进行社会主义现代化建设,取得了举世瞩目的成就,开辟了中国历史新纪元。实践证明,抓主要矛盾、抓中心工作的方法是一种行之有效的方法。

在政策执行活动中,在抓中心工作的同时,还要做到以点带面。所谓的

---

① 《毛泽东选集》第1卷,人民出版社1991年版,第263页。

以点带面就是发现、培养和树立典型，以典型示范，促进和推动面上工作发展的一种工作方法。实施政策需要典型示范。为了完成中心任务，为了对面上工作加以精心指导，政策执行者必须深入实际抓好典型示范，以一种形象化的东西进行说服教育。典型示范有两个方面的作用：第一，它在干部和群众中建立某种信心。对新的方针政策公布以后，能否行得通、如何执行，人们心中无数，没有底。仅仅有一般号召是不够的。俗话说，"喊破嗓子不如做出样子"，因为群众习惯从亲眼看到的、亲身体验到的事情上去理解政策，而不容易从口头号召上去理解政策。有了示范，群众对新的方针政策建立起信心，能进一步消除对方针政策的各种疑虑，容易接受和执行政策。第二，典型示范有突破一点的作用。新的方针政策制定以后，在实践中大力推行就需要有典型的带动。一个好的典型能带动一大片，使面上的工作突破一点，取得经验再全面展开，能更有力地推动面上工作的开展，起到带头开路的作用。

抓中心工作，以点带面是党的重要领导方法。党和国家的政策是多层次、多方面的，作为下级机关都应该认真地、全面地实施。从政策本身来看，各项政策是一个有机整体，它们之间既有区别又有联系，相互制约。如果孤立地执行哪一项政策，不仅难以收到预期的效果，而且会顾此失彼，使许多政策不能落实。但是，如果面对各项政策不分轻重缓急，只按上级指示来一件做一件，就会丧失工作的主动性，形成很多的"中心工作"，导致凌乱无序的状态。因此，领导机关对于各项政策的实施应当实行统一领导，按照党在一定时期内总的战略部署，分清不同情况，统筹兼顾，妥善安排，正确地确定工作重心和工作秩序。同时要总结和推广典型经验，推动整个面上政策的落实。抓中心环节，以点带面的工作方法也是具有中国特色的政策执行活动中的一个基本方法。

早在井冈山斗争时期，中国共产党人紧紧抓住土地革命这一中心环节，发动群众，壮大革命队伍。为了搞好这一中心工作，毛泽东同志亲自下乡调查，树立了长岗乡、才溪乡和兴国县这样一批群众发动好、红军发展快的先进典型，并亲自在瑞金的全国工农代表大会上加以宣传推广，使得土地革命在全国范围内得以顺利地进行。在解放战争期间，为了夺取全国革命战争的胜利，人民解放军在毛泽东同志和中央军委的领导下，和国民党展开了两种命运的大决战，创造了天津、北平、绥远三种打击和瓦解敌人的典型方式，并随之在全国各个战场上采用和推广。在新的历史时期，特别是改革开放以来，党中央紧紧抓住经济建设这一中心，围绕这个中心从积极支持农村改革试点到在全国推开；兴办经济特区，开放沿海城市，在内地建立工业开发区、科技开发区；鼓励一部分人先富起来，然后实现共同富裕……培养、支持和推广了诸多种类的先进典型，有力地推动了全国的改革开放和经济建设。

总之，抓中心工作，以点带面的领导方法，是党的各项方针、政策得以全面、顺利实施的有效方法，它对党和人民的事业起着巨大的推动作用。

第七章
公共政策评估

管理学泰斗德鲁克说,"如果你不能评价,你就无法管理。"经济与社会的发展使公共政策评估工作的重要性日渐突出。当前,我国的国家治理、政策创新面临很大挑战,作为一个完整政策过程的一部分,公共政策评估对检验政策质量,决策政策前途,提高政策水平,吸引更多的人参与政策研究,提高政府决策的民主化、科学化起到了其他方式不可替代的作用,加大公共政策评估工作的力度成为时代的需要。

第一节 公共政策评估内涵与核心要素

一、概念

现代意义上的评估开始出现在20世纪30年代美国的"霍桑实验",但是,以社会研究方法评估各类社会行动方案,则始于史蒂芬(A. S. Stephan)用实验涉及方法对美国总统罗斯福的"新政"计划所做的成效分析。至今,学界对公共政策评估内涵的定义仍各有侧重且存在分歧,尚未形成一个相对统一且获得普遍认同的概念。其中较有代表性的定义如下:

奎德(E. S. Quade)认为,"公共政策评估,从广义解释,它是确定一种价值的分析过程。但在狭义上,却是在调查一项进行中的计划,就其实际成就与预期成就的差异加以衡量。"

威廉·邓恩(Willian·Dunn)则认为政策评估是指努力用多种质询和辩论的方法来产生和形成与政策相关的信息,使之有可能用于解决特定政治背景下的公共问题[①]。

---

① 威廉姆斯·B. 邱恩:《公共政策分析导论》,中国人民大学出版社2010年版。

布莱恩·霍格伍德（Brain Hogwood）和刘易斯·冈恩（Lewis Gunn）在他们合著的《现实世界的政策分析》一书中指出：政策过程存在两种状态，其一是应然状态，即政策应该怎样制定；其二是实然状态，即制定了怎样的政策。政策评估是介于应然状态和实然状态之间的活动，是实然政策分析和应然政策分析的分界线。

戴维·纳赫米阿斯认为，政策评估是根据政策计划所要实现的目标，对于正在推行的政策和公共计划对其目标的效果做一个客观的、系统的、经验性的研究。

迈克尔·豪利特和 M. 拉米什认为，政策评估泛指找出正在实施的政策所使用的方法及其所服务的目标的过程。

张金马认为，政策评估就是对政策效果进行的研究。政策评估要回答的基本问题包括：政策执行以后，是否达到了政策制定者预期的目标？该项政策给国家及社会生活带来了什么样的影响？政策的去向如何？是继续执行，进行革新，还是马上终止？政策评估，就是围绕着政策效果而进行的规范、测度、分析、建设等一系列活动的总称。

朱志宏认为，政策评估工作就是发现并修正政策的误差。"就一项公共政策而言，发现误差、修正误差就是公共政策评估。"

林水波、张世贤认为，评估是一种过程，这个过程在于确立重要的决策范围，选择适当的资信，搜集与分析资信而做成有用的摘要资料，提供决策者选择适当的政策方案之基础[①]。

董幼鸿认为，政策评估是一个动态过程，是指按照一定的客观标准，对实施中或实施以后的政策的效益、效率、效果等进行评估，确定政策实施后是否达到预期目标、达到的程度如何、对社会生活带来哪些影响（正面影响或负面影响）等，以此来判断公共政策方案本身的优劣、政策执行中的效率，根据此评估结果来决定地方政府政策延续、调整、废止、替代等措施。

陈振明认为，政策评估是依据一定的标准和程序，对政策的效益、效率及价值进行判断的一种政治行为，目的在于取得有关方面的这些信息，作为决定政策变化、政策改进和制定新政策的依据[②]。

庞宇、崔玉亭认为，政策评估主要是通过发现项目、计划和政策在设计和执行中存在的问题，对不合理或不适当的项目或计划，甚至是政策目标加以修改，最终改善政策结构。

---

① 林水波、张世贤：《公共政策》，五南图书出版公司1982年版。
② 陈振明：《政策科学》，中国人民大学出版社1998年版。

不同时期、不同学者对公共政策评估内涵的理解首先反映了公共政策评估实践本身的发展与转变。早期大部分学者强调公共政策评估的经济性，也有一些学者则看到了公共政策评估的政治性，这种两相对比的概念还隐含了一个关键性的理论问题，即公共政策评估是内生性的还是外生性的，评估是政策过程外部强加给政策制定者的过程，还是源于过程的内部因政策制定者试图改进政策或使政策得到适应性的行为；另一个不同点还在于，一些定义认为公共政策评估的着眼点是对结果与目标的比较，隐含的假设政策的目标是既定的，部分学者则认为公共政策评估的内容除了政策的手段、过程、效益等方面，政策目标本身也是可评估的、可变的。

综合以上各种观点，对于公共政策评估的定义应包括四个层面：第一层面，公共政策评估是正常的公共政策过程的一部分，是针对所出台政策在效益、效率、影响等方面进行的一项判断活动；第二层面，公共政策评估的基础在于对它所讨论的政策的改变所能够起到的影响，它决定着一项政策未来的走向，是继续执行、终止，亦或是部分执行；第三层面，公共政策评估针对政策环节的评估，既有政策内容的阶段性分析，即通常说的阶段评估，也有对政策全过程的评估，是贯穿于整个政策过程的功能性活动；第四层面，公共政策评估是对政策的效益、效率及价值进行判断的一种政治行为，即包括对政策方案、政策执行以及政策结果的评估。

本书对公共政策评估定义如下：公共政策评估，是指在特定的政策制度下，评估主体按照一定的评估标准，对公共政策的效益、效率及价值，以及构成政策系统的方案、要素和环节进行局部或全面分析，并获得相关信息与政策结论的政治过程。

二、主体

公共政策评估主体就是直接或间接参与公共政策评估过程的个人、团体或组织。在公共政策评估主体的划分上，学界也将其分为体制内评估与体制外评估。体制内评估不限于决策者与执行者所进行的自我评估，国家专设的评估部门所进行的评估也被认为是体制内评估，而体制外评估自然是指学术科研机构与商业性评估机构，体制外评估自然属于第三方评估。

迈克尔·豪利特、M. 拉米什认为，公共政策评估主体包括政府中处理政策的官僚和政治家、政策子系统中的非政府成员以及公众成员。

宁骚在《公共政策学》一书中提出，公共政策评估的主体除了政策的制定者和执行者外，最重要的就是专业机构和人员所进行的评估，即职业评估者，包括官方的、半官方的和民间的专业公共政策评估组织和人员。

尹苹苹提出"多元化"评估主体,即政府、党的组织、权力机关、专业评估组织(包括大专院校和研究机构),以及社会组织和公众,特别是受到影响的相关利益群体代表等多元评估主体的结合。

李德国、蔡晶晶认为政策评估主体包括官方与非官方的评估者,前者如国会、行政部门特设委员会,后者如独立思想库、利益集团、政治家或大众传媒等。

李伟认为公共政策的多样性、多层次性及其所触及利益格局的复杂性决定了政策评估主体的多元性。评估机构不仅包括政府部门、立法司法机关,也包括各类智库、社会组织、大众传媒等。其中,政府智库作为一类特殊的机构有许多优势,在政策评估中应发挥更重要的作用。

公共政策评估主体在评估活动中处于举足轻重的地位,它关系到评估目标的明确、评估方式的选择以及评估结果的公正性与有效性,其主导作用的发挥与否,直接影响到评估工作的成败。政策网络化背景下的公共政策过程是多元行动者复杂的互动博弈过程,政府之外的利益集团、民间组织和公民以及社会资本、文化网络、非正式关系等都应纳入政策分析的框架内。多元化的政策评估主体模式,从行动者之间的关系与结构的独特视角去审视和诠释政策过程,更好地反映和揭示了政策过程的实质。

三、内容

政策评估的内容主要包括政策产出和政策影响,政策产出指的是标的群体或受益者接受政府所给予的财务、服务或资源等;政策影响指政策执行后,对人员或环境原来的行为面或物质面,造成无形或有形、预期或非预期的实际改变情况。

(一)政策的价值评估

公共政策的核心和灵魂是公共政策的价值取向。它也是我们正确理解和执行公共政策的切入点。政策价值,指政策主体通过政策作用于政策客体并实现自己的意志和利益,即主体的需求与客体有用性的统一。也就是说是政策实施后带来的利益或造成的损害在利益相关群体中的分配是否公平、是否体现了广大人民的根本利益。比如在当前社会中政策的实施能否体现社会和谐、正义平等的社会价值取向。政策价值是政策效果的内在性质,是政策的目标属性。政策价值实现程度如何决定了政策生命力和延续力。

(二)政策的效果评估

政策效果,是指政策在其运行过程中所体现的社会系统效率的提高,以及政策运行过程中及结束后社会系统全面的收益、效果和成果。政策效果是政策价值的外在表现形式,政策效果可分为政治效果、经济效果、社会效果、技术效果等。总之,政策效果应包括以下内容:政策预定目标的完成程度、政策的非预期影响、与政府行为相关的各种环境的变化、投入政策的直接成本和间接成本等。政策效果的评估是公共政策评估的核心内容,政策效果决定了政策运行成败的关键要素,因而,公共政策评估的主要任务就是对政策效果进行评估。

(三)政策的效率评估

效率即相对于其实施所需的全部成本,政策取得成果如何。这可以从成本与收益的角度进行评估,一方面测定政策方案在实施后,成本与收益之间比例,另一方面是政策执行中所消耗的资源与政策收益之间比例。对这两方面比例的评估可以看出政策的效率高低。

(四)政策需求的评估

公共政策评估的内容不仅包括一项政策或方案实现其预定目标的程度、被有效执行的程度、其相对于所投入成本的效率水平,还应包括对政策需求评估,即通过研究分析一个社会或社区、特定的群体需要什么政策。政策需求评估是公共政策评估的一种升华,是政策可持续运行的基本保障[1]。

四、标准

公共政策评估实质上是一种价值判断,而要进行价值判断,就必须建立相应的价值尺度,即评估标准。政策评估标准基于多维理性,是衡量政策质量高低的尺度,是公共政策评估的"准参照物"。它是公共政策评估者在公共政策评估过程中据以对政策方案和政策效果进行优劣判断的准则。

卡尔·V. 帕顿和大卫·沙维奇运用巴尔达奇的类型学方法来组织评估标准[2]。巴尔达奇界定了对政策设计目标会产生较大影响并会如期发挥作用的四种主要制约因素:技术可行性、政治可行性、经济和财政可能性以及行政可操作性。他们认为大部分的评估标准都可归入这四种综合类型,且分析人员应当在每一种类型中为每一个政策问题确定相关标准。威廉·邓恩在《公共政策分析导论》一书中将评估标准分为六类,分别是:效果、效率、充分性、公平性、回应性和适宜性。陈振明在《政策科学》一书中将评估标

---

[1] 陈振明:《寻求政策科学发展的新突破——中国公共政策学研究三十年的回顾与展望》,《中国行政管理》,2012年第4期。

[2] 卡尔·V. 帕顿、大卫·S. 沙维奇:《公共政策分析和规划的初步方法》,华夏出版社2002年版。

准分为五类：生产力标准、效益标准、效率标准、公正标准和政策回应度。张国庆从立体的角度构建了一个评估标准的构架，把用于整体评估的标准称为首要标准，用于单元评估的标准称为次要标准。

确定评估标准是一项复杂而细致的工作，选择什么样的评估标准，不仅取决于评估目的和评估者，而且与评估的技术和方法密切相关。评估标准是公共政策"所要分析问题的核心所在"，因此，政策设计的要素标准，也是评估的标准，包括：

（1）社会功能分析。政策对社会所起到的基本积极作用，如分配社会资源、规范社会行为、解决社会问题、促进社会发展等。

（2）政策工具分析。不同的政策工具具有不同的特点，同一种政策工具在不同的政策过程和政策背景下也将发挥完全不同的功能。

（3）政策导向分析。公共政策具有引导社会组织、公民个人行为方向的功能。如"改革开放"政策、"让一部分人先富起来"的政策、"基本公共服务均等化"战略性公共政策，它实际上是对社会发展目标的一种判断。

（4）实施模式分析。过程模式、互适模式、循环模式、博弈模式、系统模式、综合模式、组织模式等。

（5）政策强度分析。包括政策的支配力和强制力。

（6）政策效应分析。政策的实施对社会经济活动产生的影响，包括单向效应、多向效应。

（7）政策成本分析。直接成本：公共开支，也包括私人开支。间接成本：除了直接成本外，政策所造成的负面影响可以计入间接成本，如经济成本；间接成本可能是无形的，或非货币的，但需要以货币衡量，如社会成本。

（8）政策依据分析。依据是法律、科学、现有资源、大家议定的规则等。

（9）政策可持续分析。政策的既定目标是否能够按期实现，并产生较好的效益。

（10）政策激励作用分析。政策对象对政策措施的认识和接受程度。

（11）政策波及群体的权益分析。政策波及多少群体，权益增减多少。

（12）政策公平性分析。政策公平性是一个复合型的概念，包括贡献标准、需求标准和机会均等标准等。

（13）政策设计的弹性分析。弹性包括这项政策是不是为自己的修正和完善预留余地。

第二节 公共政策评估技术方法论框架与模式

除了对公共政策评估的概念内涵与核心要素的研究，对评估方法论框架与模式的探索也是推动公共政策评估理论实践发展的重要方面，这包括了评估模式、评估方法、评估指标、评估程序等评估技术层面问题研究。

一、模式

迈克尔·豪利特和 M. 拉米什认为，公共政策评估可分为三种模式——行政评估、司法评估以及政治评估。行政评估由政府内部执行，是目前政策评估领域的研究重点，偶尔由专门评估政策的专业机构执行，大致可分为五种不同的次级类型：（1）投入努力度评估；（2）绩效评估；（3）绩效充分性评估；（4）效率评估；（5）过程评估。司法评估由司法部门执行，主要关注政府部门的行为和宪法的规定或已被确立的行政行为标准以及个人基本权利之间可能的冲突。政治评估是由每一个人承担的，常见的类型是一些对公众的咨询机制，包括公众听证会、行政论坛及为咨询目的而成立的特别咨询委员会。

卡尔·V. 帕顿和大卫·沙维奇从评估主体、评估目标、评估方法和评估产出四个维度将评估模式划分为系统分析模式、行为目标模式、决策制定模式、无目标模式、技术评论模式、专业总结模式、准法律模式和案例巧究模式等八个类别。

韦唐从政府干预的实质性结果入手，按"组织者"的不同将评估模式分为三大类，即效果模式、经济模式和职业化模式，提出了著名的公共政策评估模式理论：目标达成模式、附带效果模式、无目标模式、综合模式、顾客导向模式、利益相关者模式、经济模式及职业化模式等（参见图7—1）。

虽然公共政策评估模式类别多样，但是公共政策评估模式的演进趋势则较为明朗。20世纪60年代公共政策评估的失败导致人们对单一公共政策评估模式的反思，由此，公共政策评估进入第四代，不仅关注评估技术和方法的严谨，也意识到价值的多元性是保证公共政策评估成功的重要因素，并逐步关注不同利益相关者对政策的影响，强调复合理性的多元公共政策评估模式开始在政策科学界大行其道。

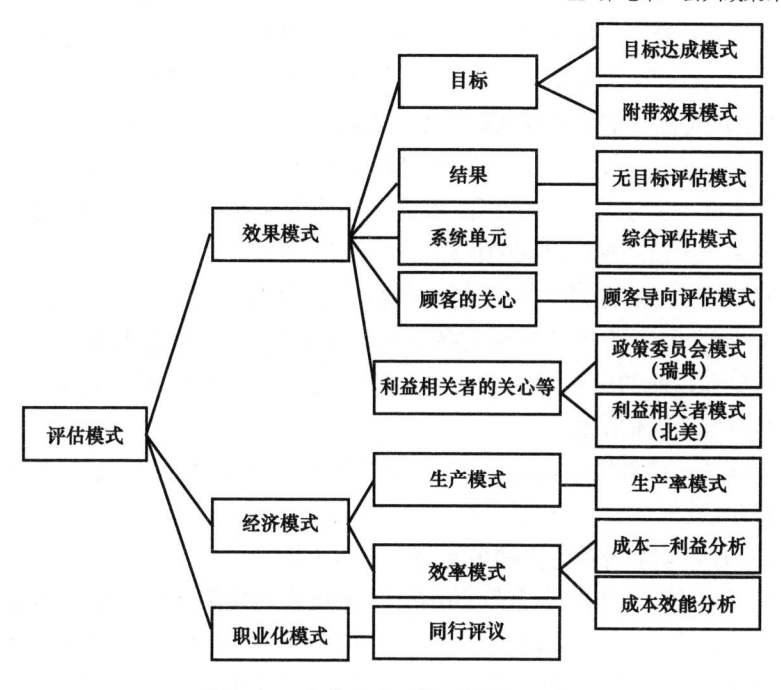

图 7—1 韦唐公共政策评估模式分类

二、方法

(一) 经验研究基础上的实证主义方法

建立在经验研究基础上的实证主义方法论已经确立了在公共政策评估领域的主导地位,即把评价看成是"一种科学研究活动",要"依据经验性证据和分析",表现为一系列实证—分析技术的结合。经济学的方法被大量借用,其中成本效益分析的方法最为常见,此外诸如投入产出分析、多元回归分析、数学模拟模型和系统分析也屡见不鲜。包括以下方法:

成本—效益分析法:对整个政策运行过程中所投入的成本和所取得的收益进行对比分析,当两种政策方案的效果相等时,政策成本越小的政策方案越优;当两种政策方案的成本相同时,政策效益越大的政策方案越优;政策效益与政策成本的比率越大越好。

前后对比法:对政策执行前后的有关情况进行对比。这种方法具体可分为四种:(1) 简单"前—后"对比分析。(2)"投射—实施后"对比分析。将政策执行前的趋向线投射到政策执行后的某一个时点上进行对比。(3)"有—无"政策对比分析。(4)"控制对象—实验对象"对比分析。该方式是社会实验法在公共政策评估中的具体运用。评估者将政策执行前后同一的评估对象分为两组，一组为实验组，对其施加政策影响；一组为控制组，不对其施加政策影响。然后比较这两组在政策执行之后的情况，以确定政策的效果。

（二）关注价值的规范判断的评估方法

公共政策是"对一个社会进行的权威性价值分配"。建立在经验研究基础上的实证主义主导的方法不能解决公共政策所面对的一般"价值问题"。因此，关注价值和规范判断的评估方法也不断涌现。

对象评定法：通过亲身感受和了解对政策及其效果予以评定的方法。

专家判断法：组织专家审定各项关于政策的记录，观察政策的执行，对政策对象和以前的政策参与者进行调查，与执行人员及其工作人员交换意见，最后撰写评估报告。

自评法：政策执行人员自己对政策的影响及达成预定政策目标的进展情况进行评估。

（三）事实和价值为主的多元理性评估方法

遵循"事实"与"价值"的结合，围绕公共政策评估实施上涉及的五个要素：价值、问题、目标、手段（工具）、结果（绩效），以目标为联结点，形成了两条评估分析方法路径，一条是以价值分析为主的"价值—问题—目标"，一条是以事实分析为主的"目标—工具—绩效"，两者在因果关系上彼此连贯，相互追溯[①]。

三、程序

社会政策供给首先是政策的设计制造过程，政策评估的价值只有通过程序的合理化与科学化才能真正实现。通过评估，考察公共政策过程的各个阶段、各个环节，主要需要经过以下程序安排，对政策产出和政策影响进行检测和评价：

（一）确定评估的具体内容，设计评估方案

包括评估的对象与评估的目的。区分政策方案的评估、政策执行的评估还是政策结果的评估，区分政策之间的互相关联。政策之间的关联具有一定的复杂性，有时难以区分，比如减贫政策与社会保障政策。

（二）选择评价的标准

出于不同目的、在不同层面进行的评估会使用不同的评估标准。民生政策会更多地关注公平性评估标准，经济政策会设置更多的效率标准；中央层面的政策必然要符合广泛性、多样性效应标准，地方层面的政策评估标准则

---

① 管书华：《科技政策制定与评价的研究》，武汉理工大学2004年硕士论文。

会相对具体、聚焦。

（三）确定具有可操作性的衡量指标

它们应当能够用来反映上述标准，或者能够用来计算出（或合在一起能够反映）上述标准；在实践过程中能够衡量，具有可操作性。比如对于减贫结果的评价，可设置投入人财物数量、使多少农民脱贫、收入提高幅度、脱贫面的衡量等实质性、显性、可测量的指标。

（四）确定采用的研究方法

总体可分为定性方法与定量方法。定性方法，比如专家咨询方法，依赖于评估主体自身主观技能，知识、经验等非量化资料对公共政策做出评估，有助于挖掘出潜藏的深层次信息，能够帮助得出较为全面且有深度的结论，但对评估主体的能力要求太高，使得评估结论的精确性受到影响。定量评估方法是运用数量指标对政策进行评估的统计分析方法，可以用直观的数据来对评估的结果进行描述，结论更加一目了然，同时更具客观性。

（五）确定数据的搜集和处理方法

明确采集数据并将其转换成可用的信息的方式。如大数据方法，从小样本调查到完整大数据，消除了公私部门的信息界线，带来实时监测和快速响应，从经验性评估到基于数据的评估。我国公共政策领域中的大部分的政策类型的数据化程度都不高，公共政策评估需要面对的最大困境是缺乏数据的问题，尤其定量评估方法的使用是以有数据可供分析为前提的。

（六）实施评估

搜集资料、分析资料。利用各种调查手段全面收集政策过程各个阶段、各个环节的信息，并在此基础上进行系统整理，运用适当的分析方法，对政策做出评估[1]。

（七）总结评估结果

撰写评估报告，处理评估结果。对评估报告揭示出来的问题和建议，要跟踪相关部门的应对举措，对采取的后续措施进行"再评估"。

程序是整治细节最好的工具，公共政策通过对流程的梳理、精简、优化，实现流程导向，来实施流程化管理。随着互联网对重新完整价值链的要求越来越高，公共政策系统内涵与外延的不断演化与拓展，选定对公共政策评估极为重要的几项必然程序并加以重新规划尤其重要。运用各种思路和方法重构评估流程，这些流程可能不再是一个简单锁定的线性过程，有些是并联的，有些是串联的，可以彼此之间平行推进，或者交叉进行，是相互交

---

[1] 袁志彬：《中国科技政策议程设置模式初探》，《科学学与科学技术管理》，2011年第32卷第1期。

```
设计评估方案
    ↓
  选择评价标准
    ↓
  确定具有可操作性
    的衡量指标
    ↓
  确定采用的
    研究方法
    ↓
  确定数据的搜集
    和处理方法
    ↓
    实施评估
    ↓
   总结评估结果
```

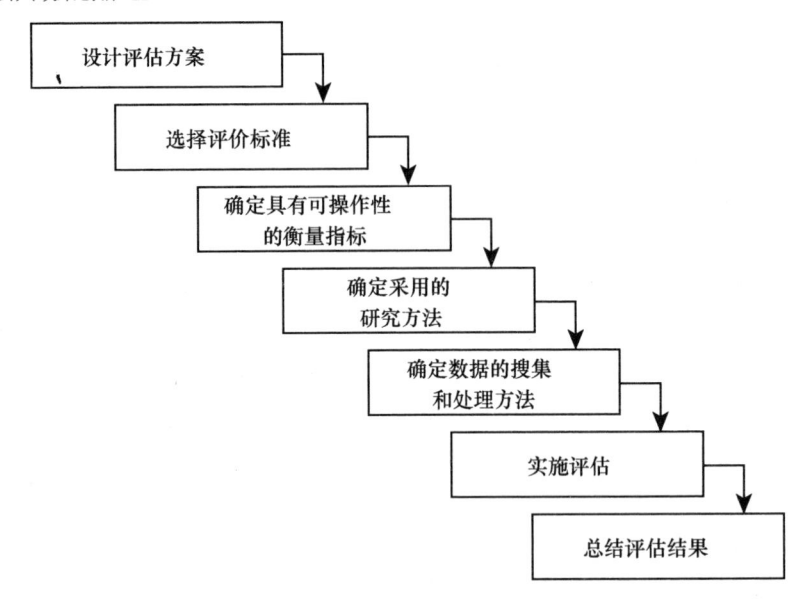

图 7—2 公共政策评估流程图

融、循环推进、不断再生的过程。

第三节 对信息时代公共政策评估的思考

一、世界趋势

（一）总体趋势

全球化、信息化、网络治理等的出现与发展造就了当今极为复杂多变的政府运作环境。各国政府都趋向于将公共政策评估作为政策运行过程中的重要环节，并逐渐将其制度化。自 20 世纪 60 年代以来，公共政策评估在世界各国逐渐成为一种监督政府公共开支，促进政策系统优化的系统工程。

各国政府实行公共政策评估的情况，可以将其分为综合政策评价和单项政策评价两种类型。实行综合评价的国家有日本、韩国、英国和法国等，其对政策绩效评估主要有以下特点：（1）明确一个具体部门负责。（2）对公共政策评价要体现全面性和系统性。（3）制定具体法律规章作为保障。如英国《英国公共政策评估绿皮书》、法国《研究政策与技术开发的评估》、日本《公共政策评估法》等都为改革提供了有力保障。实行单项政策评价的国家有荷兰、加拿大、西班牙、德国、新加坡等，这些国家对环境政策、住房政策、土地政策、教育政策、产业政策、科技政策的评价方面做了探索。

(二) 典型国家发展

1985年，法国政府颁布法令，规定国家级的计划、项目未经政策评估不能启动，从法律上确立了政策评估的地位。法国还赋予评估机构一定的特权，以保证公共政策评估的有效性。评估过程中，报告人如认为有必要，可以组织向新闻界开放的听证会，以收集与问题相关的个人及组织的意见，听证会的小结作为报告的附件，并体现在报告中。这样形成的有价值的报告，将直接用于公共政策的立法讨论和预算参考。法国评估人员都要接受资格认定，并承担评估法律责任。

2003年，美国颁布《政策规定绩效分析》文件，对实施公共政策绩效评估做了系统、全面的规定。对公共政策绩效评估是以定量为主、定性为辅，两者相结合。在设计、编写、执行政策规定绩效分析时，除涉及隐私、产权、商业秘密等外，要询问政策目标人群及专业人士和机构的意见，并把结论公示于互联网上。美国具有非常完善的立法，如专家咨询委员会立法、成本效益分析的立法、小微企业影响的立法、国土安全评估、信息质量法等。这一揽子的立法把公共政策评估做成体系，设置若干个指标，这些指标在立法中得到反映，形成了精细化的指标体系。美国法律也做出明确规定，评估委员会有权质询相关部门对评估建议的落实情况。

日本政府有着比较完整的评估系统，总务省以及政府各部门都设有专门的评估机构。为了使各部门有效而规范地开展自评估，减少随机性，总务省建立了评估指南和客观公正的评估方法以及可量化的评估指标。各部门制定各自的评估程序，根据各自的政策特点建立评估专家队伍，增加评估的透明性，还允许公众进行评议。通常各行政主体，根据分析自身政策结构（规划、计划、项目等不同层次管理任务的逻辑结构）的评估需求，建立相应层次的评估类型，并使各层次的评估相互关联，从而形成有效的评估体系。为了增加评估的透明性，日本政府2010年5月专门制定了《有关公共政策评估信息的发布指南》，指导有关评估信息、数据的使用及评估会议向公众开放等事项，进一步促进公共政策评估相关信息的发布。

(三) 第三方评估机构发展

在公共政策评估发展较为成熟的国家，政策评估活动中会大量引入第三方机构的力量，参与者除了纯官方的政府部门外，其余有半官方组织（政府部门提供资金支持，如美国兰德公司、韩国的公共行政研究所等）、完全独立的民间组织（如美国布鲁金斯学院等），这些民间研究机构拥有强大的研究团队，其科研能力并不逊于官方机构，因此他们通常与政府形成了长期稳固的合作关系，成为重要的公共政策参与力量。

以下简要介绍美国的第三方评估机构。

美国历史上第一个现代意义上的思想库布鲁金斯学会。布鲁金斯学会总部在美国首都华盛顿，是一家研究公共政策的非赢利组织。其宗旨是开展高质量的独立研究，并据此提出具有创新精神和实用性的政策建议，以达到三个目标：即捍卫美国民主；确保所有美国人获得经济繁荣、加强社会保障、维护公共安全带来的机遇；推进一个更加开放、安全、繁荣和合作的国际社会。20 世纪 20 年代哈定任总统时期，学会帮助联邦政府拟定预算草案，制定战争中的债务政策和改革税务制度方案。胡佛政府时期，学会成功地说服政府取消了建设圣劳伦斯航道的计划。1932 年布鲁金斯去世后，学会对罗斯福新政进行猛烈抨击并颇有影响，成为当时反对新政的重要堡垒之一。第二次世界大战期间，学会帮助政府建立和管理各种战时机构，实施价格控制，并逐渐走向兴盛。学会每年有经费 4000 万美元，除来源于学会创始人罗伯特·布鲁金斯创立的专项基金之外，还有基金会、大公司及个人的捐助、政府资助及出版物收入和其他一些投资收入。董事会主席吉姆斯·约翰逊是最大的投资者之一。此外，大公司的赞助占全部经费的近二分之一，其中有贝尔大西洋公司、J. P. 摩根公司、EXXON、壳牌石油、微软、惠普、丰田、杜邦、美孚、洛克西德·马丁等大牌公司，也有像时代华纳、《华盛顿邮报》、《纽约时报》、《时代周刊》及 ABC 和 NBC 等传媒大亨，在学会 1997 年 2100 万美元的预算中，有 330 万美元来源于这些公司。学会还从为政府官员提供的咨询会议中征收高额费用。有了充足的资金来源，布鲁金斯学会更能雇用一些高级分析家从事研究，提高影响力。布鲁金斯学会一向被誉为最有影响力、最值得借鉴和最受信任的智库。

广为人知的美国兰德公司是当今美国乃至世界最负盛名的决策咨询机构，以研究军事尖端科学技术和重大军事战略而著称于世，继而又扩展到内外政策各方面，逐渐发展成为一个研究政治、军事、经济科技、社会等各方面的综合性思想库，被誉为现代智囊的"大脑集中营""超级军事学院"以及"世界智囊团的开创者和代言人"。长期以来，兰德坚持自己只是一个非营利的民办研究机构，独立地开展工作，与美国政府只有一种客户合同关系。兰德公司努力通过拥有不同性质的客户的形式来保持其独立性。虽然兰德的客户大部分是美国联邦政府，但是，即使就一个客户而言，比如五角大楼，其内部也有陆、海、空、情报、国防部长办公室等机构，有许多不同的部门。兰德通过与不同部门打交道，来实现一定的独立性。同时，兰德还有许多非政府部门和私营部门的客户等。目前，兰德公司 65% 的收入来源于美国的联邦政府。也就是说，兰德公司剩余 35% 的生意分布在许多不同的客户间，诸如美国的州政府、外国政府、私营公司、提供资助的基金会等。

二、中国背景

（一）中央政府层面的探索

中国中央政府层面所运行的基本政策在制定、执行、评估等环节上比较规范，形成了一系列政策相关制度体系，对政策制定、执行和评估行为进行规范和约束。在教育、民生、财政等领域的评估考评力度逐年加强。如国务院政策研究中心对我国实施十多年来的医疗制度改革政策进行了初步的评估，得出了当前我国推行的医疗改革政策基本上是不成功的结论，这也为当前我国医疗改革政策方案重新设计提供了依据。

2010 年 12 月 18 日，中国教育政策评估研究中心成立，该中心由教育部教育发展研究中心与首都师范大学共同组建，其任务是开展对我国教育政策热点问题的评估与舆情分析，为推进首都与全国的教育改革提供决策参考。中国教育政策评估研究中心的成立，将发挥教育部教育发展研究中心长期从事宏观教育政策研究与首都师范大学丰富的教学科研资源的优势，深入推动我国教育政策评估分析工作，创新教育政策研究方法，营建教育政策研究学科高地，努力为提高我国教育决策的科学化、民主化水平，营造教育改革发展的良好环境服务。

2005 年，国家审计署组织特派办对部分开发区财税优惠政策进行专项审计调查，以评估开发区财政税收政策为主线，辩证地看待开发区设立和运行中的问题，发展地提出解决问题的意见或建议，调查报告得到了国务院领导的高度重视，得到了商务部、财政部、国土资源部、国家税务总局等相关部门的积极回应，取得了良好的调查效果。与以往的常规审计和专项审计调查不同，这次专项审计调查也开创了审计机关对现行政策进行评估的先例。国家审计署专门针对现行政策的制定、执行及其效果进行评估的审计或专项审计调查，尚属首次。这种专项审计调查的事实表明审计机关正在把视角转向一个新的领域，即公共政策评估领域。

2017 年中央、省、市等各级政府部门密集出台各项精准扶贫政策，国务院扶贫办配套实施了最严格的考核评估，采取六项举措改进完善脱贫攻坚考核评估工作。一是强化了考核的统筹整合，将东西部扶贫协作交叉考核并入扶贫成效省际交叉考核，按照"五统一"的方式，统筹安排，一次完成。二是注重年终考核与平时考核的结合。成效考核，进一步完善了年终考核和平时掌握情况的结合，防止"一考定终身"。三是完善省际交叉考核和第三方评估。省际交叉考核人员从各省区市扶贫开发领导小组成员单位抽调,脱贫攻坚重大政策和重点工作推进部门成员占 50% 以上,市县基层一线扶贫干部占 30% 以上。四是建立问题核实机制。此次考核明确,省际交叉考核和第三方评估实地调查发现的疑似问题要及时反馈地方,地方有异议的,可以解释说明。五是改进综合分析评价方法。采取定量评价与定性分析相结合的方法,综合分析评价各省年度脱贫攻坚成效。六是强化考核作风。考核评估工作人员必须严格执行中央八项规定精神,要严格按照程序、标准和要求开展考核评估工作。全年中西部 22 省区市共约谈 4239 人,诫勉谈话 3078 人,责令检查 763 人,通报批评 2449 人,党纪政纪处分 6724 人,移送司法机关 651 人。

(二)地方政府层面的探索

地方政府层面的公共政策评估也在不断探索中,并将其作为新政策设计的依据,尤其重大项目上马前和重大决策出台前进行社会稳定与经济效益"双评估"的机制已在全国推广,北京、上海、深圳等地积极探索,取得了可喜成效。

为适应北京市经济社会发展的需要,北京 WTO 事务中心根据市商务局领导的指示于 2007 年 3 月正式成立了公共政策评估部。公共政策评估部将根据商务局的要求开展工作。2018 北京市财政部门全面启动年度事前绩效评估工作。事前绩效评估的对象包括与市、区财政局直接发生预算缴拨款关系的国家机关、政党组织、事业单位、社会团体和其他独立核算的法人组织等申请财政资金的项目。以拟列入预算的民生类、城市管理服务和城市建设类等社会关注度较高、金额较大的项目及重大政策为重点。事前绩效评估通过评估项目"有没有必要做""能不能做好""预算实不实""能不能产生预算效果"等方面,来决定财政资金到底该不该给,怎样把钱用在刀刃上。事前绩效评估的内容主要包括五个方面:项目实施的相关性、项目预期绩效的可实现性、项目实施方案的有效性、项目预期绩效的可持续性和财政资金投入的可行性。[①]

上海市杨浦区政府为了全面落实各项促进就业扶持政策,确保各项促进就业目标的实现,根据上海市劳动和社会保障局《关于本市开展促进就业政策实效评估工作的通知》(沪劳保就〔2005〕10 号)的要求,对区现有各项促进就业政策进行全面梳理与评价,并通过检查政策实施效果和发现落实中存在的问题,为逐步建立和完善促进就业长效机制提供理论和数据上的

---

① 董幼鸿:《我国地方政府政策评估制度化建设研究》,华东师范大学 2005 年博士学位论文。

支持。

2006年4月，为贯彻落实中共深圳市委、深圳市人民政府《关于实施自主创新战略建设国家创新型城市的决定》，市科技信息局等部门发布了20个配套政策文件。为了解自主创新配套政策实施的情况和效果，深圳市建设创新型城市工作领导小组办公室委托深圳市高新技术产业协会和深圳市科技专家委员会对这些配套政策的实施情况进行评估，取得了良好效果。

（三）第三方评估的探索

越来越多第三方机构参与了对现行政策实施绩效的评估，总结政策在实施过程的得与失，并就政策实施中存在问题的根源进行探究和挖掘，为政策修正与发展提供科学依据。

2004年6—10月，中国社会科学院社会政策研究中心接受了世界银行驻中国办事处和辽宁省民政厅委托的"世界银行赠款辽宁社会保障项目"题为《城市居民最低生活保障政策分析》的研究课题。通过收集了大量的文献资料和档案资料、随机抽样的1200户低保对象家庭的入户问卷调查、150个个案访谈积累第一手和第二手的文献资料，对低保制度政策进行了深入的定量分析和定性分析，并根据分析研究的结果撰写了研究报告。报告提出了保证资金渠道的畅通无阻，调整标准的"迂回"策略，避免低保制度未来发展的失控等方面的对策与建议。这些对策与建议为地方政府低保政策的完善和优化提供了依据。

2016年中国工程院作为第三方，组织了50余位院士专家，历经近半年的时间对《大气十条》进行了政策评估，这是首次由独立第三方对如此重大的国家环保战略行动计划开展评估工作。同年7月5日，中国工程院发布《大气污染防治行动计划》中期评估报告。从数据来源来看，此次评估整合了国家环境保护部、中国科学院、中国气象局和多家有关科研院所的连续在线监测、地面长期定位观测、典型过程科研观测、卫星遥感和地面遥测等数据，全方位对重点区域空气质量改善情况进行了验证性评估，多元数据的独立分析和结果比对，保证了评估结果的客观性。同时还参考了美国航天局卫星观测的数据。从评估方法来看，专家利用环境保护部国控站点逐时空气质量观测数据，以2014年实施新标准的161个城市和2015年全部338个地级及以上城市为重点，采用年均浓度、达标天数、重污染天数和峰值浓度等统计数据，评估了2013年以来空气质量的变化情况，给出了公众和地方政府关心的常规指标。进而，评估专家以科学的眼光对"重霾天数与PM2.5年均浓度值""PM2.5质量浓度变化与其中主要化学成分变化"等相互关系进行了详细分析，采用多种技术方法对全国空气质量状况、变化趋势和污染特征进行评估,保证了评估结果的可靠性。

为吸引更多社会主体对北京节能政策执行情况进行评估,北京市专门面向全社会公开选拔中介机构对政策进行评估。北京市发展和改革委员会发布了关于第一批节能评估中介机构入选的公告。根据《北京市发展和改革委员会节能评估中介机构管理办法(试行)》的规定,经面向社会公开征集、机构自愿申请、通过专家严格评审,拟聘 18 家中介机构入选发改委第一批节能评估中介机构。为体现公平、公正、公开原则,广泛听取意见,将第一批节能评估中介机构拟入选名单予以公示。这个选拔公示的公告,体现了在选拔公共政策评估社会主体方面的公开性和公正性。

我国现有的参与公共政策评估的第三方机构多是科研院校,并且具有一定的自发性,商业性评估机构或非政府性组织的参与屈指可数,在这样的条件下,公共政策评估也多是由一些科研人员根据其研究的兴趣、方向所进行的零零散散的工作,既不具有连续性,也缺乏系统的评估结论,可以说,在第三方评估主体的引导与发展方面,我国还有很长的路要走。

(四) 民意调查机构的发展探索

现代化使得政府决策越来越复杂,越来越依赖于知识而非简单的经验,民意调查能让决策者客观地获得关于决策事项所包含的丰富信息,成为政策评估的重要辅助手段。民间调查机构的发展促进了公共政策评估手段的更新,使政策实施效果评估的民间调查手段逐步完善和成熟,扩大了政策评估的民众基础,提高了政策绩效评估的科学性。

1988—2002 年,是我国民意研究发展重要的 14 年。这期间,我国政府进行民意测验的数量大幅增加,内容也更广泛,同时允许民间独立市场研究与民意测验机构合法注册,允许民间组织从事民意调查工作。1988 年,广州市社情民意研究中心成立,这是我国大陆最早的民间民意调查机构之一。1992 年市场研究机构零点调查成立,其业务范围包括市场调查、民意测验、政策性调查和内部管理调查,最早透过媒体发布大量的民意测验结果,到这一阶段后期,零点调查每周向全球八个语种的媒体至少提供两到三项有关中国社会的政治经济和商业发展的独立研究结果,曾经各类中国媒体上能看到的独立民意测验结果 80% 来自零点研究集团。我国较为活跃的民意调查体系的建立则首先从新闻机构开始,如创立于 1993 年的中国青年报社会调查中心,是一家集民意调查、市场研究与媒体传播功能于一身的研究咨询机构。2006 年国家统计局社情民意调查中心挂牌成立,成为国家机关中唯一专门从事社情民意调查的单位,拥有统计系统丰富数据资源的便利和支撑,并且本身已形成完备的调查系统,目前全国绝大部分省(自治区、直辖市)都成立了社情民意调查中心。当前我国民意研究内容广泛，从与经济发展有关的地区投资环境评估，与政策制定有关的公众对个人所得税征缴体制的评价研究，到与特定社会群体发展有关的妇女、儿童、青年群体研究，流动人口权益保障研究，百姓生活满意度研究等方面，涉及社会生活的方方面面。

三、面临的困难

（一）公共政策评估的制度与路径平台缺乏

目前我国政府公共政策评估工作还基本处于自发状态，政策评估的实践尚处于初级阶段，大部分的政策评估工作还局限于政策制定者对于政策执行者的考核，以及政策制定者与执行者的自我评价，大都属于内部评估，缺乏相应的法律和制度保障，缺乏激励机制和长效机制，存在一定的盲目性。政府进行的公共政策评估基本上还是自己制定政策，自己评估政策，公共政策评估存在体制性问题，难以保证公共政策评估的客观性，而其他的公共政策评估主体（包括社会主体和市场主体）由于缺乏参与的路径和平台，即使有高度的公共政策评估热情，但找不到合理合法的渠道去参与或介入公共政策评估，多元评估主体参与公共政策评估的愿望难以实现。由于缺乏有效的路径，使得公共政策评估难以真正落到实处。

（二）公共政策评估操作层面的"效率优先"倾向

公共政策评估是一项关于如何将事实和价值整合在一起成为更加系统化的分析模式的工作。但是，在现实世界中如何实现这一整合却障碍重重。由于价值衡量所内在的巨大难度意味着迄今为止公共政策评估中的定性分析工具远未完善，所以实际的评估活动仍体现出一种"效率为先"的理性主义倾向，很多评估者依然秉承奎恩对公共政策评估的理解：广义上是一种价值分析，但操作层面研究的却是进行中的计划，就其实际成就与预期成就的差异加以衡量，往往难以兼顾事实标准和价值标准之间、长期绩效与短期绩效之间的综合平衡。

（三）公共政策评估主体间的交流障碍与误解

公共政策评估领域中存在一种天然"断裂的话语"，这种断裂主要存在于不同的公共政策评估主体间，如政策方案参与者和外在评估人员之间、政治学者与技术专家之间等。政策方案的参与者可以发展出适合本身的评估理论，并且成为方案的促进者，外在的评估人员则是咨询性质的，扮演另一种促进者的角色。考虑到由各部门开展自评估能够促进其努力改善本部门的政策，即能够促进以计划为中心的管理转向以结果为导向的管理方式，还具有自身评估易于发现管理中存在问题的优势，但不可避免自评估带来的夸大其词等问题；外部评估可能由于完成详尽的评估难度较大等原因，也强调环境背景与价值在评估中的重要性，并根据不同的情境与价值观调整测量。政治学者研究公共政策评估理论，技术专家主持具体的评估工作，两个团体间存在着交流的障碍与误解。政治学者从哲学意义上倡导公共政策评估的规范价值，但无法给予技术专家如何将价值的考量纳入评估系统的操作性指导；而技术专家则认为评估项目的"如何"而不是"为何"才是其本分。两个团体之间功能的截然划分又反过来恶化了评估界这种"断裂的话语"。

四、思路建议

公共政策评估已经成为政策流程中越来越重要的必然环节。信息化决定了 21 世纪科学的特征，我国当前的公共政策过程大多是工业化的产物，具有专业化分工、多层次、立体性特征，难以契合信息时代扁平、互联、多样和个性特征需求，这就要求做好信息化背景下的公共政策评估的流程再造，产生新成果与新见解，促进公共政策评估从工业化向信息化的转型。

（一）实现公共政策评估体系的制度化

公共政策评估的基础在于对它所讨论的政策的改变所能够起到的影响，而制度则是公共政策评估地位作用的保障。为实现我国公共政策评估的制度化，应向以下方面进行努力：首先，实现公共政策评估工作的规范化程序化。通过制定规范性文件，明确政策评估的对象，对不同的政策进行不同程度的评估，规范评估主体的权力与责任，对政策评估的原则、评估类型、评估程序、评估结果的使用和评估机构的职能、人员的组成、评估费用等做出明确的规定。提高政策评估的效力、规范性与执行力度，从法律上确保政策评估的地位。其次，建立评估基金。公共政策评估是庞大而复杂的系统工程，需要大量的人力长期深入到实践中去收集各方面的信息，需要经历较复杂的分析研究和评估过程，需要一定的经费保障。在评估实践中，不同的经费来源往往会对评估的公正性产生影响。由公共财政提供资金支持，所做的评估更能体现社会责任感和公正性。因此，要建立公共政策评估基金，以免公共政策评估成为"空中楼阁"。最后，要重视评估结论，消化、吸收评估成果。任何一项公共政策都必然涉及到社会资源的分配，为防止决策者随意决策，执行者滥用职权，必须通过制度将评估结论与有关人员的奖惩直接联系起来，真正实现政策过程的权、责、利相统一，使公共政策评估在我国发挥其应有的作用。

（二）促进评估技术方法框架的成熟化

评估是一个追求符合情境的过程，科学的评估方法和技术是政策评估有效开展的技术支撑，评估方法的正确选用是非常关键的，同样的数据资料如果选用不同的研究方法完全有可能得出截然相反的评估结论，因此应充分重视运用科学有效的政策评估方法和技术。一是运用高效的社会信息收集方法。现代科学技术的进步使得数据挖掘的技术也趋于成熟，其对数据挖掘主体的能力要求较少，且不受数据量的限制，都可以提取出数据信息背后隐藏的内在本质规律，当评估主体面对繁杂的、不清晰的、随机的数据时，可以通过引入该技术发现事先不知道的，但是对评估政策起着至关重要的作用的资料数据。将数据挖掘技术运用于政策评估之中，有助于为量化分析的使用提供更加完备的数据支撑，保证量化评估的顺利进行。二是加大评估者的政策调研与实践参与度。"研究者走向自然环境（即劳动场所）中的参与者，而不是让参与者走向研究者（即实验室或大学校园）。"[1] 要求参与观察的公共政策评估主体，对各种活动、行为、联系、现象、网络或项目的进程做直接的观察，要求评估者亲自投身现场，实际参与被评估的实践，从情境和当事人的角色，深入观察该事件所蕴含的整体意义。评估者需要花一段较长的时间在田野观察、访问以及记录现场发生的事情，保持政策场景的自然性。三是增强评估方法与对象间的适配性。根据政策评估目的的不同选取需要的评估方法。因为每种评估方法的适用范围不同，必须选择那些能够满足评估目的的方法来进行具体应用。我们还要立足于所掌握的的科学技术来选取适当的评估方法，如量化方法对数据资料的要求较高，但是每一种具体方法对数据资料的要求又是有差别的，当评估对象的评估指标不统一时，为了更有效地评估，我们可以选取层次分析法、灰色评价法、模糊数学评估法或者几者的适当搭配来进行评估。

（三）推动评估结果应用的科学化

评估结果的应用主要体现在对政府的预算编制和政策调整产生影响。政策评估主要是通过发现项目、计划和政策在设计和执行中存在的问题，对不合理不适当的项目或计划，甚至是政策目标加以修改，最终改善政策结构。因此，政策评估本质上是用于改进行政主体的管理，特别是改善管理目标和途径的一个重要手段。一方面，政府部门依据评估发现的问题，及时对不合理或不适当的项目或计划进行调整，结合绩效测量及成效监测等方法，将评估与制定计划（如预算）紧密结合起来，体现在下一财年的政府预算编制中，并成为管理的一个重要环节和手段。另一方面，各部门依据评估结果相应增加、修改或取消有关政策或措施。让最终应用评估结果的人（如相关政

---

[1] 李德国、蔡晶晶：《西方政策评估技术与方法浅析》，《科技政策与管理》，2006年第4期，第65页。

策或计划的管理者）深入参与到评估的过程中来，利用评估过程进行"学习"和内部问责，从而增加其对项目的了解，增进各利益相关者之间的合作，并增强相关结果的及时应用，最终改进实施计划和制定政策。同时还能够提升评估报告的质量，在评估本身的导向性、参与性、综合性等方面实现重要发展。

（四）建立评估主体间的协同支持机制

局部、分散的公共政策评估难以支持政策科学化、民主化进程，一国的公共政策评估或者说政府绩效评估体系的建立是一个巨大的系统工程，需要从整体上做出考虑，需要建立评估主体间的协同支持机制。在政策评估过程中，政策评估主体应该涵盖政府、科研机构、高等院校、社会团体、企业集团、民间研究组织以及民众等与公共政策密切相关的群体。政策评估参与主体应具有广泛性和代表性，不论是持正面的评价还是负面的看法的群体都要包括在内。一些学者甚至认为政策评估的最大好处并非它所产生的直接结果，而是影响政策制定者对于政策目标的进行重新的认识和调整政策学习过程，主体间的互动影响尤为重要。

目前，我国各级政府基本都已设立了政策研究室，它们承担了政府公共政策评估的大部分工作，与此同时公众自发议论政策和各大专院校与科研机构的专业人员分析政策相互推动，不断形成社会舆论的热点，后者已成为公共政策评估的主体。要建立不同评估主体间的协同支持机制，主要包括：一是重大决策事项出台前要进行可行性论证和社会稳定、环境、经济等方面的风险评估；二是重视对第三方评估报告的综合分析比较；三是加强对政策执行情况、实施效果和社会影响的评估；四是建立有关部门对第三方评估意见的反馈、公开、运用等制度，健全决策纠错改正机制；五是探索政府内部评估与第三方评估相结合的公共政策评估模式，增强评估结果的客观性和科学性。

（五）加强公共政策评估主体能力建设

随着工业化政策过程向网络化政策过程、传统评估向参与式评估的发展，政策决策、制定、管理人员、任务承担者等各利益相关方，都需要通过深入地参与评估过程，加深对评估的认识，不断提升评估能力水平。公共政策评估绝不是一项轻而易举的工作，要求评估者熟练地掌握各种评估方法和技术，并拥有充分的信息作为决策的前提和基础，也作为评估的依据。评估者要能够根据具体的情况，灵活地加以选择和运用，必要时可以综合运用各种方法和技术，以提高评估结论的可信度。当前，我国多个部委和大部分省、区、市都建立了公共政策评估机构，为各类公共政策评估活动提供了重要支撑，但也存在着全国公共政策评估队伍发展不平衡、开展业务工作的基础能力不足、评估手段和方法相对落后等问题。应进一步建强中央到地方政府的各个部门专门的评估机构，建立起各自的评估专家队伍，鼓励更多大学、研究机构和社会中介机构进行评估研究，并作为第三方承担政府委托的评估工作。为了更充分发挥专业评估机构的作用，建议加大对其培养和扶持力度，加强专业评估机构间的交流与合作，提升整个公共政策评估行业从业人员的能力和技术水平。同时，积极开展针对政策参与主体的评估知识培训，在公共政策评估过程中探索使用参与式评估，使各环节的政策参与主体都能参与到评估中来，提高评估过程中各参与方的能力和作用。

第八章
公共政策终结[*]

第一节 公共政策终结概述

一、公共政策终结的内涵与外延

(一) 公共政策终结的内涵

政策终结是政策议程的重要组成部分,亦是政策系统进行调适和更新的关键环节。以往对公共政策终结的界定大多集中于论述既有政策现实合法性与合理性的削弱而招致的政策废止。然而,本研究认为公共政策的终结并非单纯的政策废止,而是在政策效果评估的基础之上改变既有公共政策的轨迹,并消除该特定公共政策的社会影响效应的政策行为。公共政策的终结既是政策议程的终点,亦是新的政策议程的起点。需要强调的是政策终结实际上表征为"政策轨迹"改变的多样性,因为政策终结可能是一种调适性终结,也可能是一种替代性终结,亦可能是一种功能性终结。无论是哪一种政策终结都并非简单的政策废止,而是在制度路径依赖的基础上进行政策系统的调适。

综观纷繁复杂的文献,本书认为除了一项具体政策的终结,与政策相关的组织、功能、项目等要素都可划归到政策终结的概念中。换言之,任何一项政策都具有解决特定社会问题的功能,依职能定组织和人员是我国机构设

---

[*] 本章节受 2018 年度西北大学哲学社会科学繁荣发展计划重大培育项目(重点项目):"织密扎牢民生保障网发挥社会保障兜底作用研究"、2016 年西北大学哲学社会科学繁荣发展计划"优秀科研团队建设项目""应急管理研究及西北地区社会治理能力建设研究"、2015 年"陕西高校人文社会科学青年英才支持计划"(第二批)、2017—2018 年度国家公共文化服务体系制度设计研究课题"基本公共文化服务均等化实践模式研究——基于文化权利的视角"和 2017 年度陕西省教育科学"十三五"规划课题"我国高校人文和社会科学实践教学体系建设研究"的资助。

置的基本原则，只有通过具体组织载体和公务人员对具体项目的实施才能解决社会问题。这样看来，功能、机构和项目的终结可以视为政策终结的组成部分。现实中，这些要素将混合在政策终结行为过程中，其终结的难度也因具体情况而异。综合来看，本书将政策终结定义为社会治理者在全面客观的评价基础上对低效、无效、过时以及存有其他不良问题的政策实施主动废止或调整的活动。

（二）公共政策终结的特征

如上述界定，政策终结是基于政策评估而对政策轨迹进行干预和改变，以削弱原有公共政策社会影响效应的过程。故而，公共政策的终结具备以下特征：

一是基于前置性政策评估。公共政策的终结是建立在对既有公共政策本身的合理性、执行效率、成本收益以及社会效果综合评价基础之上，从而适时改变、优化和替代那些与当下经济结构、社会文化、公众心理、政治生态不相匹配的公共政策。

二是终结方式的多样化。公共政策的终结并非完全废除标的公共政策，而是依据政策评估结果，针对性地对公共政策进行优化、替代或完全终止。即公共政策的终结是改变特定公共政策在公共场域中的运行轨迹。

三是以削弱标的政策的社会影响效应为目的。公共政策终结的目的并不在于对于政策本身执行的终止，而是最大限度削弱标的公共政策的负面社会影响效应。这种负面的社会影响效应可能显现为政策行为激励的错位、政策所招致的社会公平的缺失，或是政策成本远远大于政策收益。

二、公共政策终结的意义与功能

（一）政策优化

每一个公共政策的效益都要经历一个递增到递减的过程，即当政策效益发挥至最大值时，将进入一个逐渐递减的阶段，即"政策效益递减规律"。处在效益递减阶段的政策产出已无法达到投入的预期水平了，也就是说，政策的投入无法得到最优最有效的利用，资源的浪费是显而易见的。

从这个意义上理解，尽管原有政策由于所要解决的政策问题及其政策环境发生了变化而出现了社会效率边际衰减的情况，但政策问题并没有完全消失，而原有政策本身还存留解决问题的效率，此时政策终结可以说是一种旧政策的修复和调整，实质上是对政策自身的扬弃，取其精华，弃之糟粕，从而获得内在的发展力量，使得政策升华至一个更高的层次，从而实现政策的优化。

（二）利益协调

布坎南等人认为，公共政策所追求的公共利益事实上是不存在的，所谓的公共利益实质上是利益集团缔结的利益，这就促成了公共利益界定的模糊性；又加之公共政策在信息搜集、汲取、加工、预测等方面也具有不确定性，很多公共政策的目标往往会出现偏颇，无法实现真正的政策使命。事实上，政策的核心功能在于调节政策标的团体之间的利益关系，并塑造一种稳定的利益格局。政策终结则意味着打破了既有的利益格局，并开始调节和建立另一种利益关系。当然，政策终结可能是利益冲突引发的，其呈现出一种政策轨迹改变的倒逼机制。

由于政策系统由诸多子系统构成，任一子系统的故障都将给整体系统带来功能丧失，尤其当目标团体和外界环境的多样性趋势只增不减时，政策的有效性将更加难以保证。因而，当社会利益尤其是公众利益受到损害时，需要用终结的手段来抵制这类忽视公众主体性和能动性的政策，如此才能及时调整和优化社会治理效果。

（三）系统适配

政策系统涵盖社会的各个方面，是由多个具体的公共政策构成的有机整体，需要作为该系统组织部分的每一个政策予以支持。但由于作用于同一个问题的多个政策并存，使得政策之间的交叉范围逐渐扩大，同时，政策溢出效用也大大增强，某个政策子系统可能会影响其他政策子系统效应的正常发挥，而局部政策绩效的低迷可能会削弱整体政策系统的绩效。

作为社会治理的重要工具之一，低效甚至无效的政策若没有及时调整或者终结，将对整体系统产生负面效应，反而给社会的治理和发展带去许多不利因素，因而政策终结意味着剔除与改变那些与整体政策系统价值目标、手段模式以及绩效输出不相匹配的公共政策。

（四）社会效率提升

新公共行政学派倡导的"社会效率"理论以社会价值为目标，突破以往过于注重效率的价值观传统，主张效率必须与公共利益、个人价值和平等自由等目标相结合，同时主张政治权利和经济福利有必要转向那些在政治和经济资源上处于劣势的人们。

政策终结正是加入了"社会效率"这一价值取向，积极通过"参与""沟通""分权"等方式促使政府和公民产生诚挚的互动，通过增加对广大公众需求做出的积极回应来抵消旧政策的无效率和社会价值缺失，以社会公平为核心，强调了公共利益的回应、责任和义务。政策终结以"社会效率"为前提和依据，既有政策的终结和替代政策的实施都是以提升社会效率为目标的。

三、公共政策终结的诱因：社会效率的边际衰减

（一）社会效率的内涵

公共政策的终结并非凭空臆断，而是基于前置性的政策评估：当标的政策社会效率的边际增长为正时，公共政策保持原状；当标的政策社会效率的边际增长为负时，公共政策进行适时终结。那么就必须明晰"社会效率"的内涵。"社会效率"这一概念最早由新公共行政学派的弗雷德里克森提出，社会效率是相较于经济效率而言，因而其具有以下显著特征：

第一，对"理性效率"的扬弃。所谓"理性效率"体现的是公共政策的"成本—收益"比。显然，公共政策的核心不在于最大限度地提高经济收益，而是通过对客体的利益、义务分配等诸种关系的调节达致社会内部秩序的统一和社会整体的内扩性发展。因此公共政策的社会效率并不意味着对理性效率的拒斥，而是建立在对理性效率的扬弃基础之上。

第二，社会公平的内核地带。公共政策社会效率的内核在于其所带来的社会公平。这种公平意味着标的公共政策调节下的特定对象社会力量对比关系之均衡：权利的对等、义务的均等、社会话语权的均衡以及机会的平等和结果的大致均衡。需要强调的是公共政策社会公平感直观体现为公共政策调节对象对标的公共政策的满意度。

第三，作为社会效率边缘地带的公共资源的贴现率。公共资源的贴现率实际上从纵向的时间维度测度了公共政策的理性效率。当贴现率大于某一时期的设定值时，公共政策社会效率偏低；反之，则公共政策的社会效率偏高。而公共资源指的是公共政策制定和执行过程中所消耗的公共资源，意即政策成本。将公共资源的贴现率作为衡量社会效率的一项标准有效规避了截面化的"成本—收益"标准所招致的时空碎片化。

第四，人自由而全面发展的社会旨皈。社会的整体发展决定于社会个体的发展，因而促进人自由而全面的发展是公共政策社会效率的终结体现。人自由而全面的发展意味着公共政策是否创造了不同群体之间的起点公平、机会公平与结果公平；人自由而全面的发展意味着公共政策是否维护了社会内部秩序的统一与现实环境的协调；人自由而全面的发展意味着公共政策是否体现了以人为本、顺应了人的发展规律以及保障了人性的尊严。

（二）政策调适下的社会效率边际衰减

从经济学角度而言，效率边际回报递减是一条铁打的规律，任何投入最终都会进入到边际贡献的下降阶段。这条规律同样适用于公共政策。政策往往会先经历一个边际上的有效期，直至最佳作用阶段或称边际最优期，此后

就逐渐有所折扣,最终进入一个只能平衡状态却不能带来新增效益的低效阶段。具体分析这一逻辑:首先,政策在其初期对于问题的边际效率激发效果最强。按照经验规律,政策开始实施的时段往往是问题最为凸显、最需要缓解的阶段。换句话说,此时政策的产出弹性比较高,政策的启动所能激起的边际增量也较高。其次,在政策初期,政策空间比较大,只要愿意几乎可以层出不穷,形成合作的跨部门政策配合也会带来协同效应,此时政策的边际效果就会较大。其三,在政策初期,资源和环境等要素等尚未形成政策约束,政策面对的不是已经打满了的潜在增长,不至于陷入新古典陷阱。最后也是最关键的一点是,在政策初期,未来存在高度不确定性,政治市场很难在预期上对于政策进行透支。而到了政策周期的后段,以上几点逻辑都将走向相反。

第二节 基于多源流理论的公共政策终结

一、公共政策终结的依据:社会效率理论

(一) 社会效率理论的内涵要素与变量作用

新公共行政学派的弗雷德里克森主张,如果把公共行政归结于政府行政,那么公共行政的研究对象就会局限在公共服务、政治选举等政府活动,如此,公共行政就丧失了各种组织与政府的公共价值观,社会志愿组织、其他社会群体等组织无法参与到公共政策的制定中来,公共行政的范围就停留在经济、效率层面的价值。但是如果把公共行政的范围扩大到经济效率之外,将公平、正义等价值观融入,在广义的公共行政价值指导下,公共行政就会朝着社会公平的方向发展。公共利益和幸福只有通过共同履行公共责任才能实现。在这一过程中,政府组织和非政府组织都应积极参与到相应的服务中,从而有效满足不同群体和个人的需求,最终实现包括自己利益在内的公共利益[1]。

传统的公共行政并没有实现实质性的公共利益,而弗雷德里克森突破了此种状况,他主张个人之外的东西都是公共的,还在公共行政的发展过程中找出公共行政"公共性"的回归途径,建立合理可行的公共行政价值观,公平制定公共政策,行政改革要从公共利益角度出发等。

另外,社会在追求公平正义的同时,也在追求效率,公平和效率是既对

---

[1] 孙卓华:《乔治·弗雷德里克森行政哲学思想析论》,《青岛大学学报》,2013年第3期。

立又统一的，两者都不可偏废。效率在竞争中突破，而竞争会引起利益冲突，不合理的利益分配导致社会的不公。效率的追求必须在社会生活秩序稳定的条件下才能实现，一个公平的社会很可能是个高效率的社会，而一个不公平、动乱的社会绝对不会有高效率。反过来，效率的缺失会引起社会的不公平和混乱。弗雷德里克森主张公共行政不应该只追求效率，它还应承担着重大的社会责任，其落脚点是实现社会的公平和人类的幸福。因此，公共行政者在追求效率的同时，更要保证公众的公平、公正。靠牺牲公平换来的效率，只能维护部分人的利益，严重时会导致社会的不稳定，公共行政必须兼顾好效率和公平的关系。

（二）公共政策终结与社会效率理论的逻辑关联

"效率优先，兼顾公平"是当前社会治理追求的主要目标之一，但在实际发展中，社会不可避免地进入重效率、轻公平的误区。政府在进行管理改革时，为了更加追求效率，往往将许多公共事务外包给私人组织，逐步将公共服务市场化，这虽然在一定程度上看似解决了政府机构效率低下的问题，但实际上却又带来了更严重的社会分化和不公，政府的合法性也遭到质疑。当前诸多公共政策存在较多困惑，这主要是由现实生活中公共行政理论不足以及理论与实践脱节造成的。一切以促进经济发展为目标的环境导致公共政策也以推动经济发展为主，却忽略了对公共行政管理本身公共性的关注。这样的政策带来的影响是政府对效率最大化和市场化取向的追求，最终导致政府的行政能力下降和政府组织运营效率的低迷；过度的市场化歪曲了公共政策，导致公共政策成为利益集团的特权，完全背离了实现公共利益的本质。

基于此，对于那些违背初衷的公共政策的终结，源于社会效率的缺失，也有助于回归社会效率。政策终结正是促使旧政策从实际的社会公平和正义出发，充分考虑弱势群体的利益，进而避免两极分化。可以说，借用政策终结这一工具，我们可以纠正和完善传统公共行政思想，来保证公共行政的本质——"公共性"，并对公共行政不断反思，最终将社会公平从理论上升到实践，对社会改革和发展发挥借鉴作用。

二、公共政策终结的情境：公共能量场理论

（一）公共能量场理论的内涵要素与变量作用

公共能量场是话语理论的核心概念。[①] 公共能量场中的"公共"一词来自汉娜·阿伦特和哈贝马斯的公共领域概念；能量的概念可以追溯到前苏格

[①] 樊清、孙杨杰：《后现代公共行政理论的哲学之维》，《区域经济与河北沿海地区发展学术研讨会论文集》，2013年。

拉底时代希腊的原子论的激进的单子多元论，能量指的是一种内在的力量；把场的概念与能量概念合为一体意味着一种时空的广延性，能量在其中潜在地或能动地表现着。[①] 能量场是由人在不断变化的当下谋划时的意图、情感、目的和动机构成的。公共事务就是一种公共能量场。

公共能量场是公众表达社会话语的场所，公共政策就在这里制定和修订。公共能量场中，组织的行为者与环境的行为者之间是互动的，他们的动机和场内的能量具有自由性，具有不同意向性的政策话语在某一重复性的实践的语境中为获取意义而相互交流、争论的过程，这也是对传统官僚制与环境分离、官员独白式话语的超越。因为，决定论和或然论者看来，政策是由精英们制定出来的，或是传达下去让人们服从，引导人们做出适当的行为。

公共能量场中没有价值预设或判断标准，公共政策过程就是不同政策话语相互影响的结果。为了避免陷入后现代话语的无政府主义或陷入官僚制民主模式的独白性言说，福克斯与米勒在哈贝马斯交往理论和阿伦特的对抗性的紧张关系基础上提出话语的正当性的四个要求，即真诚、切合情境的意向性、自主参与、具有实质意义的贡献，这也是公共能量场中的话语规则。首先，真实的话语需要参与者彼此间的信任。不真诚的态度会破坏彼此间的信任，导致话语的恶化，在公共领域则是政府无力按公共意愿办事甚至成为破坏性的部门。其次，切合情境确保了话语将针对某个对象或者说一定话境中的活动。切合情境要求参与者考虑问题发生的语境、受到语境影响的人们的生活以及公众的利益。其三，自主参与要求公众表达一种积极主动、甚至热情参与的精神状态，使人们愿意从事争论、冒险，甚至去犯错误。最后，实质性的贡献是指参与者提供一个独特的观点、特殊的专业、普遍的知识或相关的生活经历推进对话的深入。因为公共能量场是没有排他性的，只要遵守话语规则都可以参与对话，对话可以说是一种民主过程。

（二）公共能量场理论与公共政策终结的逻辑关联

在后现代公共行政学者看来，制定和修订公共政策的场所就是一个公共能量场。公共能量场是表演社会话语的场所，福克斯和米勒的话语理论强调能量场在公共政策领域的重要作用。在这个政策形成过程中，公共行政主体表现的意向性，也越来越变成切合情境的意向性，回到事物本身那个具体场合，回到需求本身。保证公共能量场的话语是针对特定事件、特定语境下的行为，强调普遍的参与以及实质性的贡献。这种基于公共能量场的民主行政，要求政府在公共政策的制定过程中，以所有成员最大限度的参与为起

---

① 林萱：《后现代公共行政话语视角下公共政策制定中的公民利益表达研究》，《重庆交通大学学报（社会科学版）》，2012年第12卷第2期。

点，以成员利益共赢为落脚点，以全社会公共利益的最大化为目的。切实维护公共行政的平等性和公正性，而决不能让公共对话被社会上的少数人或个别利益集团所垄断，沦为他们意志的"传声筒"。不能仅仅考虑效率，更不能从单纯追求政府自身效率的角度出发。在公众与政府对话的过程中，政府应当采取措施，通过制度建设、资金投入和引入大众传媒来搭建公共对话的平台，形成一个有效的公共能量场，以保证全体公众都有权平等参与公共对话。在这里，通过社会责任的共担，让民间力量释放出来，整合民间不同领域的力量，形成国家建设的协作网络，形成理性的民主协商的"话语"和普遍的意愿，使公共政策最大程度地反映民意。公共能量场可能成为实现行政民主的现实场所和有力保障。

如此看来，公共能量场这一概念对政策终结至少具有三个方面的价值：一是指出公共政策过程中存在的官僚话语独霸与社会话语缺失、精英主导的封闭式决策与决策民主透明的时代要求、官僚自私倾向与政策公共性导向等多种矛盾；二是恰当地回应了当代公共行政特别是后现代情境中"去中心化、反权威、决策民主透明、碎片化、参与"等多元价值诉求；三是喻示了公共政策追求民主行政、多元合作治理的目标与趋势。可以说，无论是解决旧公共政策的内在弊端，还是有效回应政策过程现实困境及多元民主的内在要求，抑或是精准描绘公共行政的未来发展图景，公共能量场的提出让人看到了公共政策面临转型分叉路口，通过政策终结可能径直迈向民主行政之道的希望。

三、公共政策终结的策略：政策"倡导—联盟"理论

（一）"倡导—联盟"理论的内涵要素与变量作用

"倡导—联盟"，以下简称"倡导联盟"。倡导联盟是指具有某种共同信念体系的政策行动者群体或政策共同体。他们共享一套基本价值观、因果假设以及由此形成的对问题的认知体系，能进行长期的深度协调与合作。因此，相同的信念构成了倡导联盟关键的整合力量。实际上，倡导联盟框架的主要特征在于它所关注的焦点是倡导联盟的信念体系，它之所以选择信念体系而不是利益，是因为信念体系更具有包容性和可验证性。虽然利益常表现为直观的实际利益，但在政策过程中，它最终要被观念化为人们的政策偏好或政策目标。更为重要的是，利益常常在某种理论体系中才能清楚地被界定，而这种包含一系列因果关系认知的理论体系又是基于背后的信念体系。

倡导联盟框架把联盟的信念体系理解为一个具有等级结构的观念体系，它具有如下三个层次：

第一，内核信念体系。这是一套有关根本规范性和哲学本体论的公理信念体系。这是个人从孩提时代逐渐形成的一套人生哲学信念。如有关人类本性善恶的信念，有关自由、安全、权力、知识、健康、爱、美等基本价值的相对优先性，分配正义的基本标准等。

第二，政策核心信念体系，是指为了实现内核信念体系的基本策略和根本政策立场，如对重要因果关系的认知和问题重要性的认知。它可区分为两个方面：基本规范性认知体系和有关实际经验成分的认知体系。前者包括基本价值的优先性取向，如那些福利是关注全体还是某些社会集团。[1] 后者包括全部问题的重要性、权威在政府与市场之间的合理分配、权威在不同层级政府之间的合理分配以及各种政策手段的优先性、社会解决问题的能力。

第三，"次要方面"体系，是以经验证据为基础的工具性决定，以及为实现其政策核心信念所进行的必要的信息搜寻。它包括特殊情景下某个问题具体方面的重要性，不同空间和时间中各种因素关联的重要性，大多数有关行政规则、预算分配、个案处理、法规解释，甚至法规修改方面的决定。

当人们对某个重要政策议题加以关注时，就会形成一个有关该问题的政策亚系统。在这个政策亚系统中，存在着多个倡导联盟。这些不同的倡导联盟由于信念体系不同，各自的政策偏好和政策目标也不同。"各种倡导联盟就是设法把他们的内核信念转变为公共政策"，而公共政策主要反映了处于主导地位联盟的信念体系。

当政策亚系统中的倡导联盟信念体系影响力处于势均力敌时，就会产生政策僵局。在政策僵局中，不同的倡导联盟总是竭力扩大自己信念体系的影响力，他们要借助各种论坛平台与竞争对手进行对话和辩论。在这对话过程中，一方面，倡导联盟总是会想方设法维护自己内核信念体系的价值，抵制竞争性的内核信念体系；另一方面，面对竞争对手诉诸于新经验、新信息和科技知识所提出来的替代性的识见和批判，联盟成员会对自己的信念体系做出一定程度的调整，吸收竞争对手某些合理的因素。这种吸收竞争对手信念体系的某些因素就是政策学习或政策取向学习过程。在一定意义上可以说，正是由于价值观的冲突才产生了政策学习。政策学习是政策僵局的产儿，由于政策僵局的存在，才会引导政策学习，从而为政策改善和政策和解创造条件。

这种政策僵局引发的政策亚系统内部的跨联盟学习，是竞争性联盟之间开放的公众论坛或相对封闭的专业论坛展开辩论的结果。政策僵局所产生的

---

[1] 杨洋：《倡导联盟框架（ACF）及其在科技政策变迁分析中的应用》，《科技进步与对策》，2013年第30卷第10期。

跨联盟的政策学习，仅对自己信念体系中的"次要方面"进行调整，以保护自己的内核信念体系不受质疑。

(二)"倡导—联盟"理论与公共政策终结的逻辑关联

政策终止是政策变迁的形式之一，作为分析政策变迁过程的重要理论，倡导联盟框架对政策议程设置过程中政策流的形成与变化也表现出较高解释力。将政策行动者联系在一起的不是利益，而是关于个人权利与社会秩序相对优先性的基本判断，即政策内核信念。在"政策之窗"开启前，各个联盟在政策"核心价值"与"次要价值"层面关于政策的"存废"存在分歧，可能因为聚焦方案选择而产生"政策僵局"，而这种僵局继而分散了变迁的力量，使得原有政策得以延续，政策变迁被搁置。此后，各联盟开始适当调整政策"次要价值"，吸收其他联盟信念体系中的合理因素进行政策学习，并认识到议程设置的必要性，最终打破僵局，整合政策变迁力量，努力推动政策变迁再次进入政策议程。

以上"分歧—分化—失败—学习—聚合—成功"的过程揭示出政策联盟互动与政策学习对政策议程成功设置的重要性，对共识型决策过程尤其具有启发意义。议程设置是方案选择的前提，是连接政策行动者与决策者之间的桥梁，如果相关议题一直处于政府议程之外，所有政策主张均无法实现。在问题扩散与议程设置阶段，各政策联盟在竭力扩大自身信念体系影响力的同时，还应积极借助各种论坛平台与其他联盟展开对话，通过政策学习求同存异，在对问题的必要性、紧迫性形成共识的基础上提升各自方案的可行性与可接受性，共同努力促使决策者对问题形成高度感知，合力克服阻碍因素，推动问题进入政策议程。

四、公共政策终结的阻滞：制度路径依赖理论

(一) 制度路径依赖理论的内涵要素与变量作用

制度路径依赖概念描述的是过去的选择对现在和将来产生的影响，类似于物理学中的"惯性"，即一旦进入某一路径就会沿着该路径一直发展下去，并锁定在该路径上。

最早引用路径依赖概念分析技术变迁过程的人是美国学者戴维，他以QWERTY键盘（又称柯蒂键盘、全键盘）为例，指出该键盘之所以能够在市场上占据支配地位，不是因为它最好，而是因为它最早，并把这种现象称之为路径依赖。美国经济学家亚瑟将路径依赖定义为动态经济过程的非遍历性，即如果在一个动态的经济系统中，不同的历史事件及其发展次序无法以100%的概率实现同一种市场结果，那么这个经济系统就是路径依赖的。施

密特和斯宾德勒认为，路径依赖是由调整成本或转换成本以及进化近视的作用而产生的。阿罗认为，虽然很难给路径依赖下一个准确的定义，但可以粗略地认为路径依赖是指经济或其他系统长期演化依赖于系统初始状态或系统历史中的一些扰动。[1] 塞多等学者认为，路径依赖是一个连续的过程，在正反馈作用机制下，由于偶然因素或个人偏好以及局部搜索而进入正反馈、自强化阶段。

上述国外学者提出的路径依赖定义虽然视角不同，但都强调历史选择在变迁过程中的影响力。可以说，对路径依赖概念的共识观点主要表现如下：路径依赖是一种状态，也是一种过程。状态是指路径依赖是一种锁定状态，这种锁定既可能是有效率的，也可能是低效率甚至无效率的；过程是指路径依赖是一种非遍历性随机动态过程，同时也是非线性的，并且存在多重可能性。早期的偶然历史事件对系统发展的轨迹产生一定的影响力。路径依赖强调对初始条件的敏感性，并且为随机过程所影响，发展轨迹由小事件或偶然因素触发，微小的差异通过自增强机制最终会将差异放大。一旦偶然事件发生，路径依赖的次序就会呈现出一种相对来说具有决定性的因果模式或者可称之为"惯性"。

（二）制度路径依赖理论与公共政策终结的逻辑关联

历史制度主义认为制度并非存在于真空当中，而是植根于特定的社会情境当中，"除非有重大破坏性事件扫除了制度赖以生存的土壤，否则制度将具备保持原本状态不变的趋势"。这表明制度具有时间上的连续惯性，制度的改变需要以改变制度的作用环境为前提。此外，新的制度往往会陷入旧存制度的路径依赖。

政策长期存在的绩效和积累的支持力量导致政治系统面对终结的抉择十分审慎，通常，公共政策也会因功能权衡和支持联盟而陷入政策维持的路径依赖倾向，由此便不会迅速实现终结。

其一，原有政策所具有的正向功能抑制了终结的进程。社会与政治系统对于政策终结的共同意向无疑经历了衡量政策功能的长时段才最终建立的，因此，在当前政策具有明显正向功能时，必然不会马上结束。

其二，反对联盟质疑终结的合法性。实际上，公共政策的执行者、专家和既得利益者较易成为反对终结的联盟主张维持当前的政策。为了维持政策系统的稳定，执行者实际上首先会寻求政策改进的可能性而不是马上启动终结。而既得利益者，则构成了反对终结的主要势力。所以，改进方案和既定

---

[1] 阿罗：《路径依赖与竞争性均衡》，剑桥出版社2004年版，第133—135页。

的利益格局便通过终结的抵抗势力而维系了现有状态。

第三节　公共政策终结的障碍

作为公共政策全过程中的一个阶段，公共政策终结是原有公共政策周期的终点，也是新周期的起点。公共政策终结是决策者在经过审慎评估后，对过时、无效、多余的公共政策所做出的决策行为。如果一项公共政策的均衡状态被打破，失去稳定性与可持续性，政策供给无法满足政策需求，或者该政策所指向的公共问题得以解决，适时终结是符合社会效率最大化的政策制定目标的。

一、公共政策终结障碍的内涵与现实表征

（一）公共政策终结障碍的内涵

在公共政策终结的实践活动中，公共政策的终结不仅不会自行发生，而且往往在推进终结的过程中遇到重重阻碍。换言之，所有延缓、阻碍公共政策终结进行的因素和条件限制，都可统称为公共政策终结障碍。这些阻碍往往表现出复杂性、多样性等特征，历史因素、现实因素、社会环境、经济环境等都可能成为阻碍公共政策终结的桎梏。无论是心理、利益、组织的考虑，还是法律、成本、观念的考量，都会给政策终结带来压力和影响，阻碍政策终结顺利地开启[1]。

（二）公共政策终结障碍的现实表征

1. 舆论障碍

在信息时代，新媒体和自媒体飞速发展，毫无疑问，公共舆论的走向确定了公共政策终结的走向。通过传统媒体和新媒体等新闻媒介所共同形成的社会公共舆论，必然会对公共政策终结产生至关重要的影响。在当代，随着新闻传播技术的日新月异，公共舆论借助新闻传播媒介顺利无阻碍的渗透到社会经济生活的各个领域，形成广泛的社会影响和巨大的社会冲击力。因此，西方国家称公共舆论为与立法、行政、司法并立的"第四种权力"。如果某一项需要终结的公共政策受到舆论的广泛支持，就会显著的受到极强的舆论阻力[2]。

2. 制度障碍

根据诺思对于制度的定义，即制度是一个社会的博弈规则，是一些人为

---

[1] 范绍庆：《论公共政策终结的启动障碍》，《广东行政学院学报》，2012年第1期。
[2] 柳祥：《公共政策终结的障碍及其消解策略》，《兰州交通大学学报》，2008年第5期。

设计的、形塑人与人互动关系的约束,既包括正式出台的法规,也包括非正式约束和制度实施机制。一般来说,一项持续时间较长的政策,往往与政策议程的复杂性密切相关,同时还会辅以相关的配套政策。总体来说,制度之所以会在某些情况下成为阻碍公共政策终结的障碍,原因在于以下几点:

第一,政策制定过程中的高成本,导致政策终结往往面临较高的沉没成本。第二,政策实施过程中对收入分配的影响,增加了政策终结的现实阻力,这种阻力主要来自于利益集团。第三,来自于配套政策的阻力。以户籍政策为例,户籍政策的终结或改革,实际上真正需要改革的是与户籍政策相关联和配套的各项社会福利政策,而这类政策的终结或改革进程往往异常艰难。

3. 行为障碍

一项公共政策的终结,必然会表现为对一部分人行为的制约和改变。公共政策能否顺利终结,并非决策者一厢情愿的事情,也不是政策决策者能够完全决定的事情,而与该项政策终结直接作用和影响的标的团体的行为有着直接的关系。换言之,这些群体如果采取不顺从、拒不接受的行为,就会直接成为公共政策终结的关键障碍。与此同时,标的团体如果秉持不同价值理念、利益取向和行为方式,也会进一步增加公共政策中介的行为障碍。

4. 技术障碍

现行的法律程序和组织机构是政策终结的技术性障碍。一方面,从现行法律程序来看,随着现代法治政府与法治国家建设的推进,任何公共政策的出台与撤销,都需要严格按照法律程序进行。但是法律程序的复杂性,降低了政策终结的及时性。尤其是立法机关在考虑终止某项政策或法律时,往往顾虑重重,举棋不定。因此,公共政策的终结决策就会明显受阻于法律程序的滞后性。与此同时,在现实中,还存在政策终结步骤不一,缺乏稳定的程序,缺乏对相关人员的培训和引导,过时的规章、制度、命令等没有及时清理或终结的问题[①]。另一方面,作为公共政策执行者的公共部门,如果在公共政策终结的过程中,出于对既得利益的维护,也会成为一种关键的阻碍因素。

二、公共政策终结的阻滞性因素

(一) 制度路径依赖

一个社会的制度形成和变迁并不是随意的,而是受历史的深深影响,具

[①] 陈俊乾、张丽珍:《反思中国公共政策终结:缘由、现状与出路》,《江海学刊》,2012年第6期。

有明显的路径依赖特征。但是,制度经济学家诺斯指出,制度通常会沿着既定的并在后来发展中逐步得以强化的路径进行发展,但是这并不意味着必然会导致未来长期发展进程中的良性结果,而很可能会相反。一旦这种制度路径依赖的负效应显现,就会逐步阻碍公共政策预期目标的实现。当这种无效的制度变迁轨迹持续下去,就会形成公共政策的路径闭锁,甚至在存续过程中不断强化,从而抵制公共政策的终结。这也正是我国长期以来多项低效、无效公共政策存续的重要原因[①]。

(二) 既得利益集团

由于公共政策大多涉及利益与价值的分配,因而各利益集团必然千方百计地努力影响公共政策。当政策终结迫在眉睫时,反对政策终结的利益集团为维护既得利益,必然会采取各种合法或非法的途径(如游说、行贿等),以阻止政策终结。西方公共选择理论证明,利益集团的力量很大,它们总能左右公共政策,它们和政治家、政府官员互相利用,形成一个"铁三角"。利益集团的存在,使得公共政策终结更为困难。

(三) 政策沉积成本

经济学对沉积成本(或沉没成本)的界定是,那些已经付出且不可收回的成本,如投入的时间、资金或资源等无法通过产出进行弥补的成本或花费。任何一项公共政策,在制定、实施该项政策的过程中都会有一些无法弥补的沉没成本,并且这些成本往往高昂,容易使决策者陷入两难境地,或者承担巨额沉没成本,同时面对政策终结后的未知收益与未知风险;或者继续投入,无效或低效的政策将会导致更大的损失,从而陷入恶性循环。因此,对沉没成本的认识会影响政策终结的决策行为。

(四) 标的团体行为多样性

任何一项公共政策,都以实现一定的政策效果为目标,政策效果即公共政策实现标的程度,是公共政策对于标的团体的状态或者行为的影响,如福利状况的改变程度、使用者满意程度、政策目标的成就程度等。一般来说,标的团体具有一致的利益取向,会出于维护自身利益的考虑做出主张终结或者延续该项政策的利益诉求。但是实际上,在标的团体内部,往往会随着政策实施的过程而出现分化,从而表现出行为的多样性。

政策实施的周期越长,标的团体出现行为多样性的可能越大。原因在于,随着政策的实施,并非标的团体全员都会同步实现改进,从而逐渐出现利益分化,进而出现不同的利益集团及其行为多样性。正是这种多样性,导

---

① 马耀鹏:《制度与路径依赖:社会主义经济制度变迁的历史与现实》,华中师范大学 2009 年博士学位论文。

致对政策终结的不同主张。

第四节 公共政策终结的路径与策略

一、公共政策终结的路径

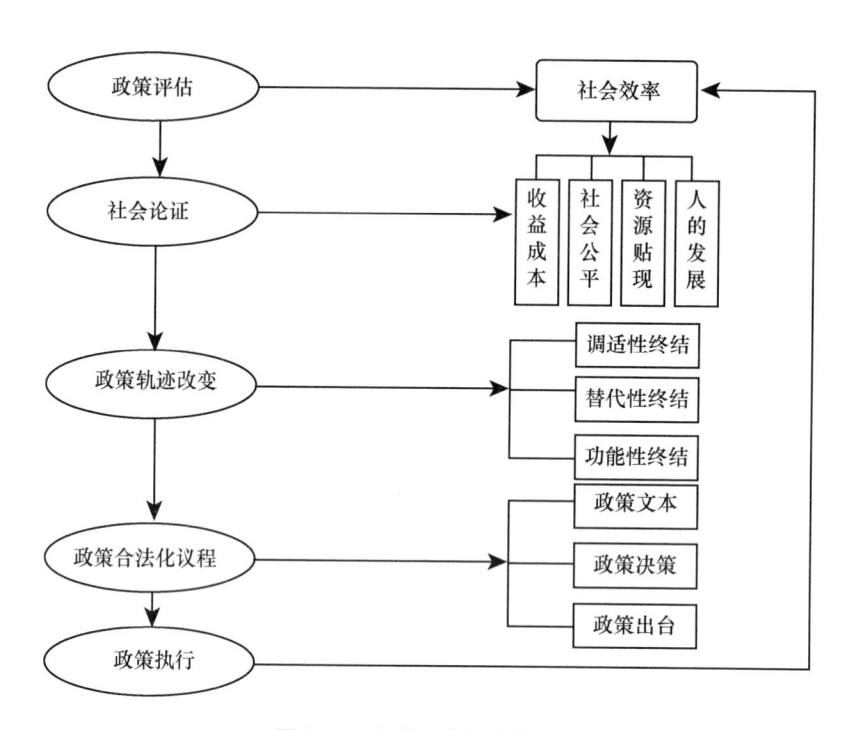

图 8—1 公共政策终结的路径

（一）政策评估

政策评估是判断政策终结的前提，通常在政策评估之后才可以确定政策是否需要终结、继续实施或者调整革新。通过政策评估，对政策的社会效率进行评价，既关注经济层面的成本效益比，也关注社会层面的成本收益比，在公平与效率兼顾的基础上，综合分析预期目标是否实现以及实现程度。

在这一过程中需要注意的问题有两个：

第一，政策评估过程中的社会参与。根据公共能量场理论，公共部门在公共政策全部过程中，应该注重社会成员的广泛参与，构建各个成员之间的利益共赢格局，以最大程度实现全社会公共利益。尤其是公共政策是否终结的决策，往往会对社会成员有着利益分配与调整的关键作用，如果将社会公众纳入公共政策评估的主体构成中,就会促进形成对现行政策执行过程中利弊的客观判断。

第二,适时公开政策评估结果。一般来说,相关重要信息的未公开导致的信息不对称,是政策终结遭遇抵制的重要原因。因此,将针对政策实际实施情况进行的专业评估结果公开披露,是减少政策终结障碍的有效途径。公开的政策评估结果,阐述政策继续实行可能带来的损失和危害,以及政策终结可能产生的收益和改进,是获得支持的积极手段。

(二)社会论证

针对公共政策展开的社会论证,是公共政策终结的基本路径之一。政策论证是对公共政策问题进行全面讨论的主要工具[①]。在政策论证的过程中,遵循的几项原则包括:

第一,成本收益的原则。成本方面需要充分考虑经济成本、社会成本等,收益方面也需要将社会收益、公共收益、经济收益等纳入到成本收益分析的框架中。

第二,社会公平的原则。公共政策以解决社会问题为基本目标,而公共部门在解决社会问题的过程中,需要建立在社会公平准则下,形成基本的价值判断。

第三,资源贴现。在做出公共政策主张的过程中,还需要充分考虑资源的时间价值。

第四,尊重人的发展的原则。一切社会活动的最终目标都是实现人的全面发展,这是一项世界通行的准则。在对公共政策出台及其未来走向进行论证的过程中,应始终将促进人的发展作为基本准则。

(三)政策轨迹改变

公共政策的制定或者终结,服务于政策目标。一旦政策目标发生改变,公共政策的存在合理性就会受到质疑,这就会推动政策内容、政策议程和政策效果做出相应的改变。以区域发展政策为例,国家为了推进不同区域的发展,已经出台了相关的多项政策。改革开放后,以先富带动后富、效率优先作为政策目标,对应的是优先发展东部的政策体系及其配套的政策支持体系,如产业发展体系等;到现在的以区域均衡为政策目标,对应的是以西部大开发、振兴东北老工业基地等均衡发展政策及其支持体系,如投资、贷款、项目布局、利用外资等有关经济政策。

(四)政策合法化议程

政策议程合法化是确保政策决策权威性的基本前提和基础。公共政策终

---

① 威廉·N. 邓恩:《公共政策》,中国人民大学出版社2002年版。

结的过程也必须是合法化议程,通过法律手段赋予其权威性,才可能实现政策由实施向终结的顺利过度。具体来说,政策合法化议程涵盖了从政策文本到政策最终出台的全过程,包括政策文本、政策决策、政策出台的合法化。

第一,政策文本合法化。公共政策文本是公共政策存在的物理载体,公共政策的程序合法性要求公共政策文本的形成过程也必须遵循既定流程,一般来说包括:提议、确定起草者、上级指示、研究酝酿、修改、批准和颁布实施[①]。第二,政策决策合法化。公共政策决策过程同样必须遵循合法化要求,以依法决策、科学决策、民主决策为准则,将社会公众参与、深化专家论证、全面展开风险评估、全过程的合法性审查、集体决定确定为重大行政决策法定程序,这也是我国深入推进依法行政的基本要求。第三,政策出台合法化。经过合法化程序的政策文本、政策决策,还需要经过最后的审议、表决和通过、公布等阶段,才能正式出台。

(五)政策执行

政策执行是政策文本转化为政策目标的唯一途径。出台的一项公共政策并不会自发实现预期目标,不同的政策执行途径、执行方式会产生差异的政策执行结果。综观政策执行的全过程,主要包括:政策宣传,通过不同方面、不同角度,向政策的标的团体进行政策解读;制定实施计划,使政策从抽象走向具体;实施准备,既包括组织准备,也包括资源准备;政策试点,这是政策实施过程中的重要环节,以政策实验的方式,在小范围内实施政策,以便及时修正和完善政策;正式实施,在政策试点的基础上进一步扩大政策的实施范围;全面监控,这是贯穿政策执行全过程的一项基本工作。通过以上各个环节的有效推进,才可能有效地实现政策文本向政策目标的转化。

二、公共政策终结的策略

(一)舆情分析与政策倡议

在决策者正式做出公共政策终结决策之前,通过不同途径对公共政策终结可能导致的舆情变化进行分析,审时度势,准确把握舆论风向标,适时发出政策倡议,有助于降低公共政策终结可能存在的阻碍。

第一,舆情分析。通过线上和线下的不同途径、不同方式,完善社会成员的利益表达机制和表达渠道,对公共政策终结的公众认知进行收集和整理,一方面能够了解反对者反对、排斥和抵制的原因,同时了解赞成者

---

① 任弢等:《公共政策文本研究的路径与发展趋势》,《中国行政管理》,2017年第5期。

的团体构成，所获得的支持程度和可使用的资源；另一方面能够对政策终结后可能产生的负效应进行初步预判，进而通过修正认知缺陷、弥补认知障碍，为制定科学合理的舆情引导方案和策略提供基本的方向。必要的情况下，可以通过组织深度商谈、社会调研的方式，征求意见，及时获取反馈信息以了解民众心态，估测所涉及地方和利益团体的影响、损失程度，从而做到心里有数，沉着应对，削弱反对势力，扩大支持基础，顺利实现政策终结。

第二，政策倡议。政策倡议并非一种强制性手段，而是一种典型的思想诱导手段。在政策正式终结之前，制造舆论，发出政策终结倡议，全面公开政策终结的必要性、可行性，如果有后续替代性政策，还应将替代性政策的内容及时公布，使其深入人心，从而为全面的政策终结减少阻碍。

（二）民主协商与利益博弈

成功的公共政策终结，必须建立在与终结反对者、终结支持者合作的基础上。而合作的达成，一般通过民主协商和利益博弈的方式实现。

民主协商是我国一项重要的公共政策决策机制。在公共政策终结的过程中，充分发挥民主协商机制的作用，完善民主听证制、协商对话制度、公民诉求机制等体制机制建设，在广泛讨论与共同对话的基础上，在不同利益群体之间寻求共同利益，促进各个群体形成公共政策终结共识。

按照博弈论的基本观点，在利益存在冲突和竞争的背景下，每一利益相关者都会努力寻求最大的收获，并致力于将损失减少到最低限度。这符合理性经济人的假设。在利益博弈的过程中，适当的妥协与补偿，也是有助于推进公共政策终结的一种途径。制定合理的利益补偿机制，是减少政策终结阻力的有效方式。尤其是在公共政策终结过程中受到的阻力巨大，而政策终结又是一项亟待推行的决策的背景下，通过与相关利益集团进行博弈，对利益受损者进行适度补偿，同时合理降低公共政策终结目标的期望值，努力实现正和博弈[①]。

（三）自上而下的运动式终结

自上而下的公共政策终结往往适用于一些事关重大、影响深远的公共政策。这一终结策略的实施前提是，个体理性并不必然带来集体理性的结果。如果个体基于自身利益的考虑阻碍公共政策的终结，但是从国家、全社会层面来看，该社会成员个体利益的满足与国家利益、社会总体利益相背离，并且一旦贻误就会造成严重后果或错失良机，此时就需要国家果断采取"自上

---

① 聂元军：《我国公共政策终结的现状、障碍及对策选择》，《广东行政学院学报》，2002年第6期。

而下"式的公共政策终结策略。公共政策的运动式终结意味着公共政策的终结并未遵循规范的政策议程轨迹,而是依靠政治宣言、领导魅力权威、行政命令等形成强大压力场域而推进公共政策的终结。通常情况下,公共政策的运动式终结以某一重大社会实践为诱因,这一社会事件明显暴露出公共政策的负面效应。

(四) 政策试验与空间扩散

为了最大程度的降低公共政策终结的负面影响,小范围的公共政策终结实验,以及在此基础上的空间扩散,是一种可行且有效的途径。

第一,公共政策终结试验,即试点。通过小范围的试验,既可以从中发现各个利益群体对政策终结的反应,也能够发现政策终结可能导致的多方风险,以便决策者及时获得反馈信息,为正式全面的终结政策提供借鉴意义。尤其是一些影响深远、标的团体广泛的公共政策终结,以政策试验的方式进行逐步终结,能够显著地降低社会的稳定性风险。通常公共政策终结试验的步骤包括选择实验对象、设计实验方案和总结实验结果三个阶段,这与政策实施的试验步骤是一致的。在选择实验对象方面,选择政策终结的实验对象或"试点",与政策实施的实验对象或"试点"有差异。政策终结的实验对象必须要先从选择受政策终结影响较小的对象开始,先易后难,再逐渐"以点及面"。在实验方案设计方面,要周详全面,同时必须要针对各种可能的抵制和阻碍做好相应的预案,详细和全面的应对预案是确保政策试验有效性的基本前提,以最大程度地降低公共政策终结所带来的负面影响。在总结实验结果方面,这是确定最终是否实施公共政策终结的关键环节。通过对试点成功经验与失败经验的总结,一方面能够通过全面系统的考察和分析,进一步完善相关预案,另一方面也能够为决策者准确做出继续试点或者全面推进的决策提供事实依据①。

第二,空间扩散。如果公共政策终结的政策试验顺利通过,就为空间扩散提供了有利条件。也就是说,公共政策全面正式终结的条件和时机已经基本成熟。在这一过程中,公共部门可以选取包括强制手段在内的合适手段推进公共政策的终结。原因在于,任何一项公共政策的实施或者终结都是利益调整的过程,基本不存在一项公共政策能够实现绝对的帕累托最优,既没有人受损,全体人受益。如果政策终结试验的结果表明,帕累托改进存在,且可以规避稳定性风险,有助于社会效率的总体改进,可以在无法取得全体社会成员完全达成一致的现实条件下,通过强制性手段全面推进公共政策的终

---

① 陈振明:《政策科学——公共政策分析导论》,中国人民大学出版社2003年版。

结，这实际上也是一种有效的策略。

第五节　公共政策终结的实践类型与特征

一、调适性终结

（一）调适性终结的概念

调试性终结为公共政策终结中最为保守的方式。调适性终结意味着标的公共政策在某一局部子系统中与当下情境不相匹配，那么政策议程就转向对标的公共政策的弊病部分进行修改、调整、优化与完善，之后再进行与政策整体的嵌套与契合。调适性终结一般不涉及公共政策的重新合法化议程[①]。

（二）调适性终结的现实表征与运行

调适性终结往往只对公共政策某一子系统进行调整修正，使调整后的政策与政策对象和政策环境相匹配，更符合经济社会发展以及公众利益，更有利于公共政策的执行，减少有限资源浪费，避免损害政策权威形象。调试性终结现实表征主要有以下三点：

一是，公共政策局部出现问题。在公共政策的执行中，为了及时发现政策存在的问题与缺点，保证政策良好运行与达到预期政策效果，需要对公共政策进行评估与监控。在政策评估中，当公共政策在某一局部子系统中的运行出现问题，与当下政策对象或者政策环境不相匹配，而且这一弊病导致整个公共政策效率降低，使公共政策不能达到预期效果，但是公共政策整体上仍然与当下情境相匹配，仍然有效。因此，需要及时对公共政策出现弊病的局部进行修改。

二是，对公共政策弊病部分进行修改。调试性终结不是终结公共政策整体，不对公共政策全部进行修改与调整。进行调试性终结的公共政策所要解决的问题，调节的社会关系，约束的社会规则不变，不对公共政策整体调整修改，只对在公共政策运行中不符合政策对象和政策环境的某一局部子系统进行修改、调整、优化与完善，使之与当下情境相匹配，提高政策执行效率，局部子系统修改完成后要与公共政策整体进行嵌套与契合，以保证公共政策的整体性，确保实现预期政策效果。

三是，一般不重新进行政策合法化议程。调试性终结一般只对公共政策

[①] 向小丹：《公共政策终结的渐进模式分析——以"新疆回沪知青"系列政策为例》，《上海交通大学学报（哲学社会科学版）》，2017年第25卷第2期。

某一局部子系统进行修改、调整、优化与完善，不是终结公共政策整体，不改变对既有社会关系调节的目标，标的公共政策所要实现的政策目标不变，只是在标的公共政策基础上对存在弊病部分进行调整，不对公共政策进行总体上的调整与修改，是基于标的公共政策的合法化议程进行，所以一般不涉及重新合法化议程。

调试性终结在运行中包括四个步骤：

一是，政策评估。政策评估是政策终结的前提，通过对公共政策的评估，判断政策是否达到了预期效果，是否良好运行，是否提高了社会效率，是否应该继续执行政策或终结。如果在评估中公共政策某一局部子系统的问题或缺点表现出来，不能适应当下政策环境，影响公共政策总体执行效率以及政策预期效果，但公共政策总体仍是有效的，仍符合当下政策环境，则需要对局部子系统进行修改、调整、优化与完善。

二是，甄别政策弊病。甄别政策弊病是调试性终结性运行中非常重要的一步，是进行政策方案优化的基础。甄别政策弊病一般是基于政策评估与监督中反馈的信息，对在政策运行中出现问题的公共政策的某一局部子系统从执行效率、收益成本、社会公平、资源贴现、人的发展等几方面进行社会论证，判断并甄别出现弊病的部分。

三是，政策方案优化。在甄别政策弊病的基础上，对出现弊病的政策的某一局部子系统进行政策修改、调整、优化与完善，不改变社会调节关系与政策期望效果，在对公共政策社会论证的基础上进行局部优化调整，选择最佳的政策优化方案，使调整后的局部子系统符合当前政策对象与环境，能够有效与政策系统嵌合起来实现政策预期效果。

四是，政策系统的嵌入和契合。在出现弊病的公共政策某一局部子系统的政策方案优化完成之后，需要对完成调整的部分与政策总体进行嵌入与契合，保证公共政策的整体性，使政策执行效率提高，使政策更适应当前政策对象和政策环境，更有利于保证政策的整体性，更有利于实现政策预期目标，更有效地利用政府的政策资源，减少有限资源的浪费。

二、替代性终结

（一）替代性终结的概念

替代性终结意味着标的公共政策已完全不适应当下的社会情境，但是既有的社会关系又需要具有相同公共问题意识的政策进行调节。那么，一项全新的公共政策就必须被加以制定和执行，以替代既有的公共政策的社会调节功能。公共政策的替代性终结涉及新的公共政策合法化的政策议程[①]。

(二) 替代性终结的现实表征与运行

公共政策的替代性终结往往对标的公共政策做了较大改动，其目的是为了更好地解决政策没有解决或解决不了的问题，以满足目标群体的政策需求，实现原定的政策目标。如我国企业利改税的政策，农村费改税的政策，城市以医疗保险代替公费医疗的政策，等等。公共政策替代性终结现实表征主要有以下三点：

一是，公共政策总体出现弊病。随着政策对象以及政策环境的变化，标的公共政策已经彻底与当下政策对象或政策环境不相匹配，已经成为过时的政策，预期的政策效果也已经不能实现，则需要考虑对标的公共政策进行终结。

二是，既有的社会问题依旧存在。虽然标的公共政策不符合当下社会情境，但是标的政策所期望解决的公共问题仍然存在，既有的社会关系以及社会规则仍然需要具有相同公共问题意识的政策进行调节。因此，在对标的公共政策终结之后，必须要考虑出台新的公共政策来对社会关系进行调节，以达到预期政策效果。

三是，出台全新政策。进行替代性终结的公共政策是无法有效解决政策问题，不能达到预期政策效果，因此，替代性终结隐含了一套期望、规则和惯例的终止，政策活动的停止。然而，为了解决仍然存在的公共问题，则需要重新制定和执行一个崭新的公共政策，所以需要进行对公共政策合法化的议程，需要重新按照公共政策制定与执行的循环程序来完成。因此，替代性终结不仅代表着旧政策的结束，也意味着新政策的开始。

替代性终结运行中包括以下三个步骤：

一是，政策评估。在政策评估中，标的公共政策没有达到预期政策效果，随着政策对象以及政策环境的变化，修改公共政策已经成为多余、不必要或不能发挥作用，继续执行已不符合社会发展需要，这类公共政策会导致政策效率低下，不终结就会给其他政策的执行带来负面影响，破坏政策执行的整个大环境，影响政策执行效率和政府的权威性。因此，应及时采取必要措施对此类政策进行终结。

二是，替代性政策方案制定。在政策评估的基础上对公共政策进行替代性终结，但是既有社会关系仍需要有相同公共问题意识的政策来调节，标的公共政策期望解决的问题仍然存在，仍需要规范社会规则，那么就需要制定

---

① 张丽珍、何植民：《改革开放以来的公共政策终结：割裂与整合之间》，《行政论坛》，2016年第23卷第5期。

一个全新的替代性政策方案。在社会论证的基础上,从收益成本、社会公平、资源贴现、人的发展等方面进行考虑,使新的政策符合当下政策环境以及政策对象,能有效调节社会关系,规范社会行为,解决公共问题,达到政策预期效果。由于替代性终结改变了政策轨迹,需要制定全新的替代性政策方案,所以需要重新进行公共政策合法化议程,合法化议程从政策文本、政策决策、政策出台等方面进行,以保证政策的合法以及有效制定。替代性政策方案针弥补了原有政策的不足,更符合当下情境。

三是,执行新的公共政策。在政策方案制定完成后,就需要替代原有公共政策,执行新的公共政策,将新的公共政策转化为现实,为了保证公共政策的平稳过渡以及全新的公共政策有效实施,一般政府采用行政手段、法律手段、经济手段、宣传手段等多种手段保证政策的顺利实施。

三、功能性终结

(一)功能性终结的概念

公共政策的功能性终结是公共政策终结最为激烈的方式,它意味着标的公共政策已经丧失了现实合理性而需要完全废止。事实上,公共政策的功能性终结的诱因在于标的公共政策调节对象的关系已经发生变化或已消失,故而标的公共政策的存在合理性受到了质疑[1]。收容教养制度的终结就是公共政策功能性终结的一个典型事例。

(二)功能性终结的现实表征与运行

公共政策功能性终结往往是针对落后的公共政策进行的,前提是掌握政府运行的正确方向,明确政府应该做什么或不做什么,即重新界定政府的职能,厘清政府追求目标,对不具贡献的功能加以剔除,排除不必要的事项,以集中资源实现核心目标。公共政策功能性终结现实表征有以下两点:

一是,公共政策终结最为激烈的方式。在公共政策终结的所有类型中,功能性终结是最为激烈、最难的方式。因为一方面,公共政策是政府为满足人民需要或者提供服务的结果,若予以取消势必引起各方面的反对;另一方面,某项功能往往不是由某项政策单独承担的,而是由许多不同的政策和机构共同承担的,若予以终止往往需要做大量的组织和协调工作,需要投入大量的终结成本。

二是,公共政策需要完全废止。由于认知的有限性,政策环境变化的复杂性和不确定性,在政策执行过程中随着当下情境发生变化,标的公共政策

---

[1] Walker, J. L. (1969), The diffusion of innovations among the american states. American Political Science Review, 63 (3), pp. 880-899.

已经完全不能适应当下社会情境。功能性终结一般针对的是标的公共政策需要解决的问题已经发生转变,公共政策调节对象的关系已经发生变化或已消失,公共政策需要规范的社会规则也已经转变或消失,因此,公共政策失去了继续存在的合理性,需要进行功能性终结。

公共政策功能性终结运行分为两个步骤:

一是,政策评估。公共政策都是政府为了履行政府职能而采取的方针和策略,在公共政策评估中,当客观环境发生了变化,社会情境发生转变,所要解决的问题也已经变化或者已经消失,或者公共政策所要实现的政策目标已经完成,继续执行该政策将会产生新的问题,而且会引发沉重的政策执行负担。对任何政府而言,政策资源都是十分有限的,执行一项本不该继续执行下去的政策,政府付出的不仅是实际成本,还有机会成本。因此,该公共政策已失去存在的必要性,需要废止。

二是,政策废止。公共政策功能性终结是政府根据政治、经济和社会形势的发展变化对不符合环境的政策直接废止。在公共政策功能性终结中,可能还会伴随着组织的终结,众所周知,有些组织机构是专门为执行某项公共政策而设立的,随着政策的终止,机构也随之撤销;有些机构往往承担着多项政策和功能,某些政策的终止不足以导致机构的撤销,因此,通常的做法都是采取缩小规模、减少经费等办法来对机构进行缩减。当然机构终结的难度也比较大,因为它关系到有关人员的切身利益,在实施时难免遭到有关人员的强烈抵制,使机构终结无法顺利进行。因此,在功能性终结中,首先,要加强宣传教育,消除抵触情绪。政策决策者应该重视做好宣传工作,消除人们的抵触情绪,提高人们的思想认识。通过有效的宣传工作,让人们明白,政策的功能性终结并不是某些机构或者个人前途的丧失,而是改变劣势、寻求发展、迈向成功的新机会。其次,要选择有利的终结时机。有时,选择恰当的时机是公共政策终结成功的一个重要因素,应注意把握时机,因势利导,创新观念改变认识,进而减少终结阻力。最后,在功能性终结中要处理好被终结的政策与其他政策之间的关系,处理好政策终结与社会稳定发展之间的关系。

第九章
公共政策创新与扩散

第一节 公共政策创新概述

一、公共政策创新的内涵与特征

（一）公共政策创新的内涵

"创新"一词最早由经济学家熊彼特提出，指"对生产要素的重新组合"，据此，本书认为，公共政策创新就是对政策要素的重新组合。具体而言，就是对政策主体、政策客体、政策工具、政策价值等要素的重新组合。包括政策制定过程中主体、客体参与的创新，伴随技术进步而来的对政策工具选择的创新，以及随着社会的发展变迁，政策价值标准的演化和更新等等。通过公共政策创新，选择更多的政策工具来不断完善政策过程，从而在主客体的共同参与下，致力于解决公共问题、实现并维护公共价值。我们可以从以下几个方面来理解公共政策创新的内涵。

从公共政策的目的来看，一切公共政策的目的都是为了解决公共问题。公共问题的存在决定了政府选择做或不做什么，而公共问题的解决则需要这样或者那样的公共政策。旧问题会随着时空的变化而产生新的问题，旧政策也会随着条件的改变而失灵，此时，便需要新的政策方案来应对新的问题。所以，从这个意义上讲，有效地解决公共问题的过程就是公共政策创新，包括价值理念的创新、工具手段的创新以及制度规定的创新，等等。

从公共政策的过程来看，政策创新体现在政策的制定、执行和评估三个基本环节上。随着民主化进程的不断推进，政策的制定不再是少数人关起门来做决定，而是在多方利害关系人的交流互动中达成共识，这个转变的过程便是公共政策创新在制定环节的体现。再好的政策也得通过执行落地，政策执行的效果决定了政策落实的程度,而政策执行的效果取决于政策执行各要素的共同作用,象征性执行、选择性执行不能落实政策目标,只有在秉承政策宗旨和精神的前提下,因地制宜,因时制宜进行政策创新性执行,才能真正实现公共政策的价值。与此同时,政策执行效果的评估也是公共政策创新的过程。随着技术手段的进步,数据的采集和处理更加快速、准确,评估的方法和工具更加多样,这就为政策评估的创新开展提供了扎实的基础和可靠的依据。

从政府部门的活动来看,主流做法是把一项创新定义为这个项目对采纳它的政府来说是"新"的,而不管这个项目是否已经被其他部门采纳过,也不管有多少部门在不同的时间采纳过[1]。换言之,在政府部门的现实活动中,只要是采纳了于自身而言是新的项目,就是公共政策创新。该视角下公共政策创新的内涵要丰富许多,包括原创性的政策发明,也包括通过政策学习或模仿等方式而得到扩散的改造型政策。而政策学习可以向其他政府部门学习,可以向企业学习,也可以向其他国家和地区的先进经验学习,只要敢于突破,勇于采纳先进的理念和做法,都是公共政策创新。

(二) 公共政策创新的特征

1. 新颖性

公共政策创新的新颖性,即公共政策创新具有不同于既有公共政策的新的特点,这是公共政策创新最基本的特征。不管是政策理念的更新、政策工具的跟进,还是政策执行方式的创新、政策评估方法的改进,都属于公共政策创新的范围,也都具备新颖性的特征。

2. 多样性

公共政策创新的多样性主要体现在两个方面,一方面是政策创新模式的多样性,按政府间层级关系的标准划分,包括"自上而下"的中央主导型和"自下而上"的地方推动型;另一方面是政策创新扩散机制的多样性,主要包括学习机制、竞争机制、模仿机制、强制机制等[2]。

3. 过程性

公共政策创新的过程性包含两层含义,一是政策创新可以体现在政策过程的各个环节,包括政策理念的创新、政策制定的创新、政策执行的创新、政策评估的创新等;二是公共政策创新的实现也是一个从创新理念提出,到创新方案制定,再到创新政策执行的过程。

---

[1] Walker, J. L. (1969), The diffusion of innovations among the american states, American Political Science Review, 63 (3), pp. 880 – 899.

[2] Shipan, C. R., & Volden, C. (2008), The mechanisms of policy diffusion, American Journal of Political Science, 52 (4), pp. 840 – 857.

4. 问题导向性

公共政策创新的问题导向性，即公共政策创新的目的始终是为了解决公共问题，无论是新政策解决旧问题，还是新政策解决新问题，其解决公共问题的导向是不变的。这就决定了公共政策创新的本质并不是简单地追求形式上的"新"，而是通过创新来解决公共问题。

二、公共政策创新的类型

根据政策创新过程中新旧政策之间的继承性，政策创新可以分为政策创制和政策更新。政策创制又叫政策发明，是指构建原创的政策理念及政策方案等，创制的全新政策与原有政策没有联系。政策更新是指随着时空条件及技术手段的变化，对政策过程中的原有政策内容或者部分政策环节的改进和调整。

根据政策创新过程中政府与民众的关系，政策创新可以分为政府强制型创新、政府被动型创新和回应型创新[1]。政府强制型创新是指政府主动设定公共政策创新最终要达到的目标，强制性地制定和推行新的公共政策。政府被动型创新是指地方政府制定新政策、寻找解决问题新方式的动因在于某种危机的发生或民众的强烈要求。回应型创新在政府和民众之间形成了良性互动关系，政府能够积极地对社会民众的需求做出回应，并采取积极的措施，公正、有效地实现公众的需求和利益。

三、公共政策创新的动因

（一）外部动因

1. 经济诱因

经济诱因是公共政策创新的直接动力。一方面，经济制度的变革以及经济水平的增长要求进行公共政策创新，比如，转变经济发展发式需要政策创新，优化经济结构同样需要相关的政策创新，而经济水平的持续增长必然要求政策不断创新。另一方面，公共政策创新往往会推动经济的发展，同时，由地方政府推出的政策创新在试验期间往往能享受到一定的政策优惠，这就会反过来激励各级政府积极进行政策创新，从而能享受到创新红利。

2. 政治体制

政治体制是公共政策创新的根本动力。一个国家政治体制的类型决定了其人民在国家中的地位，也决定了府际间的关系。在人民当家做主的国家，

---

[1] 宁骚：《公共政策学》，高等教育出版社2011年版，第421—422页。

民众的需求随着时代的发展不断变化,这就需要公共政策的创新来满足这种需求变化,比如"人民日益增长的美好生活需要"。资源能够自由流动的各个地区为了争夺资源而展开竞争,这种竞争则会促进公共政策创新。此外,政治体制下的具体制度安排,比如政府官员的考核晋升和激励机制,也会推动公共政策创新。

3. 利益集团

利益集团是公共政策创新的推动力量。一方面,一些利益集团为了满足自身发展的正当需求而"说服"政府进行公共政策创新,比如,智能时代快速发展起来的各种新兴技术企业由于现行政策法规的滞后而倍受约束,此时就需要公共政策创新来助力新兴事物的健康发展。另一方面,根据团体理论的观点,政策就是团体利益的平衡,因为每个利益集团都是在变化的,所以,为了维持这种平衡,就需要公共政策创新。

(二) 内部动因

1. 领导风格

领导风格是决定公共政策创新的主体因素。一项政策的质量高低取决于政策主体的能力水平,而一级政府或一个部门的创新力一定程度上取决于领导者的能力和风格。比如,一位具备卓越能力的领导者,如果锐意进取、敢想敢干,无论是为了实现公共利益,还是为了谋求自身的政绩和升迁,一定会积极推动公共政策创新,在创新中谋发展。而如果是一位瞻前顾后、畏首畏尾的领导,则只会墨守成规,难有新的突破。

2. 政策外部效度

政策外部效度指政策解决特定公共问题的效果和程度,而公共问题的解决则取决于两方面的因素:一是政策本身的效度,如果由于政策目标的设定不合理、政策方案的内容不完备,或者其他政策自身的原因导致政策失灵,那么就需要进行公共政策创新,表现为对失灵政策的修改和完善。二是政策执行的效度,任何一项好的政策如果得不到有效执行,也是一纸空文,甚至会带来更多问题。没有得到有效执行的政策必然会导致政策结果与目标的偏离,此时便会促进公共政策的创新,包括对政策的修正以及对执行方案的重新设计。

四、公共政策创新的现实意义

(一) 政策系统优化

从政策过程的视角出发,所谓政策系统是指一个由政策主体和其他利益相关者,以及将他们与政策客体、政策环境联系起来的政策支持系统、政策反馈系统等所组成的有机整体①。可以说每一次公共政策创新，都是基于既有政策不能很好地解决所面临的公共问题这一现实，或者是希望通过创新能够更好地解决公共问题，无论是在政策制定环节的创新、政策执行环节的创新，还是政策评估环节的创新，每一次创新都是对既有政策系统的优化。民主参与的模式创新使得公共政策的制定更加契合民众需求，这是对政策主体系统的优化；信息技术的创新发展使得决策主体能够更加全面、准确、快速地获取政策信息，这是对政策支持系统的优化；而政策议程的创新设置使得公共问题的界定以及目标群体的认定更加精准合理，从而能够更加准确地识别并解决问题，这则是对政策客体系统的优化。

（二）社会效率提升

所谓社会效率，是从社会层面考察效率的含义，指效率在社会发展和人的发展方面的表现。具体而言，"由于经济和社会的发展，社会成员受惠的范围与程度大大提高，社会进一步发展的潜在条件和后继条件得以完善，人的生存环境和生活质量得以改善，并实现社会成员的自由全面发展"。② 所以，在继续推动经济总体发展的基础上，我们要通过公共政策创新，着力解决中国特色社会主义新时代所面临的发展不平衡不充分问题，因为发展的不平衡不充分问题不仅仅是一个经济发展问题，更是一个关乎社会公平与正义的社会发展问题，而社会发展问题的解决不是单独靠市场机制就能解决的，它需要应对新矛盾和新问题的新理念和新方案，也需要适应技术发展的新工具和新手段，只有通过一系列的公共政策创新，才能在经济发展的同时，不断提升社会效率。

（三）政治体制适配

政策环境是一个动态的变量，政治体制也需要在社会变迁中调整以适应一些新变化。正如习近平总书记在十九大报告中提出的③，在推进全面深化改革的新时代，"我国社会主要矛盾已经转化为人民日益增长的美好生活需要和不平衡不充分的发展之间的矛盾"。社会主要矛盾的转化，对党和国家工作提出了新要求和新期待，意味着公共政策所要竭力解决的公共问题也有了新时期的新特点，这就需要公共政策的不断创新。公共政策的创新一方面是为了解决新时代的新问题，另一方面则扮演了稳定的政治体制与变化的时

---

① 宁骚：《公共政策学》，高等教育出版社2011年版，第185页。
② 王谦、王旭东、刘蕾：《和谐社会背景下我国财政效率指标体系的构建》，《经济问题探索》，2008年第1期。
③ 习近平：《决胜全面建成小康社会　夺取新时代中国特色社会主义伟大胜利——在中国共产党第十九次全国代表大会上的报告》，《党建》，2017年第11期。

空条件进行适配的缓冲地带的角色。通过灵活变化的公共政策创新，我们可以及时应对面临的公共问题，而一系列成熟有效的创新政策，则会推动失灵政策的终结，进而促进相关体制机制的改革和完善，最终有利于政治体制的逐步优化以适应时代的发展。

(四) 治理能力提高

从一定意义上讲，公共政策是进行有效治理的手段和工具，公共政策制定和执行的效果决定了治理的效果，公共政策制定和执行的能力则体现了治理能力，因此，公共政策的创新有利于治理能力的提高，而治理能力的提高则有待于公共政策的创新。在推进国家治理体系和治理能力现代化的进程中，也需要公共政策的创新。由精英垄断转向民主开放的公共政策过程，能够促进不同利益相关者的交流与沟通，进而通过讨论与协商达成政策共识，实现公共政策公平合理的目标，增强政府治理的合法性；创新的公共政策则能够在适应现代化进程中经济、社会、政治、文化发展变迁新特点的基础上，对既有政策规定进行一定程度的扬弃和优化，进而有效实现治理能力的全面提升。

第二节　公共政策创新的理论渊源

一、政策扩散理论与公共政策创新

(一) 政策扩散理论的内涵与要素结构

政策扩散是指"一种政策活动从一个地区或部门扩散到另一地区或部门，被新的公共政策主体采纳并推行的过程"[1]。关于政策扩散的研究始于1969年美国学者沃克的一篇论文，该论文对美国一系列政策领域的州政府创新及其扩散进行了原创性研究，提出了一个州采纳新项目的两个解释模型，即内部决定模型和传播模型[2]，此后有大量的学者进行了拓展研究和实证检验。迄今为止，政策扩散理论的发展经历了三个阶段：单因素理论解释期（1980年之前）；碎片化理论解释期（1980年至2000年）；尝试整合理论的解释期（2000年至今）。[3] 综观政策扩散理论的要素结构，主要包括以下两方面的内容：

---

[1] 王浦劬、赖先进：《中国公共政策扩散的模式与机制分析》，《北京大学学报（哲学社会科学版）》，2013年第6期。

[2] Walker, J. L. (1969), The diffusion of innovations among the american states. American Political Science Review, 63 (3), pp. 880–899.

[3] 陈芳：《政策扩散理论的演化》，《中国行政管理》，2014年第6期。

1. 政策扩散的模式

以美国各州政府为研究对象,解释政策扩散的主流模型有四个[①]:全国性互动模型假设在州官员之中存在关于公共部门项目的全国性交流网络,通过该网络,官员们可以了解其他州同行们的项目;区域传播模型假设各州主要受地理上相邻的州的影响;领导—跟进模型假设某些州在一项政策的采纳方面是先行者,其他州争相效仿这些领导者;垂直影响模型则把各州看成不是效法其他州的政策,而是效法全国性政府的政策。

以中国各级政府为研究对象,学者们将政策扩散的模式总结为四种:自上而下的层级扩散模式,即由上级政府制定政策后,下级政府遵照执行;自下而上的政策采纳和推广模式,即由下级政府进行突破创新,试验成功后由上级政府采纳并向更大范围推广;区域和部门之间的扩散模式,即邻近区域和相关部门之间政策的学习和效仿;政策先进地区向政策跟进地区的扩散模式,即公共政策沿着扩散动力源向周围政策势能较低的地区扩散。[②]

2. 政策扩散的机制

目前公认的政策扩散机制主要包括五种:一是学习机制,政策采纳者主动获取政策信息,通过学习先进经验创新政策;二是模仿机制,政策采纳者不考虑政策环境的差异性,直接套用其他地区或部门的政策;三是竞争机制,政策采纳者出于自身发展的需求及竞争对手的压力而接受政策扩散;四是强制机制,政策采纳者迫于行政层级间的法定权责关系而必须执行指令;五是社会建构机制,政策采纳者与公众、媒体等利害关系人在互动的过程中共同促成了政策扩散。

(二) 政策扩散理论与政策创新的逻辑关联

1. 政策创新通过扩散得以广泛推广

任何一项政策创新只有得到推广才能彰显其价值,而政策扩散便是政策创新得以推广的路径。所谓"良法美策贵在能行"[③],中央政府推出的政策创新,只有通过自上而下的政策扩散在各级地方政府得到贯彻落实,才能体现出该项创新的政策效果。而地方政府通过成功的政策试验提出的政策创新,一旦得到上级政府或中央政府的认可和采纳,则会在更大范围甚至全国范围得到推广,这个推广的过程就会扩大该项政策创新的影响范围,也会提升其

---

① 保罗·A. 萨巴蒂尔著,彭宗超等译:《政策过程理论》,三联书店 2004 年版,第 230—240 页。

② 王浦劬、赖先进:《中国公共政策扩散的模式与机制分析》,《北京大学学报(哲学社会科学版)》,2013 年第 6 期。

③ 张成福:《走向发展和繁荣的制度基础:雄安新区政府治理的愿景》,《国家行政学院学报》,2017 年第 6 期。

实践价值，与此同时，提出该项政策创新的地方政府便成为政策先行者和领先者，成为其他地方政府学习和效仿的对象。这个推广的过程，不管是垂直方向的推动，还是水平方向的流通，不管是通过行政指令强制实行，还是区域间或部门间自发的学习、竞争、模仿，都是政策扩散的一种模式，也都是通过政策扩散的不同机制得以完成的。

2. 政策扩散可以促进政策持续创新

任何一项政策创新都是在特定的时空背景下产生的，由于地域文化的差异、政策环境的变化，以及可获得资源的不同，直接套用一项政策创新往往会在实施的过程中遇到各种各样的障碍和困难，出现政策的不适应，这就需要在政策扩散的过程中，做出因地制宜、因时制宜的改变，而这个改变的过程恰恰是推动政策持续创新的一部分。在自上而下的层级扩散过程中，下级政府要遵从政策创新的理念和精神，但是由于各地条件的差别，也要在具体实践的过程中，结合自身实际做出相应的调适，当然，这种调适应该是积极的政策再创新，而不是消极的政策规避。在自下而上的政策采纳和推广过程中，由于下级政府的政策创新是基于区域性的条件和特点进行的，当上级政府采纳并决定在更大范围推广该项创新的时候，则要考虑区域间的差异而进行相应的顶层设计和统筹安排。

二、新制度主义理论与公共政策创新

（一）新制度主义理论的内涵与要素结构

新制度主义兴起于20世纪70年代末，是在对旧制度主义的发展和对行为主义的批判的基础上形成的新的分析范式。新制度主义仍然强调制度的重要性，同时也关注个体行为的作用。美国的Peter A. Hall 和 Rosemary C. R. Taylor 两位教授将"新制度主义"分为"历史制度主义""理性选择制度主义"和"社会学制度主义"三个流派[①]。

1. 历史制度主义

历史制度主义强调了政治制度对于公共政策和政治后果的重要作用，注重通过追寻事件发生的历史轨迹来找出过去对现在的重要影响，并试图通过放大历史视角来找出影响事件进程的结构性因果关系和历史性因果关系。历史制度主义具有四个基本特征：第一，历史制度主义倾向于在相对广泛的意义上来界定制度与个人行为之间的相互关系。其中，"算计路径"关注建立在策略性算计基础上的工具性行为这一方面，"文化路径"则强调行为并不

---

① Hall, P. A. and Taylor, R. C. R. (1996), Political Science and the Three New Institutionalisms. Political Studies, 44: pp. 936–957.

是完全策略性的,而是受到个人世界观的限制。第二,强调在制度的运作和产生过程中权力的非对称性,即历史制度主义尤其关注制度在各社会集团间不平等地分配权力的方式。第三,在分析制度的建立和发展过程中强调路径依赖,认为某一运作性力量所发挥出的影响将会受到从过去继承来的既定环境因素的调节。当然,在这些环境因素中,作用最为显著的就是制度,制度因素在这里被看作是历史景观中推动历史沿着某一路径发展的相对稳定和最为核心的因素之一。第四,他们尤其关注将制度分析和能够产生某种政治后果的其他因素整合起来进行研究。很少有历史制度主义者坚持说制度是产生政治结果的唯一因素,他们倾向于将制度与其他因素一道定位于因果链之中,社会经济发展与观念的分布也是他们重点考虑的因素。

2. 理性选择制度主义

理性选择制度主义所开展的研究是新制度主义经济学理论在政治系统中的应用研究。该研究途径具有四个基本特征:第一,理性选择制度主义者采用了一套典型的行为假设。总体来讲,他们假定相关的行动者都有一套固定的偏好或口味,行为完全是偏好最大化的工具。第二,理性选择制度主义者往往将政治看成是一系列集体行动的困境。经典的例子包括"囚徒困境""公地悲剧"以及出现类似问题的其他政治情形。第三,理性选择制度主义的最大贡献就是强调了对政治结果起决定性作用的策略性行为的作用。也就是说,他们首先假定某一行动者的行为是受策略性算计而不是非个人的历史力量所驱使,其次是这种算计会受到行动者对其他行动者的行为期望的深刻影响。第四,理性选择制度主义者也建立起了一套独特的理论来解释制度的产生问题。在理论上,他们研究的起点是,通过演绎的方式推导出某种具有模式化规范的制度功能,然后,通过指出对行动者产生影响的制度功能所具有的价值来解释制度的存在。

3. 社会学制度主义

社会学制度主义是从社会学组织理论中发展而来的,建立在社会人的假设基础之上。社会学制度主义具有三个基本特征:第一,社会学制度主义倾向于比政治科学家在更为广泛的意义上来界定制度,他们所界定的制度不仅包括正式规则、程序、规范,而且还包括为人的行动提供"意义框架"的象征系统、认知模式和道德模板等。这种界定打破了制度与文化概念之间的界限。第二,社会学制度主义者强调了制度与个体行动之间的高度互动和同构性的特征。制度影响行为的方式是通过提供行为所必不可少的认知模板、范畴和模式,而不仅仅是因为没有制度就不能解释世界和其他人的行为。第三,社会学制度主义者认为某一组织之所以会采用某一制度,并不是因为它提高了组织的目的—手段效率，而是因为它提高了组织或其参与者的社会合法性。换句话说，某一组织之所以会采用某种特定的制度形式或实践模式，是因为后者在一个更大的文化环境内具有更大的价值。

（二）新制度主义理论与政策创新的逻辑关联

其一，历史制度主义理论从历史观的视角，解释了现实中政策创新的渐进性。由于路径依赖的缘故，政策创新往往受既有制度安排的约束和影响，所以现实中的政策创新更多地是渐进性的，即使是创制型的政策也能看到历史制度的影子。

其二，理性选择制度主义理论从经济学的视角，解释了政策创新能否实现以及能否得到扩散的影响因素。一方面，政策创新要考虑相关行动者的偏好，另一方面，政策创新要避免陷入集体行动的困境。

其三，社会学制度主义理论从社会人的视角，为政策创新的扩散提供了一种独特的解释路径，即政策创新得以扩散的原因不一定是因为政策效率本身的提高，也可能是它的文化价值得到了彰显。同时，政策创新也不限于传统意义上的政策方案等制度性创新，也包含政策认知等文化性创新。

三、"理性—渐进"决策理论与公共政策创新

（一）理性决策理论的内涵与要素结构

理性决策理论起源于古典经济学理论，以"经济人"的假设为前提，主要代表人物有边沁、泰罗等人，其主要观点如下：在所有可能的解决方案中一个备选方案的净收益越大，越有可能被选作政策行动和变革的依据。基本内容包括以下六个方面：一是找出一个利益相关人有足够共识以至于决策者能代表他们采取行动的政策问题；二是明确解决问题所要实现的目标并对其排序；三是找出实现每一个目标的最优政策方案；四是预测每一个方案的结果；五是根据对目标的实现情况，对政策结果进行比较；六是选择最能实现目标的方案。[1]

因此，为选择一个合乎理性的政策，决策者必须做到以下五点：一是了解所有的社会价值偏好及其相对权重；二是了解可以获得的所有备选方案；三是知道每一备选方案的所有结果；四是计算每一备选方案的收益与成本之比；五是选择其中最有效的政策方案。[2] 然而，在社会现实中要实现理性决策面临诸多障碍，因为理性决策要求的完全信息由于无数的限制性因素而无

---

[1] 威廉·N. 邓恩著，谢明等译：《公共政策分析导论》，中国人民大学出版社2011年版，第33页。

[2] 托马斯·R. 戴伊著，谢明译：《理解公共政策》，中国人民大学出版社2011年版，第14页。

法全部获得，加上备选方案结果的不确定性，导致无法精确计算所有备选方案的收益与成本，同时，决策者的动机也不一定是出于实现社会净收益的最大化。

（二）渐进决策理论的内涵与要素结构

渐进决策理论是由美国政治学家和政策科学家查尔斯·E. 林德布洛姆教授在批判完全理性的决策模型时首次提出的，他认为决策过程并非理性决策理论所说的是一个科学分析和理性思考的过程，而是一个理性分析与党派分析相结合的错综复杂的、不断探索的过程。林德布洛姆主要从以下三个方面对传统理性决策模式进行了批判：第一，决策者并不是面对一个既定的问题，而他们必须对自己的所谓问题加以明确并予以说明；第二，决策分析并不是万能的，对一项复杂的决策来说，分析是永远没有穷尽的，有时或许还会造成错误，而且在现实的决策中，也不可能漫无止境地分析下去；第三，决策受到价值观的影响，由于决策集团内部各个人的价值观存在着差异，因而在进行决策备选方案的选择时就必然会出现意见不一致，但是依靠分析并不能解决决策者的价值观和意见不一致的问题。①

在林德布洛姆看来，渐进决策需要遵循三个基本原则：第一，按部就班原则，他认为决策过程只不过是决策者基于过去的经验对现行决策稍加修改而已；第二，积小变为大变原则，从形式上看，渐进决策过程似乎行动缓慢，但是，这种渐进的过程可以由微小变化的积累形成大的变化，其实际的变化速度要大于一次大的变革；第三，稳中求变原则，在他看来，政策上的大起大落是不可取的，欲速则不达，那样势必会危害到社会的稳定，为了保证决策过程的稳定性，就要在保持稳定的前提下，通过一系列小变达到大变之目的。②

（三）"理性—渐进"决策理论与政策创新的逻辑关联

1. 理性决策理论为政策创新提供了一种规范性的参照

虽然理性决策理论在现实的决策过程中会遇到诸多障碍，看上去并不可行，但它实际上是一种规范的模式，可以为决策提供一种参照，同样，它也可以为政策创新提供一种规范性的参照。一方面，理性决策理论为政策创新提供了一种理念指导，即一项理性的政策创新应该是获得社会效益最大化的政策创新，这就需要在政策创新的过程中进行成本—收益分析，避免为了求新而不计成本地"创新"。另一方面，在政策创新的各个环节中，有些领域根据情况也有必要运用理性决策的方法。

---

① 丁煌：《西方行政学说史》，武汉大学出版社 2004 年版，第 245—246 页。
② 丁煌：《西方行政学说史》，武汉大学出版社 2004 年版，第 246—247 页。

2. 渐进决策理论为政策创新提供了一种现实性的考量

渐进决策理论被认为是一种保守的决策理论，因为它以现行的项目、政策为基础，只是把注意力集中于新的项目和政策对现行项目和政策的增加、减少或修正。一般来说，由于政府没有足够的时间、信息和金钱来调查能够替代现行政策的方案，而且全新的或完全不同的政策的结果存在着很大的不确定性，所以现实中，政府往往愿意采用渐进主义的做法。这就为政策创新提供了一种现实性的考量，因为政策创新涉及政策的调整、更新，甚至变革，到底进行多大程度的创新，一定要考虑现实条件的可行性，包括政治的共识、社会的稳定以及现行政策的沉积成本等等。

第三节　公共政策创新的结构与议程

一、公共政策创新的结构要素

（一）政策再造

政策再造，即公共政策的再创造。它是公共政策创新的逻辑起点，因为任何一项政策的创新自然是从政策的再造开始的。政策再造的对象可以是政策理念的重塑、政策工具的改造，也可以是政策程序的优化或者政策执行体制和机制的改革与完善。由于是对政策的再造，是政策主体主动或被迫进行的自我革新，所以再造的主体仍然是政策主体自身。同时，政策再造的过程也是政策要素重新组合的过程，是相对于既有政策而言的新创造，从这个意义上讲，没有政策再造，便无公共政策创新可言。

（二）政策合法化

政策合法化，即政策方案取得合法性的过程，它是公共政策创新过程的必经阶段，是公共政策得以执行和落实的前提条件，因为没有经过合法化的"方案"是不能叫作"政策"的，而没有合法性的政策是没有权威和约束力的。政策的合法化包括政策内容的合法化和决策程序的合法化。当然，政策合法化不等于政策法律化，政策法律化只是政策合法化的一种重要形式。也就是说，政策的内容和程序不仅仅要符合法律的规定，还要经由正当的程序得到政治的认可和社会的认同，同时，政策合法化并不一定都要法律化，只有具备持久性、普适性特征的部分政策在经过不断的论证、完善后才有可能上升到法律的层面。

（三）政策试验与扩散

政策试验，就是对一项新的政策进行小范围的测试，在测试期间发现问题、总结经验，进而不断地优化政策，等到时机成熟，则通过政策扩散的各种路径进行更大范围的推广。其实，一项成功的政策试验本身就是一次政策创新，而公共政策创新也需要经过政策试验这个环节得到成功的实施，才能得到进一步的推广和扩散。当然，政策试验是具有中国特色的一种政策现象，可以说政策试验伴随着中国每一次重要的政策改革与创新，并逐步形成了"先行先试→典型示范→以点促面→逐步推广"[①] 这一经典模式。而这个逐步推广的过程便是政策扩散的过程，只是根据扩散的路径差异形成了不同的扩散模式。

（四）政策调适

政策调适，简言之，就是对既有政策进行调整以适应环境条件的变化。一方面，政策调适体现在进一步推广成功的政策试验的过程中，因为政策试验往往是在局部的试点进行创新测试，这就使得该项政策带有一定的地域特征，当把该项政策创新推广到其他区域或更大范围的时候，考虑到各地既有条件的差异、能力及资源的不同，便要进行适当的政策调适，以适应各地的实际情况。另一方面，政策调适体现在政策的具体实施过程中，因为在政策的实施过程中，政策环境处于一个动态的变化之中，随着条件的改变，原有政策的一些内容或措施可能不适应这种变化，便需要做出一定的调适，这种调适可以是增减，也可以是修改。但是，政策调适应该是一个循序渐进的过程。

（五）政策融合

政策融合，指的是一项政策创新与既有政策以及政策环境的结合与统一。它是公共政策创新得以实现的重要环节。因为既然是政策创新，肯定会与原来的政策存在不同，然而与既有政策或政策环境存在差异甚至冲突的政策创新，必然会在具体的执行过程中造成不可避免的困扰，那么，如何实现政策的有效融合就显得尤为重要。政策融合不仅能减少政策执行过程中的阻碍，使得政策的实施更加顺畅，而且，融合能够有效提高政策整体效率并节省政策相关资源。这个融合的过程，可以是政策目标的融合，以保持目标方向的一致性，也可以是技术手段的融合，以搭建统一的政策平台和基础。

二、公共政策创新的内容

（一）理念创新：社会效率提升

公共政策的理念决定了公共政策的宗旨和方向，所以政策理念的创新是

---

① 周望：《政策扩散理论与中国"政策试验"研究：启示与调适》，《四川行政学院学报》，2012年第4期。

公共政策创新的先导。包含两层含义，一是公共政策创新，首先应该是理念的创新，新的理念再逐步转化为具体的方案和措施，进而实现政策创新的落地；二是公共政策创新也应该是在一定的理念指导下进行，不能做无章法的胡乱改革，每一个环节的实施都是在统一的理念下开展。当然了，理念的创新一定是建立在对发展现状和趋势准确研判的基础之上，而创新理念的贯彻落实也需要经过一个论证细化、宣传解释和认同执行的过程。

随着经济社会的快速发展，我国社会的主要矛盾已经发生了转变，不再是"人民日益增长的物质文化需要同落后的社会生产之间的矛盾"，而是"人民日益增长的美好生活需要和不平衡不充分的发展之间的矛盾"。主要矛盾的转变决定了对党和国家工作要求的转变，我们要在继续推动发展的基础上，着力解决好发展不平衡不充分问题，这就决定了公共政策的理念要创新，不能片面地追求经济效率的增长，更要注重社会效率的提升。所谓社会效率，是从社会层面考察效率的含义，指效率在社会发展和人的发展方面的表现，即实现社会的全面进步和人的全面自由发展。社会效率提升的理念是对既往政策理念的一次突破和创新，特定时空背景下提出的以经济建设为中心的发展理念，解决了特定时期的诸多经济问题，但也引发了一系列新的生态和社会问题，面对新的问题、新的矛盾，需要进行创新，而社会效率的提升便是指导公共政策创新的理念创新。

（二）制定创新：社会论证

政策论证是政策制定过程的核心，没有经过论证的政策是不严谨的，不开展论证的政策制定者是不称职的。根据美国政策分析专家邓恩教授的介绍，政策论证的过程和结构可以表述为六个相互关联的部分：一是政策相关信息，它是政策论证的起点；二是政策主张，它是政策论证的结论；三是根据，它为接受以提供的信息为根据的主张提供了正当理由；四是支持，它包括科学规律、权威专家的呼吁或者伦理道德规范；五是反驳，它是一个由其他利益相关者提出的用以质疑最初论证的信息、根据和支持的原因、假设或论证；六是限定词，它是通过陈述主张真实或者可能真实的条件来表述论证的效力。[1]

关于如何制定公共政策的问题，无论在理论界还是实务界，传统上占主流地位的都是理性设计理论，然而，"这种政策设计观导致了政策研究的'专制'性格，即由精英控制政策的过程，主宰了一般民众的需求和期望，使得政策建议与民众的需求相行渐远，公共政策的设计很容易成为特殊利益

---

[1] 威廉·N. 邓恩著，谢明等译：《公共政策分析导论》，中国人民大学出版社2011年版，第14页。

的工具"。① 在这样的政策设计观主导下,其政策论证也是精英主义主导下的"官方论证",这样的论证并不能很好地反映民意,论证的结果往往是"绝对支持"。此时,便需要有一种超越精英主义论证模式的新方式,社会论证或许能更好地解决理论和实务的论证问题。社会论证是一种在政府的主导下,由多元主体共同参与的政策论证模式,其主体包括社会组织、大众传媒、专家学者以及其他公众个人等利益相关者,通过多元主体间的充分交流与良性互动,对政府部门的政策草案提出意见和建议,最终通过协商达成共识,共同完善公共政策。通过社会论证不仅能使公共政策更好地反映公众需求,而且能够让利益相关者在参与过程中更有效地监督政府,推动民主社会的发展。

(三)执行创新:混合扫描式模型

目前发展成熟的政策执行研究的路径有两个:第一代的政策执行研究为自上而下的研究途径,强调政策制定与政策执行的分立性,政策制定者决定政策目标,政策执行者实施目标,两者形成上令下行的指挥命令关系;第二代的政策执行研究为自下而上的研究途径,强调政策制定与政策执行的功能互动性,政策执行者与政策制定者共同协商政策目标的达成,两者形成平行互动的合作关系。② 至于第三代的政策执行研究,虽然有一些学者尝试提出了所谓的整合型模式,但仍有待于更多的经验研究与理论修正。

从对政策执行的研究路径可以看出,既有的研究都是基于政策制定者与政策执行者二者的关系,一定意义上讲,二者都是政策主体,那么政策客体是否也能参与到这个互动的过程中呢?本书试图构建一个公共政策执行的混合扫描式模型,即"自发扩散+顶层设计+自下而上+公众参与"。该模型认为,公共政策的有效执行不仅需要高明的顶层设计,以及政策制定者和政策执行者的互动合作,还需要政策客体,即公众的有效参与,而且事实证明,公众的参与能够促进政策的有效执行,比如,公众可以随手通过手机客户端将发现的基础公共设施问题提交相关部门报修等,公众的参与有效地提高了政策执行效率。同时,该模型还认为,公共政策执行是一个随时空条件的变化自发扩散的动态过程。

(四)评估创新:基于大数据的标的团体体验满意度

政策评估提供了关于政策绩效的可靠和有效信息,在获取政策绩效的信息中,分析人员用不同类型的标准评估政策结果。根据邓恩的研究,常见的

---

① 张成福:《重建公共行政的公共理论》,《中国人民大学学报》,2007年第4期。
② 李允杰、丘昌泰:《政策执行与评估》,北京大学出版社2008年版,第41页。

评估标准类型有效果、效率、充分性、公正性、回应性和适当性[①]。其中，"效果"指结果是否有价值，"效率"指为得到有价值的结果付出了多大代价，"充分性"指有价值结果的获取在多大程度上解决了问题，"公正性"指成本和收益在不同集团之间是否等量分配，"回应性"指政策结果是否能满足特定集团的需求、偏好和价值，适当性指所需结果（目标）是否真正值得或有价值。

随着派恩和吉尔摩将"体验"引入学术领域进行专门的研究，体验逐渐成为了互联网经济和企业界的一个研究热点。比如，用户体验与满意度的结合，是通信企业关注用户体验感知、关注用户体验需求的服务思想的充分体现。对于公共政策评估而言，我们同样也可以引入体验满意度来测量各标的团体在政策过程中感受到的价值。虽然"体验"强调个人的主观感受，而且每个人的价值偏好也有很大的差异，但是他们追求"体验满意"的目标是一致的。与此同时，大数据技术的发展为公共政策评估引入体验满意度测量也提供了技术支持，通过对海量大数据的捕捉和处理，我们能够了解到每个标的团体的需求和目标，以及在公共政策过程中的体验满意度，以此为依据，有针对性地对政策过程进行优化和完善，从而更加高效、精准地解决公共问题，满足标的团体的需求。

第四节　公共政策创新的影响因素与机理

公共政策创新的影响因素主要有政策本身的创新特质、资源的可获取性以及组织文化这三个影响因素。按照影响因素的来源又可划分为内部影响因素和外部影响因素，内部影响因素主要有政策本身的创新特质以及组织文化，外部影响因素主要有资源的可获取性。创新型政策本身一般具有复杂性、兼容性、可适用性以及可获得性等创新特性。从外部影响因素来看，创新型政策的资源可获取性具体体现在政治支持、舆论导向、推行者授能以及物质人力资源支撑这几点上。组织文化是一个组织由其价值观、信念、仪式、符号、处事方式等组成的其特有的文化形象。

一、政策本身的创新特质

（一）复杂性

政府的政策创新活动是一个复杂的系统过程，而这一过程会协调许多种

[①] 威廉·N. 邓恩著，谢明等译：《公共政策分析导论》，中国人民大学出版社2011年版，第249页。

的利益关系,促进国家在整个社会生活中的稳定运行,使得各种政策活动具有兼容性。政策活动可以协调各种社会组织之间的关系、政治权力关系、经济关系以及民族之间的关系。而正确的政策可以协调一些性质各异、错综复杂的关系。

陈振明认为,政策一般是由政策主体、目标取向、活动过程以及行为规范这四部分所构成。而复杂性理论通过理论、方法论和实践这三个层次来影响公共政策研究。张国庆认为,公共政策以现代社会的问题为政策的行为对象,而现代社会的复杂性决定了现代社会问题是复杂的。这种复杂性体现在政策问题的关联性、目标的多重性以及问题的动态性方面。

理论层次上的复杂性理论主要包含"路径依赖""报酬递增经济学""自组织临界"和"间断平衡论"这几个重要概念:(1)政治制度的变迁和巩固存在着"路径依赖",即前一阶段的政策选择往往会影响和决定着后一阶段的政策方案。而且,这种影响是双向的、非线性的、不可还原的。(2)当我们实行一项政策并不断投入资源以维持稳定性时,就会随时间推移逐渐形成"报酬递增",在实践中选择另一条道路付出的机会成本和代价将会越来越大。(3)政策主体在决策过程中面临着大量相关信息,对这些信息的有效处理与实现预期政策效果直接相关,但事实上政策主体往往有限理性,并不能处理所有的相关信息。(4)政策主体通常倾向于维持现有政策的稳定性。因此,政策变化需要一个临界关注量,当外部压力达到这个临界点时,就会引起突现的间断而不是微小的规则性变化。

方法论层次上的复杂性不仅仅在于它确定了公共政策的复杂性,更重要的是提出一种新方式来解释复杂行为是如何从公共政策过程中突现出来的。

实践层次上则通过使用复杂性语言和逻辑描述公共政策的内在复杂性,利用基于机制的多主体建模揭示公共政策的内部运行机制,给我们提供了重新认识和理解一些相关问题的机会和平台。

总体而言,政策的复杂性主要体现在三个部分:(1)政策议程的复杂性。政策议程指将政策问题提上公共部门的议事日程,公共部门正式决定进行讨论和研究,并准备如何制定有效政策加以解决的过程。(2)政策调适对象的复杂性。政策调试是在政策评估所获得的有关政策运行的反馈信息的基础上,对原有政策中不适应政策对象和政策环境变化部分,采取渐进方式进行调适,以便达到预期效果的一种政策行为。而政策调适对象的复杂性体现在政策目标、政策方案、政策措施、政策关系以及政策主客体之间的关系上。(3)政策技术的复杂性。随着现代经济学、博弈论、统计学等学科的蓬勃发展,该类学科的一系列成熟方法被运用于公共政策的分析当中,使得研究的问题范围得到拓宽，研究的宽度得到深化。大量利用实证方法的政策技术导致了创新型政策的进一步复杂化。公共政策复杂性的程度越高，政策创新也就显得更加困难。

（二）兼容性

政策创新就是要替代原有公共政策，因而要能体现出兼容性这一政策本身的创新特性。而兼容性主要体现在以下三个方面内容：

价值兼容。价值兼容要注意以下几点：创新型政策目标的设定要切合客观实际，注重扬长避短的修改，要注意新旧目标的统一和衔接，对于前后不一致的目标要做好沟通工作，对于目标的设定不能限定得过死。

内容兼容。创新型政策与原有的公共政策应该在政策方案、执行措施以及政策关系方面保持大体不变。

执行方式兼容。执行方式是公共政策的重要组成部分，政策在执行中出现问题，也会引起政策的调整。如果执行中出现了较大偏差，说明执行中的措施不当，政策措施没有把具体细节考虑周全。这些都涉及对执行措施和执行方案的调整。

如果创新型政策的兼容性强，那么创新型政策就具备路径依赖的特质。

（三）可适用性

当评价一项公共政策是否对现实问题具有良好的解释力和解决能力时，可以选取效果、效率、公平以及共识性这四个标准去进行判断。

效果。公共政策所要影响的目标群体是什么人；公共政策预期要达到的目的是什么。政策对于政策对象以外的情况或团体，也可能有影响。

效率。一项政策不仅可能影响目前的状况，也对未来状况有所影响。公共政策除了有直接的成本，尚可能有间接的成本。由于间接成本一般均不易量化，故在评估政策时常被忽略。

公平性。公共政策需要尽可能地做到客观、准确、公正。然而由于公共政策科学的逐步完善和价值取向的多元化，导致公共政策自身还残留有太多的主观成分，公共政策的创新难以达到应有的效果。

共识性。公共政策在进行政策创新时，必须要能够达到最大范围内的共识，才能获得更多的政策倾斜。

二、资源的可获取性

其一，政治支持。创新性政策是否获得政治系统的支持，一般体现在领导授意、财政资源支持、政策执行者认同、政策合法化议程的推进等方面。

在对政策进行决策后，需将政策合法化作为真正具有权威性的政策，以使其能够得到有效执行。政策合法化是法定主体为使政策方案获得合法地位而依照法定权限和程序实施的一系列审查、通过、批准、签署和颁布政策的行为过程。而公众参与是确保政策符合民意以及政策合法化的根本途径。

其二，舆论导向。舆论导向主要体现在创新性政策是否获得共识性支持。舆论导向的主要表征为政策实施后利益既得方和利益受损方以及政策潜在影响者对创新性政策的舆论评价。利益既得方一般认为根据现实状况重新制定的政策是唯一正确的选择。利益受损方认为现有的政策违背了传统的价值观念。政策潜在影响者也会通过直接或者间接的途径来对政策产生影响。具体来说，可以通过信息公开和媒体曝光、公开听证会等制度吸引舆论关注，确保舆论导向不偏离创新型政策预期结果。

其三，推行者授能。推行者授能是指国家权利机关对创新性的政策制定和执行者所授予的自由裁量权。自由裁量权主要包括：内容创设权、资金支配权、人事调控权以及政策创新失败后所承担的责任。

其四，物质人力资源支撑。物质人力资源的可支撑性主要体现在政策项目的预算以及政策创新的机构组织。在政策的制定、执行、评估以及监控等过程中，项目预算和机构组织在各个环节中起着重要作用。在既定的公共政策中，政策项目的预算和机构组织决定着公共政策达到既定的政策目标。

三、政治与组织文化

其一，政治系统的开放性。政治系统的开放性是指政治系统与外界环境进行资源交换的深度与广度，政治系统越开放，政策创新也就越容易。从系统发生论出发，公共政策是政策主体、客体与环境相互作用的产物。政治系统受内外部环境的综合影响，决定了公共政策的创新活动具有一定程度的开放性。

其二，组织结构。组织结构的设计应该能够畅通纵横两方面的信息流，而这些是实现公共政策创新所必须考虑到的。组织结构一般通过组织结构的弹性、同质性、组织层次以及组织幅度来影响政策创新，也决定了政策创新的有效性。

组织弹性是指组织应对逆境的能力，在面对异常、令人担忧的或意想不到的威胁之后，能够恢复和回到常态。组织同质性是指由特点相似的个体组成的群体。而同质的成员关系可能较适合具有特定需要的某个目标群体。组织层次是组织自上而下地实施指挥与监督的权力极差。组织幅度指的是在一个组织结构中的一名领导者直接领导的下属人员的数目。

其三，组织冲突。组织冲突是指组织内部成员之间、成员个人与组织之间、组织中不同团体之间，由于原有公共政策利益上的矛盾或认识不一致而造成的彼此抵触、争执或攻击的组织行为，是一个从知觉到情绪再到行为的心理演变过程。该过程主要受目标不相容、差异化、依赖性、资源匮乏、模糊性以及沟通不当等因素影响。组织冲突越为频发和集中，进而会导致不同群体之间的利益冲突加剧，政策创新也就显得越为困难。

其四，组织激励结构。组织激励结构是指能否打破结构依赖、价值依赖，进而鼓励员工创新。马斯洛创立了"需求层次理论"，它将人的需求分为七个层次：生理需要、安全需要、友爱与归属需要、尊重需要、求知需要、求美需要和自我实现需要。而人只有在低层次需求得到满足之后，才会对较高层次需求产生满足。因而，在基本满足公共政策所影响的群体的需求之后，公共政策的创新行为才显得较为轻松。

其五，领导风格。领导风格是指领导者的行为模式。领导者在影响别人时会采用不同的行为模式达到目的。按照工作行为和关系行为的划分，领导风格主要有告知型、推销型、参与型以及授权型这四种。

告知型。领导者对于被领导者给予明确指导并近距离监督。例如，政治领导通过自上而下的方式对被领导者给予强有力的关注，而确保公共政策的创新。自上而下地强制推进政策以及领导跟进的政策创新路径就受这种领导风格的影响。

推销型。领导者对于被领导者进行监督、指导、倾听、鼓励和允许试错以鼓励对方参与决策。例如，政治运动式创新路径就属于此种领导风格。

参与型。领导者鼓励被领导者自主决策，鼓励他们按照自己的方式做事情。例如，区域扩散的公共政策创新路径就属于此种领导风格。

授权性。由被领导者自己决策并执行。该种领导风格适合区域扩散的公共政策创新的更好实施。

其六，组织民主氛围。组织民主氛围越强，组织也就呈现出一种开放式的氛围，职员参与组织决策的机会也就越多。组织内部信息渠道的畅通，使得多元的想法、不同的意见更加容易注入到组织制定公共政策的议程中，也会促进政策创新。

第五节　公共政策创新的路径与策略

一、自上而下强制推进

其一，主体结构。在自上而下强制推进的路径中，主要存在立法机关、政治领导以及公务员等相关主体。上层的立法机关通过和政治领导进行协商，决定政策目标以及政策的内容，由下一级去实施。自上而下的公共政策创新是指：经由顶层设计而运用政治手段、法律手段以及行政手段层层推进的路径。

其二，机制运行。自上而下政策创新途径：权力配置机制、资源供给机制、责任机制以及监督机制。

其三，方法工具。上级机关运用自身在法律权限内的职权通过政治引导以及行政指令来确保政策创新的层层推进以及正常实施。

二、区域扩散路径

政策由某一区域进行创制实施，然后通过政策模仿而在另一地区进行实施。区域扩散路径的前提是政策在某一地区的实施收效良好。

其一，主体架构。在区域扩散这一公共政策创新路径中，存在行政机关、政治领导以及大众传媒等主体。行政机关负责公共政策的具体实施，政治领导在注意到一项政策创新取得良好的效果后，会通过自身的权威进行推广。大众传媒注意到一项政策创新的良好运行后就会进行宣传。例如，国家监察体制的改革就是在北京、山西以及浙江这三个地区试点取得良好效果之后，才向全国开始大规模推广的。

其二，机制运行。区域扩散创新途径：权力配置机制以及责任机制。区域扩散创新途径一般由某一现象来影响政府部门进而做出决策，最后进行全面推广来影响政策创新。

其三，方法工具。上级机关会广泛宣传政策创新的好处，运用放权、经济激励等手段，通过潜移默化以及显而易见的手段去进行影响。

三、政治运动式路径

政治运动一般表现为一种干群一体化动员，从中央权力核心出发，自上而下贯穿多个治理层级，借助于领导个人魅力、政治宣誓等手段，层层发动与实施，最终达到彻底击穿社会的动员效果。

其一，主体架构。在政治运动式路径中，主要通过领袖以及中央政府这些主体发挥作用。领袖一般具有设定政策目标，选择意识形态目标的职能。中央政府一般具有建立工作机制、发动一般干部和群众的职能。领袖一般设定大的政治方向以及政治目标，中央政府则具体负责政治运动的具体实施，最后对政治运动进行评估、纠正和巩固。通过强化政策宣传的途径让各级干部充分了解和深刻认识各项方针政策，同时将强制执行与说服教育相统一去执行，化消极因素为积极因素，带领广大人民群众为保证党的方针政策的贯彻落实而竭尽全力。

其二，机制运行。政治运动式创新的途径：动员实施机制、反馈和纠正机制。

其三，方法工具。政治领导在为中央政府确定目标后，政府就会通过行政手段以及思想诱导手段引导广大干部群众去开展政治运动，实施公共政策创新。

四、领导跟进路径

领导跟进路径主要是指政策创新的提出和议程是相关领导掌控和主导的，其更多体现了领导人的意志力。

其一，主体架构。在领导跟进这一路径中，存在政治领袖、行政机关等主体。政治领袖对政策创新的方向和内容确定基本范围，行政机关则根据政治领袖的意志去组织实施。在整个决策环节中，政治领袖负责决策，而行政机关负责执行。政治领袖会在公共政策创新的每个途径进行指导。

其二，机制运行。领导跟进创新途径：动员实施机制、反馈和纠正机制。由危机和突发事件产生，引起政治领袖的注意，通过向政治组织施加影响来推动政策创新。

其三，方法工具。由行政手段以及思想诱导手段构成。实行抓中心工作、以点带面的领导方法。政策执行者按照政治领导人的指示去抓好典范，以一种形象化的东西去说服教育。

五、垂直影响路径

垂直影响是指由政治系统的上一层级首先进行政策创新，然后其下级顺应模仿。其类似于自上而下路径，并非政策创新的强制推进，而是下级的自发承受和模仿。

其一，主体架构。在垂直影响这一路径中，主要有行政机关以及公务员群体等主体。行政机关负责政策的调试和改进，进而引发创新，下级机关在观察到成效之后自然而然的同上级机关保持一致。在公共政策创新开始实施以后，公务员群体开始对实际中可能产生的各种问题向上级行政机关反映。两者之间呈现相互互动的关系。

其二，机制运行。垂直影响创新途径：权力配置机制、资源供给机制、责任机制以及监督机制。

其三，方法工具。政治系统的上一层次在实施政策创新后，取得了预期效果，起到了示范作用，这就会引导下一级政府自愿去实施政策创新。

第十章
公共政策网络创新平台

公共政策一般以法律条文、政府公告、政府规章制度等形式出现，其内容是为解决公众关心的问题所采用的行动方案与策略；其作用对象是公共问题；其目的是实现公共利益。因此，公共性是公共政策的根本特征。我国作为社会主义国家，为人民服务是中国共产党的根本宗旨，《中华人民共和国宪法》也规定："中华人民共和国的一切权力属于人民"，"人民依照法律规定，通过各种途径和形式，管理国家事务，管理经济和文化事业，管理社会事务"。公民参与公共政策，使得公共政策体现人民大众的意愿和利益，是社会主义民主制度优越性的集中体现。随着网络信息技术的发展，人们的生活、工作方式发生极大改变，数字化、网络化必然将成为，甚至已经部分成为公共政策的特征。在这一时代趋势下，建设能支持公共参与公共政策的网络创新平台就成为亟待解决的问题。

第一节 新时代公众参与公共政策的特征分析

公共政策是政府工作的一部分，公众参与"是平民试图影响政府决策的活动"（塞缪尔·亨廷顿），参与的主体为平民、普通公众，参与的对象则为政府政策。政府不仅需要为公民提供新的服务，满足公民提高生活质量的需求，以此来体现政府的价值，而且还需要让公民能够参与到这些服务的提供中来[1]，公民参与被认为对国家、社区，各主体间的关系互动和个人的价值

---

[1] Sehl. Mellouli, Luis. F. Luna-Reyes, Smart Goverment, Citizen Participation and Open Data. Information Polity, 2014, 19 (1): pp. 1–4.

实现具有广泛而繁多的益处①。现代国家走向政治民主和政治文明的一项重要特征就是公众参与。对于我国来讲，新时代的社会主要矛盾已经转化为人民日益增长的美好生活需要和不平衡不充分的发展之间的矛盾。人民美好生活需要日益广泛，不仅对物质文化生活提出了更高要求，而且在民主、法制、公平、正义、安全、环境等方面的要求日益增长。这就要我们的国家治理体系和治理能力进一步加强，公共政策的制定、执行和评估等必须遵循新时代的我国社会主要矛盾已经改变这一论断，公民参与公共政策正是解决新时代我国社会主要矛盾的应有之义。

一、公民参与公共政策是大势所趋

作为政府提供的公共产品，一项公共政策的出台总是针对某一社会问题、某一公众群体等。对于公众参与社会治理、对公共政策施加影响，甚至直接参与决定公共政策的制定或执行等，我国学者俞可平认为，"公民参与首先是公民这一参与主体主观上有着参与的需要，并且在公域的范围之内立足于表达自身需求，通过各种途径试图影响公共政策的所有活动。"② 即公民参与是一种公民自身自发而来的参与形式。

公民参与可以追溯至古希腊雅典城邦的直接民主，而其理论渊源和基础则可以追溯到卢梭和密尔的民主思想，强调"参与"对民主的重要性，包括"公众参与"在民主发展中的地位和作用。纵观民主理论自古典时期的直接民主到近代以来的各种思潮和理论，公民参与都或多或少地占有一席之地，形成西方国家的参与型文化传统。20世纪50年代，"公民参与"被引入政治学和公共管理学领域，公民参与公共政策自然成为研究课题；20世纪70年代，新公共管理运动在西方兴起，针对传统公共行政导致的官僚制度存在的问题，如政府部门膨胀、低效率、缺乏对人民的责任、政府绩效差等，西方发达国家着手研究政府的治理模式如何进行改革，强调基于"政府—社会—公民"三者互动的新模式。新公共管理运动强调政府不仅是以管理和掌控方式，还须作为服务的主体来进行行政，更加注重"人"和"公共利益"；主张建立以民主、公正为价值取向的新公共行政，不断回应公民诉求，实现公共利益③。在这一背景下，公民参与政府行政决策成为现代西方政府公共管

---

① Wandersman, Paul. Florin, Abraham. , An Introduction to Citizen Participation, Volutray Organizations, and Community Development: Insights for Empowerment Through. American Journal of Community Psycholgy, 1990, 18（1）.
② 俞可平：《公民参与的几个理论问题》，《学习时报》，2014年12月8日，第005版.
③ 高建华：《论服务行政的理念及其实现》，《楚雄师范学院学报》，2014年第8期，第87—91页.

理发展的重要特征。与此同时，有不少研究人员结合其所在国家的实际情况，研究公民参与公共政策的实际操作，如公民参与公共政策的方式、人员构成、技术掌控等，从而为公民参与公共政策提供了更多的实践指导，典型代表有约翰·克莱顿·托马斯所著的《现代公共决策中的公民参与》一书。

在我国，虽然在很长一段时间内，公共政策的制定执行主要由政府主导，带有明显的计划经济体制特征，公共政策制定的透明性、公开性不强，没有得到公开、有效和充分的论证，导致公共政策的科学性得不到提高，政府的公共管理能力下降，不能满足日益发展的社会变化。随着我国经济、政治、社会各方面的变迁和发展，自20世纪80年代以来，在学术界，公民参与公共政策的研究也逐渐开始展开和得到重视。同时，随着我国市场经济的发展和社会结构的变迁，也催生出了大量的社会组织，市场主体力量得到扩展，为公民参与公共政策奠定了力量基础；我国经济发展水平和综合国力不断提升，社会公众生活水平也得到极大提高，为公民参与到党和政府的公共政策制定过程奠定了物质基础；我国对科教文卫事业及社会管理等方面的投入不断扩大，公民政治素养得到很大提高，也促进了公民和社会组织的政治参与热情[①]。在政府行政管理实践中，在有相当多的社会管理领域，也逐渐有公民参与公共政策的制定等各个阶段。参与式民主亦被专家视之为中国特色社会主义民主的一种实现形式[②]，时至今日，已有不少公众参与公共政策的成功案例。党的十八大报告指出，"增强决策透明度和公众参与度，制定与群众利益密切相关的法律法规和公共政策原则上要公开听取意见"。党的十九大报告依据对社会主义新时代我国社会主要矛盾的论断，进一步指出"必须坚持以人民为中心的发展思想"，"推进国家治理体系和治理能力现代化"；"保证人民依法通过各种途径和形式，管理国家事务，管理经济和文化事业，管理社会事务"；"有事好商量，众人的事情由众人商量着办"。

作为公共政策领域中的主体之一，公民的参与对于完善公共政策、提升政府治理水平意义重大。

（一）建立政府和公众的良性互动，提升公众对政府信任度的内在要求

公民参与公共政策的过程不仅在形式上和实质上赋予公民表达和维护自身利益的机会，而且它更维系了公民与政府之间的良性互动关系，是政府公共政策的合法性基础和执行力保障。在现代社会民众诉求愈来愈多元化的趋

---

① 史国辉、周涛：《公共政策中的公民参与问题：价值、困境与路径选择》，《嘉兴学院学报》，2017年第29卷第2期，第119—123页。

② 宋惠昌：《"参与是民主"：中国式民主的一种实现形式》，《北京日报》，2011年11月21日。

势下，公众通过参与公共政策，合法、合理、合情地表达自身的利益诉求和意愿，对公共政策执行过程可能出现的偏差及时发声，既能提高公众参与公共政策认知的理性程度，也有利于公众更好地理解政治、经济、社会利益的合理分配，从而增强公众对公共政策的认同度，体现出公共政策的公平和正义。从最初的议题选定到政策制定、执行、终结（退出）的全部过程中，政府将公共政策公开透明地展现在公民面前，既能避免出台与民意大相径庭的政策，也可以大大降低执行过程中的营私舞弊、弄虚作假等可能性，同时在执行中出现失当、失误时能及时加以纠正，避免"一项行政决策作出就意味着决策结束，不对该决策的实施效果进行跟踪评估"[1] 这类现象出现。通过实现程序正义，提升政策公信力，减少政策偏差，降低政策执行的阻力，提高公众对政府的信任程度，一定程度上可缓解民众与政府间的矛盾，对维护和促进社会的稳定大有裨益。"善治的本质就在于它是政府与公民对公共生活的合作管理，是政治国家与公民社会的一种新型关系，是两者的最佳状态。"[2] 公众参与公共政策，形成公民与政府之间的良性互动，有利于实现以公众利益为核心的社会利益，通过建设更高层次的民主行政，促进社会和谐稳定和发展，让中国特色社会主义民主内化于心外化于行。

（二）优化政府公共政策的必由之路

社会的发展使得公共事务更加错综复杂，一个公共问题可能涉及多个方面，需要从多维度多层次进行综合全面的考虑，这些专业性、复合性问题仅仅依靠政府自身的力量很难制定出科学、合理的政策。从政策议题确定开始，甚至在开始前就需要充分吸收、分析民意，帮助政府充分了解各利益相关方的具体诉求，准确抓住问题的核心和关键矛盾，从而合理制定政策，提升决策理性。而在政策的执行阶段，即政策执行、评估与调整等时期，政府保持与公民实时沟通，及时获得政策执行的反馈情况，有助于增强政府执行力；公众的参与还能够预防政策执行者的随意性、盲目性，预防政策执行过程中以权谋私、独断专行等行为的发生，预防公共政策执行结果出现偏差，便于监督政策执行者的行为并追究其相关责任，确保政策执行的科学性、信息反馈的正确性，从而对政策起到制约和监督作用；同时，在可能发生的政策执行过程中出现问题的情况下，由于公民对政策的制定执行情况清晰明了，通过与政府的良性互动，公民更易于理解和接受，乃至给出合理的调整

---

[1] 宁国良、罗立：《公共政策公信力：构建政府信任的重要维度》，《政治学研究》，2012年第6期，第108—114页。

[2] 俞可平：《善治和治理：一种新的政治分析框架》，《南京社会科学》，2001年第9期，第40—44页。

意见，促使政策不偏离原始目标，进一步达到优化政府政策的目的。

（三）实现社会公共利益最大化的应有之义

在利益分析视角下，公共政策的本质是公共政策主体对公共资源和各类价值的权威性分配，反映的是社会利益关系[1][2]，是从公共利益出发对各种利益关系进行调节的具体管理方案，强调了其主要目的性、管理特征及其社会协调作用。公共政策可以看作以政府为核心的政策群体依据特定时期的目标，通过对社会中多元利益主体的各种利益矛盾进行协调、对利益诉求进行选择与整合，在追求有效增进与公平分配社会利益，实现利益平衡与和谐的过程中所制定的行为准则[3]。公共政策领域常用的政策网络（Policy Network）分析范式，即使用以政府为核心，包含其他政策主体在内的多元复杂利益博弈模式来解释公共政策的过程及其实质。公共政策的过程与利益的选择、分配和落实的动态过程是同步的。在这一过程中，多元利益主体（包括公众、社会组织/团体等）需要表达自己的利益要求，以求作为输入进入政策制定系统，参与利益博弈；而以政府为核心的政策群体则对自身利益需求和公共利益进行考量，调整、整合和均衡复杂的利益关系。存在公众这一博弈方，且其能为了各自利益的最大化，充分表达利益诉求并积极参与相互竞争和博弈，才能确保经由利益群体的综合，通过利益竞取、均衡和妥协，实现公共利益的最大化。

据中国互联网络信息中心发布的报告[4]，截至2017年6月，中国网民规模达7.51亿，互联网普及率为54.3%，其中手机网民规模达7.24亿。随着互联网的不断深入普及，它的功能已不限于信息的传递及知识的共享，而是深入到现实社会当中，并在一定程度上改变着社会的方方面面，包括舆论表达，如Twitter、Facebook、微信、微博等。信息技术的发展彻底打破信息传播的时空限制和人为干预力，政府对社会事件、公共舆论、公众行为的强制性权力骤然降低，政策决策过程也不可避免地受到多元社会力量的影响[5]，正如霍华德·内恩戈尔德所说，互联网可以说就是为公众而设计的，它提供了监控整个世界的工具，形成了对现存的政治等级和垄断局面的巨大挑战[6]。

---

[1] D·Easton. The Political System. New York：Kropf, 1953.
[2] 王春福：《公共政策论——社会转型与政府公共政策》，北京大学出版社2014年版。
[3] 冯静、杨志云：《利益视角下的公共政策过程分析》，《中国行政管理》，2009年第1期，第26—30页。
[4] 中国互联网信息中心：《中国互联网发展状况统计报告》，2017年8月4日。
[5] 万旋傲：《网络传播环境下中国公共政策议程输入机制研究》，上海交通大学2015年博士论文。
[6] 詹姆斯·卡伦著，史安斌、董关鹏译：《媒体与权力》，清华大学出版社2006年版。

网络范围的不断扩大和下沉,网民数量的不断增多,网络对政治、经济、社会生活方方面面的不断渗透,网络舆论的触角常常伸到政府公共事务和公共决策上来,这些决定了公民参与公共政策过程成为不可逆转的趋势[①]。而这一趋势正随着网络技术的不断发展在不断加速,公众参与公共政策范围在不断扩大和深入,这些无一不标志着在信息网络时代,公民基于网络渠道参与公共事务成为公共政策领域最大的时代特征。与其事后解释和澄清,不如一开始就从公众民意中进行公共政策选题,加强宣传引导,加强监督,从群众中来,到群众中去。一定程度上,建设能汇集民意的公共政策网络创新平台,为自媒体时代网络舆论形势所倒逼。信息网络时代的政府必须拥抱网络,近年来各级政府部门都在不断倡导电子政务、开放官微官博等,积极利用互联网技术,转变政府执政理念和技巧以跟上社会环境变化。

在网络舆论环境下,除了传统的自上而下的公共舆论生成逻辑,还形成了多维度、上下互动的公共舆论形成机制,舆论主体呈现异质、多元特征[②],为公众参与公共事务提供了活动空间,这是政府处理公共事务面对的新挑战,同时也为政府基于网络技术改善行政效益提供了新的机遇。政府通过网络平台、新媒体技术等引导公众参与到政府主导的政策讨论中;公众也能利用网站、微信及微博等平台,既可以主动发声,表达自己对公共事务的观点,也可以积极参与到党和政府的公共政策过程中建言献策。而大数据技术更是为政府分析舆情、了解民意提供了强有力的工具。网络信息技术为公众参与公共政策和公共事务的讨论、协商和决策提供了现实可行的物质基础,同时信息网络的密度、"小世界"等特性,信息传递的高时效性等,使得公众了解信息,发表自己的看法,进行讨论、沟通和协商的模式发生了很大改变,这也为公共政策领域的研究者和参与者提出了新时代的新课题:如何充分利用网络信息技术,使得公众更好地参与公共政策,使得公共政策过程更加科学,公共利益得到更大程度的实现。

二、公众参与公共政策受挫的典型案例分析

近年来,我国一直强调建设服务型政府,进一步深化政务公开,对社会热点问题、典型重大事件及时回应,政府部门一般都开放了官方微博、微信公号等网络发声窗口,积极建立起公众参与的多种渠道。但是我们还是要看到,一方面,现实中仍然存在一些制约公民参与公共政策的问题;另一方

[①] 方玉梅、张雨芊:《公民参与公共政策全过程的主要障碍及对策——基于政策过程模型的分析》,《沈阳工业大学学报(社会科学版)》,2017年第10卷第4期,第371—375页。
[②] 李强、刘强:《互联网与转型中国》,社会科学文献出版社2014年版。

面，热点事件的网络舆情发酵，频繁出现公共政策"被公众参与"的现象，来自公共治理现代化以及公众参与行动的倒逼，业已成为公共政策推行时不得不面对的困境①。即在公众参与公共政策这一大的时代趋势下，公众参与了公共政策并不一定会取得"理想"结果。在《民主决策与公众参与问题的思考》② 一文中对公众参与情况下公共政策受挫的三个典型案例进行分析，下面引用该文所列案例。

案例1："科学决策"屡遭挑战——系列PX（对二甲苯）化工项目落马

近年来，围绕PX化工项目的公众抵制事件时有发生。继厦门"集体散步"（2007年）最终导致海沧PX项目迁出以后，大连（2010年）、宁波（2012年）、昆明（2013年）、九江（2013年）、茂名（2014年）等地也相继发生公众抵制PX项目的群体性事件。一时间PX项目成为洪水猛兽，在持续的公众抵制潮涌中，一些地方政府甚至做出"永不上PX项目"的绝对化承诺。而因PX项目在一些地区相继受挫引发的"邻避效应"，正发酵为一浪又一浪的公众抵制运动，成为制约区域经济发展格局的一个重要因素。类似案例广泛存在，预计将来还会持续涌现。站在公共决策管理的视角，探讨系列PX项目上马到落马的轨迹，我们可以得出这样的认识：以往人们更多关注决策的科学化问题，即决策的结果是否符合客观规律、决策的方法和程序是否符合科学化的要求。而现实情况是：当决策的合理动机生成一项公共政策时，其能否顺畅落地，不仅仅取决于决策的质量要求，而往往受制于公众的接纳程度。可以说，随着中国社会的深刻转型变迁，以公众利益表达为核心的外部介入机制正与"决策科学化"发生激烈的冲突。

回到PX项目决策本身，从项目可行性论证以及环评结论来看，PX并非人们眼中的洪水猛兽，规划这样的项目并没有违反科学决策的要求。而且除大连PX项目外，其他项目仍处在环评和听证阶段，并没有逾越决策科学化所设定的方法和程序。问题出在公众介入或参与环节，决策失效不是因为科学化不足，而是因为民主化不够。各地重大化工项目屡屡受挫表明决策者仍未走出僵局，反而使得政府与公众双方更为敏感；决策者因畏惧公众抵制，试图在决策过程中屏蔽或操纵公众参与，

---

① 中央党校厅局级干部进修班课题组：《民主决策与公众参与问题的思考》，《中国领导科学》，2017年第6期，第39—41页。

② 中央党校厅局级干部进修班课题组：《民主决策与公众参与问题的思考》，《中国领导科学》，2017年第6期，第39—41页。

其结果往往导致更大的抵制性公众参与,最终迫使决策无疾而终。

案例2:主动引入公众参与反遭质疑——红会社监委的困境

与部分PX项目试图绕开公众不同,中国红十字会总会组建社会监督委的决策动因,是谋求主动引入社会监督和公众参与机制。

2011年6月,中国公益领域发生了一起轰动事件,即"郭美美微博炫富事件"。这起事件将"百年公益老店"——中国红十字会推向风口浪尖。虽然经过中国红十字会的官方澄清和有关方面的联合调查,以及郭美美本人自证,人们逐步认识到这位微博炫富的女孩子的财富来源与红十字会毫无关联而且这起事件的幕后推手"秦火火""立二拆四"等在国家对互联网谣言的专项治理中亦被绳之以法。但是,这起事件对红会的负面影响至今仍未完全消解,公众对包括红会在内的公益组织进一步提高其公开透明度的诉求,以及主动接受社会监督的呼声越来越高。

2012年7月,国务院《关于促进红十字事业发展的意见》下发,根据该意见精神,为进一步回应社会关切、加速公开透明进程,中国红十字会总会开始酝酿组建由业内专家学者、公众意见领袖、社会志愿者等组成的社会监督委员会,作为社会公众代表,履行对红会的监督、质询以及决策咨询等职能。同年12月,红会社监委正式成立。红会自觉设定社会监督机制,主动引入公众参与,无疑值得肯定,也应该赢得积极的社会评价。但事与愿违,社监委运转不到半年,即被扯入质疑的漩涡,先是被认定为红会的"公关部",只为红会辩解和说好话;继而四名委员被疑与红会有利益关联。社监委被质疑的核心问题是:其委员并非社会公选,而只是受红会邀请,因此存在内部交易的可能和空间。

深陷其中的中国红十字会感到十分困惑和纠结:监督红会当然要引入业内专家和知情者,四名业内资深委员的介入怎么会与利益关联挂钩?社会公选直推是一个好命题,但是现实中又如何操作?目前红会社监委仍以十分尴尬的身份艰难运行,其何去何从仍然是一个问题。红会社监委出身"悖论"的争议,对公共决策者提出了新的挑战:在决策者主动引入公众参与却未被公众接纳的现实面前,如何有效设计公众参与,是需要认真思考的问题。

案例3:因公众票决而久拖不决——酒仙桥危改民主决策僵局

2007年,北京市朝阳区酒仙桥地区"票决拆迁"模式曾经被认定为中国决策民主最大胆、最直接的范例。这个建国以来北京市规模最大的单个拆迁项目，因适用"居民票决结果决定危改进程"的民主形式，立即引发全国范围的关注和热议。一时间，"全民公投""民主拆迁"的"酒仙桥模式"成为决策民主的表征和热词。时至今日，人们发现公共管理者"还政于民"的美好意愿，以及评判者使用的华丽辞藻并不能替代这个涉及5473户居民、18家企事业单位的近20万人的重大民生项目久拖不决的现实。公众票决制看起来是一个"好东西"，但是它使"拥有产权的成套单元房住户"，以及"无产权的单位公房住户""合居筒子楼住户""平房住户"等等，如此繁杂的产权结构、房屋单位属性、居住类型的各种利益诉求集中呈现出来，注定众口难调。随着酒仙桥"票决拆迁"陷入僵局，显然这一最大程度将权力让渡给公众的民主决策模式也同样陷入了僵局。面对"票决僵局"，不得不令人思考如下问题：如何引入公众参与？公众参与深度如何界定？多元复杂的利益格局下如何设计公众参与方式？分散协商式参与还是整体协商式参与？等等。

从这三个案例我们可以看到，理想情况下公众参与公共政策必将提高民主程度和政府公共管理能力，但在实际情况中有可能并非如此，公众参与深度、公众参与的时机、公众利益类型、公众参与方式等都将直接影响公众参与效果。现实情况中公共政策的"民主化不足、被动民主化、被迫民主化"，往往造成公共政策从制定到推行过程中受挫。

三、我国现阶段公众参与公共政策的主要问题分析

上一小节列出的三个典型案例，足以引发我们对科学决策、民主决策的理念、路径和方式方法的思考①。转型时期中国的社会结构正在发生深刻变化，公共政策离不开公众的参与，公众日益走上公共治理的前台；但同时传统行政决策体制的影响依然存在于公共政策领域，公共决策管理体系的深度调整和变革势在必行，在调整改革中必须对公众参与深度、公众参与的时机、公众利益类型、公众参与方式等加以综合考虑。为了后面的进一步研究，本节将主要分析我国现阶段公众参与公共政策的主要问题：

（一）传统的决策体制影响公众参与

现阶段公共政策的制定仍然存在着一些不良的现象：缺乏科学有效的论证，过于简单的决策程序和过于依赖领导者进行决策等，科学、民主化政策

---

① 中央党校厅局级干部进修班课题组：《民主决策与公众参与问题的思考》，《中国领导科学》，2017年第6期，第39—41页。

决策的机制尚未完全形成和彻底推行；精英决策观念在有些官员头脑中根深蒂固，他们习惯以居高临下的方式处理问题，认为公共政策是政府的内部事务，公民没有必要详细了解政策发展全过程，也不希望公民看到透明化的政府；有些官员即使开展了"阳光政务"，也只公开次级信息，对涉及公众核心利益的信息讳莫如深，公开流于形式，政府信息公开滞后、信息公开范围缩小等现象时有发生，进而影响了公民的参与。这些现象都是典型的传统决策机制的表现，即主要依赖于专家的权威性决策体制，社会公众被排斥在公共部门的决策体制之外。诸如涉及与社会公众相关的公共政策，听证会之类的往往都在决策即将实施之前才召开。这种决策机制表现出"高度的政府整合性和组织一体性"和"内输入"的特征[1]，即在确定公共政策议题和最初的决策制定阶段，公众的意见并没有作为输入进入决策生成机制。行政传统会对公民参与公共政策制定产生影响[2]。我国的公共政策体制深受到传统的行政和决策的影响，并没有形成科学化、民主化的政策决策机制，有些政府或者部门往往对输入性参与的重视不够，仅仅对政策执行时候公众参与采取一定的措施，即输出参与，这种决策机制下带来的必然后果就是，对社会大众的各种建议和诉求的了解与吸收不够，影响到公民参与公共政策的实际效果，自下而上的社会利益表达机制尚未真正有效建立[3]。

（二）公众参与渠道不畅通

公民参与公共政策全过程需要政府和公民间实时且有效的沟通，实时沟通能够增进双方的理解和认同，从而有助于政策目标的实现[4]。尽管政府努力拓宽公民的政治参和民意表达渠道，但远跟不上多元化的公民利益诉求，公民参与的制度供给与公民多样性的利益表达需求之间还存在着矛盾[5]。目前政府与公众沟通渠道尚不完善，还未能实现高频率、连续性的沟通，公民表达诉求的途径、程序、组织化程度，监督和制约公共部门权力的方法及程度，人身救济与保障等方面都有不足，影响和制约着公民政治参与的热情与效果。一旦公民在利益诉求受阻，试图通过"非正常"的渠道来进行表达时，就可能会产生"非理性"的结果。沟通渠道是公民参与政策的基础，受

---

[1] 李强、刘强：《互联网与转型中国2014》，社会科学文献出版社2014年版。
[2] 陈振明：《政策科学——公共政策分析导论》，中国人民大学出版社1998年版。
[3] 史国辉、周涛：《公共政策中的公民参与问题：价值、困境与路径选择》，《嘉兴学院学报》，2017年第29卷第2期，第119—123页。
[4] 方玉梅、张雨芊：《公民参与公共政策全过程的主要障碍及对策——基于政策过程模型的分析》，《沈阳工业大学学报（社会科学版）》，2017年第10卷第4期，第371—375页。
[5] 史国辉、周涛：《公共政策中的公民参与问题：价值、困境与路径选择》，《嘉兴学院学报》，2017年第29卷第2期，第119—123页。

时间、空间的限制，公众很难通过传统沟通渠道及时与政府沟通，也难以掌握政策的变化走向。即使通过传统沟通方式能勉强实现公民参与政策全过程，也将耗费大量的财力、物力，投入成本过高，不是长久之计。相对较新的沟通渠道没有充分发挥其作用，虽然出现了网络听证等创新听证方式，但并没有得到很好的推广；政府已经运用微信、微博等官方新媒体，但他们本身被视作辅助渠道，更不遑论为数不少的官微官博已沦为"僵尸账号"。公众一旦选择在网络公众平台进行曝光，往往会迅速发酵形成"舆论风暴"，如近期的"雪乡宰客""东北投资黑洞"等网络热点事件，虽然起到倒逼政府、促进解决问题的作用，但同时不可避免地损坏了政府形象和公信力。这些问题需要制度性改革来加以解决，完善已有渠道，增添新的渠道，保障各渠道的畅通，使公众最大限度地表达其诉求。

（三）复杂的网络环境易于加剧冲突，导致公众的"非理性参与"

网络为公众参与公共政策提供了物质基础和快捷通道，但与之对应的是网络信息良莠不齐。网络天然具备虚拟和隐蔽性，公众视听易被虚假信息所蒙蔽，加大了公众网络参与公共政策的难度。一方面，由于网民可以匿名在网上发表看法，这极大加剧了和现实政治参与受现实社会制约脱节，导致现在网络上经常出现发表言论不理性，断章取义，夸大其词，或因不了解真相而听取谣言并在网上散布谣言，渲染、夸大，甚至歪曲事实，并公然用非理性方式表达对公共政策或施政措施的不满，煽动更多不明真相的群众加入，乃至各种网络犯罪层出不穷等现象。另一方面，网上信息的无限性、可操纵性、极端化情绪化趋势，导致了公众参与公共政策可能向非理性化方向发展，对社会政治生活的安全有序局面造成一定程度上的破坏。尤其是，现今随着新媒体、自媒体等网络媒体的迅猛发展，网络舆论环境日益复杂，"带路党""公知大 V"等在网络上鱼龙混杂，其中不乏身负不可告人目的者。他们发表的意见极有可能对他人的价值观及对某事的评判、看法造成影响。公共政策一旦处理不慎，就会陷入网络段子手的群嘲之中，网络天然伴生的群体效应又会加剧这类话题的热度和传播广度，一旦"非理性参与爆炸"的行为持续下去，对政府的公信力、决策能力和执行能力等将带来巨大负面影响，严重损伤党和政府与民众的关系，最终会危及社会主义民主政治的正常健康发展。

（四）公众的参与意识和参与能力参差不齐

一方面，受传统行政决策体制影响，普通公众参与公共政策的意识并不是特别强烈，认为政府的事归政府管，对与自己切身利益不相干的公共事务没有参与兴趣，作壁上观，跟风思想严重，甚至有的在害怕遭到报复之类的老旧思想影响下,对于自身利益相关的公共事务也采取自己不出头,"搭便车"的行为方式。这些情况随着社会的发展和人们思想的开放逐渐有所好转,普通公众开始有了参与决策的意识和表达诉求的欲望。另一方面,公众参与公共政策的效果很大程度上取决于其个人素质、道德意识和知识水平等因素。假设让品德不端并缺乏专业知识的公民参与公共管理,一定程度上会对最终决策的合理性产生不良影响。如果公众缺乏准确表达自身诉求的能力,缺少和政府进行有效沟通的素质,即使其有强烈的参与愿望,也有机会参与政策全过程,但受困于其参与能力不足,极有可能会适得其反,提不出建设性意见,参与效果也难以达到预期。虽然公众的受教育程度与参与能力正相关,但并不是必然的因果关系,受教育程度高不能说明参与能力一定强,现在网络谣言的传播人群众中网络骗局的受害者中都不乏高学历者。公共政策参与能力需要通过对公众进行有意识的训练得到,不能一蹴而就。因此,一边是实际生活中真正具有较高参与能力的人并不多,一边是日益复杂的公共政策对公众的参与能力提出了更高的要求,随着社会的进步,分工的细化,两者之间的矛盾有着加剧的趋势。

(五)公众参与未能有效覆盖公共政策全生命周期

政策过程模型[1]也被称为政策生命周期理论[2],是指原初政策问题进入议程后,经过政策当局的规划、决策、执行、评估至该项政策的终结所要经历的时间跨度和期限[3],其重点在于强调政策是一个动态的发展过程。尽管实际操作中有些政策的过程只是过程模型中的某些阶段,政策周期也不尽相同,但过程模型很好地体现了政策的动态特征和其议程确定、政策设计到施行的逻辑关系,便于从整体分析、把握政策生命过程中的各种政治行为,为政策制定与执行提供一个完备的科学框架,使政策制定的科学化和民主化要求得到充分表达。理想状态下,公共政策过程中的公众参与就是公民运用各种合法的途径参加政治生活,并有序参与到公共政策的制定、执行、评估、监督等一系列环节,从而影响政府公共政策运行并实现和维护整体社会公共利益的过程。而实际情况下,虽然公众参与深度、广度在不断扩张,但仍然局限于片段式、静态式的参与。

(六)公众参与公共政策的形式简单,制度化保障不足

局限于传统行政管理思路,公众参与的途径和形式仍然较为固化和简

---

[1] Katy. Huxley, Administrative traditions and citizen participation in public policy: a comparative study of France, Germany, the UK and Norway. Policy & Politics, 2016, 44(3): pp. 83–402.

[2] 保罗·A. 萨巴蒂尔著,彭宗超、钟开斌译:《政策过程理论》,生活·读书·新知三联书店2004年版。

[3] 谢明:《公共政策导论》,中国人民大学出版社2015年版。

单。现阶段政府主导的公民参与公共政策，主要有听证会、调研、访谈等形式，而公众主动参与公共政策方式则主要集中在大众媒体上发表意见，包括传统媒体或者是新媒体等网络公共平台曝光，包括@相关官微官博等。近年来，公众依托第三方组织（如 NGO 等）参与逐渐进入人们视野。但整体来说，由政府组织和主导的公众参与，往往因为流程固定，限于行政成本，参与面不可能太广，极有可能参与的公众不具有代表性，无法很好的体现公众意见；公众主动参与的或者第三方组织的，则往往呈现一种无序化和碎片化，难以支撑公共政策全生命周期。同时这些公众参与行为的制度化保障不够，由于公共政策涉及面广，参与方多，需要考虑的因素众多，公众何时参与、怎么参与才能取得较好的效果，缺会相关的研究和实践经验。

四、小结

放眼国际国内公共政策领域学术界，无一不认为公众参与是公共政策的应有之义，在各国的政治实践中，公众参与也越来越广泛，在公共政策过程中占据越来越重要的地位。同时，随着互联网的发展和普及，公众基于网络参与公共政策已经成为不可逆转的趋势。一方面是网络为公众参与公共政策提供无比的便捷性；另一方面，网络伴生而来的开放性、异质多元性，以及信息扩散快速，又给政府处理公共事务带来新的挑战。

在公共政策过程不断网络化这一时代发展趋势下，我们分析了现阶段我国公众参与公共政策的主要问题所在——既受传统行政思维的束缚和影响，同时又受到网络力量等现实环境变化的冲击。网络环境下的公共参与公共政策的新体制机制亟待建立，与新机制相对的能支持公众有序有效参与公共政策的网络平台亟需建设。这个平台应充分考虑公共政策的各参与方的需求，设计好支持公众合理、有效地参与公共政策的途径。从公众端来说，公民参与公共政策，既需要主动性（没有好处时"事不关己高高挂起"，有好处时也希望"不出力""搭便车"）；也需要具备参与公共决策的道德素养、个人素质、基本知识和科学素养（不能是反社会人格，也不会轻易被谣言误导）。从政府端来讲，需要建立公众参与的有序途径，包括公众参与的时机、阶段和范围等（无序貌似平等，实则带来混乱和效率低下）；还需要在决策制定前，注重引入第三方机构或人员，如专家、媒体等，充分引导议题发酵、讨论，尽可能达成可行的公众共识，形成舆论合力。同时，还需要注意辨明公共政策所属领域的不同性质，对具有长期效应，尤其是长期效应不可能完全科学预估的，不能片面追求某一政绩指标而强行引导、确定为议程并形成公共政策，如转基因问题等，而是应该先作为备选议题，待科学技术进步，人类确实彻底掌握了其中的规律，对后果和影响有足够的预见能力和控制能力的时候再进入议程。只有这样，公共政策网络创新平台才能成为一个集采众智的平台，一个政府与民众、民众与民众、民众与组织之间的良好顺畅的沟通渠道和协商平台，才能在平台上真正形成合理科学的公共政策，并监督其执行和适时终结。

第二节　公民参与公共政策的网络创新平台分析

放眼世界，在过去的政治生活实践中，民主的主要形式是"在场民主"，包括街头民主和会议民主等，前者不可避免地存在无序、混乱和不可控等天然缺陷，后者则成本偏高。随着互联网技术的发展和普及，使得在线上实现民主成为可能，即通过公共政策网络创新平台，汇集民意，聚焦议题，集采众智，制定公共政策，并将执行过程和结果呈现在在线平台，使得人民能够监督政策的执行，适时决定公共政策的终结和退出。这种形式的民主（也被称为在线民主）将是人类文明产生以来能实现的最大程度的民主。公共政策从酝酿到产生、制定、执行和终结都可公开透明地呈现给民众，形成政府和民众之间的良性关系。

本节将在政策过程的研究基础上，分析政策生命周期中的所有政策行为，设计公众参与的体制和机制，对公共政策网络创新平台进行整体分析和设计。

一、网络时代公共政策全生命周期分析

一般说来，政策生命周期一般包括政策制定、政策执行、政策终结三大阶段。有的专家也把政策实施放进了政策制定，如美国政策研究专家Kingdon 就认为，公共政策的制定可分为以下几个过程[1]：（1）议程确定（the setting of the agenda）；（2）政策设计（the specification of alternatives）；（3）政策择定（the authoritative choice）；（4）政策实施（the implementation of the decision）。这四个阶段带有很浓的美国特色，比如第三阶段，政策择定指在若干政策设计中选取一个最终付诸实施的政策。在美国国家层面的公共政策，需要以法律形式固定下来的[2]，因此政策择定的过程，就是一个联

---

[1] 马海韵：《政策生命周期：决策中的前瞻性考量及其意义》，《安徽师范大学学报（人文社科版）》，2012年第5期，第348—352页。

[2] 李宁、赵兰香：《从〈科学：无止境的前沿〉到美国科学基金会——美国科技政策过程的一个经典案例》，《科学学研究》，2017年第35卷第6期，第824—832页。

邦立法的过程，即按照美国法律体系，由美国国会通过，使得一项议案成为法律的立法过程，还要涉及两党之间的竞争等等，较为复杂，时间也可能会比较长，所以将这个过程单独列出来。国内有些研究者并没有明确区分这两个阶段，认为政策设计的结果就是得出可以执行的政策，另外也有很多研究并没有关注政策的终结，因为在某种视角上，老的政策的终结（修订）也可以看作是新政策的推出。因此，结合我国实际，本书对公共政策生命周期的分析主要集中在确定议程、政策设计、政策执行这三个阶段，从完成的政策行为来说，也可以覆盖 Kingdon 等专家的研究范围。

（一）确定议程阶段

即某一件事、一个问题或者某个领域引起政府机构强烈关注的过程。问题进入议程的角度，意味着社会问题进入政府视野，将着手形成政策。比如，这几年秋冬季严重的雾霾问题，引起了民众和政府的强烈关注，针对这一问题，逐渐出台了一系列公共政策，既有针对近期目标的，如2017年下半年开展的京津冀冬季取暖方式的升级换代；也有针对长期目标的，比如环保作为政绩考核指标之一。多数情况下，一旦政府认定某项问题如果不加以解决就会引发某种危机，就会把该议题列入政策议程。这也被称为公共政策的触发机制。

一般说来，确定公共政策议程如下方式：

第一，政府根据国内国外社会发展情况、经济情况、各类统计数据等进行综合研判，主动针对某一件事、一个问题展开政策研究，形成议程。典型案例有我国计划生育政策的调整，单独二孩、全面二胎等公共政策的相继出台。根据第六次全国人口普查结果显示，我国人口结构问题凸显，现阶段面临的主要矛盾已经不再是增长过快，而是人口老龄化、出生性别比失调、生育率过低、人口红利消失等问题，以及随之而来的养老、卫生保健、慢性病以及失独等系列社会问题。经过政府有关部门反复测算，专家充分论证，2012年以来，《国家人口发展"十二五"规划》、十八大报告、国家卫计委"三定"方案中，均不再提及"稳定低生育水平"，而是提出要逐步"完善生育政策"。2013年党的十八届三中全会提出，启动实施"单独二孩"的生育政策。根据政策实行后的数据测算，2015年党的十八届三中全会提出启动实施"全面二孩"的生育政策。

第二，民间意见领袖人物、公共媒体等可以通过发动大众的形式，把大家共同认为重要的问题，变为政府认同并着手解决的问题，这种形式很多时候是由于某一突发事件触发，或者是问题虽然存在但长期不为人所知，借由媒体或"网络大V"披露出来，引起巨大反响。最为典型的案例，如"孙志刚事件"。该事件经论坛曝光后,《南方都市报》详细调查公布了事件原委,各大媒体和广大网民集体"围观",社会上掀起了对收容遣送制度的全民大讨论,广泛质疑和讨伐收容遣送制度的不合理和弊病;八名学者先后向全国人大常委会上书,要求反思"孙志刚事件",对收容遣送制度的实施情况进行违宪审查。2003年6月20日,时任国务院总理温家宝签署国务院令;22日,国务院第12次常务会议正式通过并公布《城市生活无着的流浪乞讨人员救助管理办法》,原收容遣送制度被废止。

第三,政策专家或者领域专家可以通过自己的专业圈子,把一个自己认为重要的问题送入政府的议程,如我国每年的各级两会代表委员提案。典型的案例有1984年王富葆、孙鸿烈等32位科学家联名致信党中央和国务院建议中国到南极洲建站受到重视,次年建成南极考察基地,1986年,四位中科院院士王淦昌、王大珩、陈芳允和杨嘉墀联名向党中央提出发展高技术的建议,直接受到了邓小平的关注和重视,推进制造《高技术研究发展计划("863计划")纲要》等。

(二) 政策设计阶段

公共政策设计是公共政策过程的核心。在飞速发展的现代社会,不能把它看过一个孤立的阶段,接受确定议程阶段的结果,输出给政策执行阶段,而是应该看作一个动态的过程,和其他两个阶段互有交叉,不仅包括根据确定的议程来制定政策,还包括政策的评估、修订和不断完善化、科学化,政策制定者还需要把握政策制定之前、执行之中以及政策评估规律和演变的过程,才有可能涉及制定出较好的公共政策。此外,现代社会各行各业和专业化程度越来越高,彼此关联也越来越深,一项公共政策有可能涉及很多方面,这也是政策制定者需要充分考虑和统一协调的。

美国堪萨斯大学Scheneider和Ingram提出了一个政策设计系统的框架[①](图10—1),主要以因果关系来进行描述。其中,问题范畴会导致政策设计,政策设计又会影响到社会范畴,同时,问题范畴又来自于范围更广的社会范畴。社会范畴通过构架机制规范了问题范畴,问题范畴再通过设计机制导致政策设计的完成。社会范畴包括了自然的、社会的、心理的、政治的、历史的各个方面,公民权利、民主价值、司法系统等,是社会范畴的基本理念。问题范畴则是更加有针对性,其针对的目标是社会建构、政治权利分配和制度建设等比较具体的话题,政策设计则是针对问题范畴的话题,提出更具体的措施,包括目标与问题、行政与执行机构、具体的实施对象、规章和政策

---

① Kingdon J. W. Agendas, Alternatives, and Public Choices (2nd edition), New York: Harper Collins College Publishers, 1995.

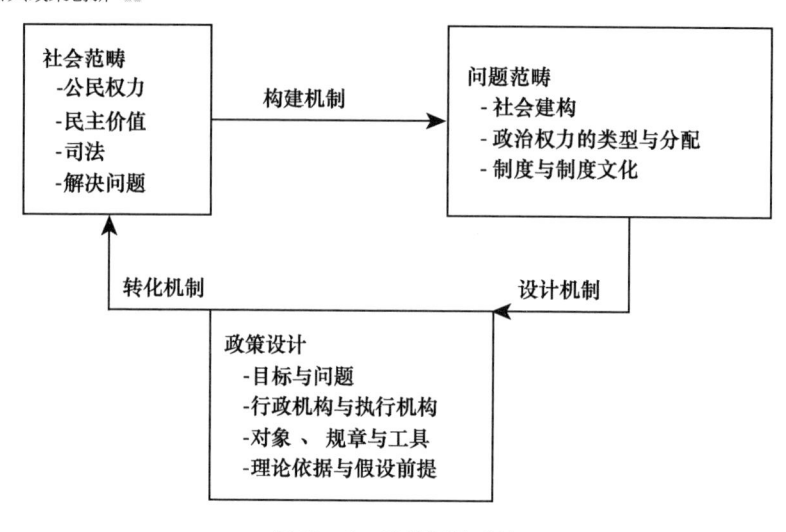

```
┌─────────────────────┐                    ┌─────────────────────────┐
│ 社会范畴            │    构建机制         │ 问题范畴                │
│  -公民权力          │ ───────────────▶   │  -社会建构              │
│  -民主价值          │                    │  -政治权力的类型与分配  │
│  -司法              │                    │  -制度与制度文化        │
│  -解决问题          │                    │                         │
└─────────────────────┘                    └─────────────────────────┘
         ▲                                            │
         │                                            │
    转化机制                                      设计机制
         │         ┌──────────────────────────┐       │
         │         │ 政策设计                 │       │
         └─────────│  -目标与问题             │◀──────┘
                   │  -行政机构与执行机构     │
                   │  -对象、规章与工具       │
                   │  -理论依据与假设前提     │
                   └──────────────────────────┘
```

图 10—1　政策设计系统

工具等等①。

公共政策设计的模型主要经历了六个阶段：理性决策模型、有限理性决策模型、渐进决策理论模型、混合扫面决策模型、垃圾桶决策模型和新古典理性模型②。

第一，理性决策模型。主要观点是：（1）决策者知道所有与具体问题有关的目标；（2）所有相关问题的信息都是可得的；（3）决策者能辨别所有的选择；（4）决策者能有意义地评估这些选择，即研究选择的结果并加以衡量和比较；（5）所有的选择能最大限度地夸大决策者指出的价值。其主要代表理论是古利克的"POSDCORB"决策模型，也即计划（Planning）、组织（Organizing）、人事（Staffing）、指挥（Directing）、协调（Coordinating）、报告（Reporting）和预算（Budgeting），"它表明组织能够通过系统的计划、决策、选择、调整、补充以及预算来最大程度地表现他们的行为"③。

理性决策模型是一种比较理想化的决策理论，在实践中并不具备支撑它运转的所有条件，在此基础上，针对其缺点，以西蒙为代表的学者提出的有限理性决策理论模型。西蒙认为，"行政理论所关注的焦点，是人的社会行

---

① Schneider. A. L., Ingram. H. Policy Design for Democracy, Lawrence, Kansas：University of Kansas. 1997.

② 李杰：《公共政策设计的优化：嵌入渐进主义决策模型——以上海市社区事务受理服务中心为例》，《江汉大学学报（社会科学版）》，2017年第34卷第3期，第51—60页。

③ 李杰：《公共政策设计的优化：嵌入渐进主义决策模型——以上海市社区事务受理服务中心为例》，《江汉大学学报（社会科学版）》，2017年第34卷第3期，第51—60页。

为的理性方面和非理性方面的界线。行政理论是关于意向理性和有限理性的一种独特理论——是关于那些因缺乏寻求最优的才智而转向满意的人类行为的理论。"[1] 因为"经济人"假设所依据的"客观理性"是不存在的,西蒙提出了用"行政人"取代"经济人"的观点,并用"令人满意的"准则代替"最优化"准则。所谓令人满意的准则是指"在决策时决定一套标准,用来说明什么是令人满意的最低限度的备选方案,如果拟采用的备选方案满足了或者超过了所有这些标准,那么这个备选方案就是令人满意的"[2]。有限理性决策认为决策者不可能掌握所有的信息,而且决策者还会受主客观条件的限制,因而只能在众多备选方案中选择符合满意准则的决策[3]。

第二,渐进决策理论模型。此模型是在"理性决策"和"有限理性决策"基础上形成的。渐进主义认为:一个决策的形成或政策议程备选不可能是完全理性的,因为"决策者不需要每年都做如下事情:检查所有现行的政策和提出的政策建议;确定社会目标;研究其他可供选择的政策方案的收益和成本;根据净收益的最大化程度,排列所有备选方案的优先次序;在考虑所有相关信息的基础上作出政策抉择"[4];也不可能是"满意准则"的产物。它应该是在"元政策"的基础上不断修正、不断完善的以适应社会发展的政策。渐进主义决策是一种保守的决策,它坚持"积小变为大变"原则、"稳中求变"原则和"按部就班"的原则,这种看似微妙变化的原则,似乎没有理性决策那般完美和果断,但是随着时间的推移,产生的效果却常常是理性决策无法达到的[5]。

第三,混合扫面决策模型。此模型则是理性决策模型与渐进决策模型的综合,它既不是理性决策模式的"经济人"假设,也不是渐进决策模式那种小心翼翼的修正和坚持稳中求变的原则,最适宜的决策包含粗略地找到选择的方法("扫描"),然后通过详细的探索找到最有价值的选择。这样做带来的创新要超过渐进决策理论模型,而又不会造成理性决策理论模型强加的不现实的要求。即通过粗选的方式,从多个备选方案中选择相关性较高的有一

---

[1] 丁煌:《西方行政学说史》,武汉大学出版社 2004 年版。
[2] 西蒙著,杨砾等译:《管理行为——管理组织决策过程的研究》,北京经济学院出版社 1991 版。
[3] 李杰:《公共政策设计的优化:嵌入渐进主义决策模型——以上海市社区事务受理服务中心为例》,《江汉大学学报(社会科学版)》,2017 年第 34 卷第 3 期,第 51—60 页。
[4] 丁煌:《西方行政学说史》,武汉大学出版社 2004 年版。
[5] 李杰:《公共政策设计的优化:嵌入渐进主义决策模型——以上海市社区事务受理服务中心为例》,《江汉大学学报(社会科学版)》,2017 年第 34 卷第 3 期,第 51—60 页。

定价值的决策模式,通过科学分析并结合现实选择最有价值的决策模型①。

第四,垃圾桶决策模型。科恩、马奇和奥尔森认为"有组织的无序"有三个普遍的属性,分别是未定的偏好、不清楚的技术和不固定的参与。鉴于这三个属性中的参与者不固定,所以在决策过程中出现"漂进漂出"的现象,"从一个决策到另一个决策、从一个时间到下一个时间,参与者都在变化"②。于是"贯穿这种组织或决策结构的是四条分离的溪流:问题、解决办法、参与者以及选择机会",决策在"垃圾桶"之间来回摆动,或者不断有决策流入同一个"垃圾桶"③,在一个完全分离的没有秩序的组织之中摆动,其中的问题在寻找解决问题的方案,解决问题的方案也在找寻问题,"在此,人们并没有着手解决问题。更通常的情况是,解决办法搜寻问题。人们只是在问题、解答和参与者在某一选择情景中的特定结合,使其可以解决问题时才去解决问题"④。垃圾桶决策模型是看上去没有规矩秩序可言,然而总能在不断寻找问题的过程中发现新问题和解决问题,它是一种独创性的决策模型。

第五,新古典理性模型。布坎南是新古典理性模型的代表人物,他提出的"公共选择理论"(Public Choice Theory)认为人是追求最大化利益的"经济人",当成本高于收益时,人们不会选择去行动,他们追求最大利益直到受到抑制。公共选择就是政府的选择,该理论以"经济人"的假定为分析武器,探讨在政治领域中"经济人"行为是怎样决定和支配集体行为,特别是对政府行为的集体选择所起到的制约作用⑤。布坎南在公共选择理论的基础上引出了"政府失败"的观点,探讨政府为何在很多领域无法兼顾公平,无法实现资源有效配置转而求助于市场等问题。

这些理论模型各具特色,在应用中需要根据实际情况加以选择或者综合运用。

(三) 政策执行阶段

一旦设计完毕并得到批准,公共政策就进入执行阶段。相对前面两个阶

---

① 李杰:《公共政策设计的优化:嵌入渐进主义决策模型——以上海市社区事务受理服务中心为例》,《江汉大学学报(社会科学版)》,2017年第34卷第3期,第51—60页。
② 托马斯·R.戴伊著,谢明译:《理解公共政策》,中国人民大学出版社2011年版。
③ 约翰·W.金登著,丁煌、方兴译:《议程、备选方案与公共政策》,中国人民大学出版社2004年版。
④ 李杰:《公共政策设计的优化:嵌入渐进主义决策模型——以上海市社区事务受理服务中心为例》,《江汉大学学报(社会科学版)》,2017年第34卷第3期,第51—60页。
⑤ 冯静、杨志云:《利益视角下的公共政策过程分析》,《中国行政管理》,2009年第1期,第26—30页。

段，主要是由政府相关部门按照法律和规章来执行政策。在这一阶段，执行部门应该根据规章制度和实际情况，合法合规地公开相关执行信息，并收集执行中的反馈情况。实际上在政策设计阶段，就需要考虑到政策执行的时候如何公开信息和收集反馈信息。公众参与主要体现在对政策的执行进行监督，预防执行者的随意性、盲目性，以及可能出现的独断专行、弄虚作假等情况，便于监督政策执行者的行为并追究其相关责任，确保政策执行的科学性和信息反馈的正确性，从而对政策起到制约和监督作用。

二、公众参与公共政策的主要行为分析

2014年10月召开的十八届四中全会审议通过了《中共中央关于全面推进依法治国若干重大问题的决定》（以下简称《决定》）。《决定》对我国深入推进依法行政、建立依法决策机制做了详细的明文规定，提出了依法决策机制的法定程序、法律顾问机制和责任追究、倒查制度。法定程序方面，面对重大的行政决策，要按照公众参与、专家评估、风险评估、合法性审查、集体讨论的法定程序来进行决策；法律顾问机制方面，建立以政府法治机构人员为主体，以专家、律师等为重要参与力量的法律顾问机制，推进其在决策过程中发挥积极作用；责任追究和倒查机制方面，建立终身决策责任制，对具有恶劣影响的失误性决策和故意久拖不决的情况依法追究法律责任。这标志着中国政府工作中心很大程度上向法治建设转移，也标志着中国依法决策机制建设的起步。《决定》对依法决策机制设置了以下七个要点：

一是公众参与。公众是法治主体，依法决策过程中充分动员和吸纳公众参与，可以充分反映社情民意，搜集民智，提高决策过程中的信息量和透明度，满足公共决策中的民意要求、信息要求、智慧要求、合理化要求以及制度要求，减少决策失误的概率，同时也起到消除分歧、增加共识、降低风险、增加收益的作用。但是，公民参与不仅仅是参与规模问题，更重要的是有效参与问题。一方面，决策部门应该在决策备选方案确定之前开通更多的相关渠道，让公民充分地参与交流，使其有机会率先发表自己的意见和建议，有助于消除分歧、达成共识。另一方面，决策部门应该建立民意筛选机制，对现实中和网络上的民意进行筛选、整理和有效利用。

二是专家论证。由于许多公共政策涉及专业性和技术性较强的行业或领域，或者涉及到社会生活的诸多方面，决策者在决策过程中，需要将各个学科、领域的专家集中起来，依靠各领域专家对决策展开项目研究、方案探索、风险评估、可行性论证，及时发现决策问题，规避决策失误，这是科学决策必不可少的步骤。

三是风险评估。依法决策机制要提高决策合理性和可行性，就有必要进行风险评估。尤其是公共政策常常涉及诸多社会领域，邀请各领域专家进行专业化的风险评估，对可能造成的近期的和远期的危机、负面影响、社会问题进行全方位的认识，并未雨绸缪采取防范规避措施，把可能的风险降至最低限度或可控范围。

四是合法性审查。公共政策应该完全规避与国家宪法、法律相违背、相冲突的现象，也应该规避各部门公共政策、地方公共政策之间相互冲突的现象发生，因此应该对公共政策进行严格的合法性审查，包括对决策立项、决策条文、决策程序、决策主题、决策执行等一系列的审查，并撰写审查报告，审查不合格一律不予通过。

五是集体讨论。集体讨论决定是落实行政首长负责制和民主集中制的必要制度形式。面对重大问题，通过集体讨论以获得对问题的全面认识和普遍共识，是党和政府工作的必须程序，有助于避免决策陷入少数人的暗箱操作流程之中，并及时了解民意。在决策过程中贯彻集体讨论，是民主决策和科学决策的需要，也是维护人民群众根本利益、满足公共需求的手段。

六是法律顾问制度。建立以政府法治机构人员为核心，以律师、专家等专业法律人员为重要参与力量的法律顾问制度。在政策制定的全部过程中，法律顾问制度的作用都不容忽视，它不仅对促进决策过程按依法程序进行具有重要意义，还有助于对具体决策和决策过程进行实时把关和法律审查。只有在法律顾问制度的监督和参与下，依法科学决策机制的运行才更可靠、更稳定。

七是建立重大决策终身责任追究制度及责任倒查机制。这是在现有决策机制的基础上，为了促进决策的谨慎、科学而新建立的责任制度。决策者一旦做出相关决策，会与该决策终身绑定，当判断出现决策有严重失误或拖延而造成重大损失和恶劣影响时，相关责任人员将会被追究法律责任。这一规定的做出主要针对当前决策体制所存在的一系列问题，如许多决策者对于面子工程、绩效工程或者经济利益等，常常出现"决策拍脑袋，执行拍胸脯，走人了拍屁股"的"三拍"现象，或者"该决策时不决策""久拖不决"等广为公众诟病的行政不作为，依法决策机制针对这些问题专门设置了法律上的惩罚机制，并将决策与决策者进行终身绑定，这能促使领导干部一改草率决策为慎重决策。

这七个要点指出了政府合法出台公共决策过程中的政治行为及其基本规范。

三、公共政策网络创新平台整体构想和工作流程分析

两度获得诺贝尔奖的美国著名化学家莱纳斯·鲍林说:"如果你想拥有出色的思想,那么你必须拥有很多思想。"这句话点明了公共政策网络创新平台的出发点。数字时代创新的最大特色在于提供了对思想、技术进行重新组合的新思路,使得群体的力量达到专业的水平,甚至达到局限于某一专业而无法达到的水平,即重组式创新[1]。公共政策网络创新平台的主要目的是通过支持公众有序参与公共政策的全过程,帮助政府更科学高效地出台和执行公共政策;针对这一目标,平台的主要任务是:分析民意、集采民智、吸纳专家(智库)意见建议;确定议程、辅助政策设计、政策推演、政策信息公开、政策评估等;平台的主要用户包括但不限于(各级)政府公共政策决策部门、普通公众、领域专家和政策专家、官方/民间智库、主要公众媒体、第三方NGO组织等。

以下跟随公共政策的全生命周期,分析公共政策网络创新平台的工作流程。

确定议程阶段。议程的输入有如下几种方式:(1)政府提出;(2)公众提出;(3)专家提出;(4)智库提出;(5)第三方NGO提出;(6)媒体提出;(7)公共事件触发;(8)民意监测达到一定阈值等。平台针对这几种方式的处理各有不同,一般说来,政府提出的议程直接确定为议程;对于公众、专家、智库、第三方NGO、媒体,正式就某一社会领域、问题、事件或现行政策等提出的明确意见或建议,视其成熟度、影响范围、紧急程度、可行性等指标,结合平台对全网民意进行检测的情况进行综合评估,达到相应阈值则确定为议程,没有达到的则进入待选议题池;对于公共事件触发、民意监测而形成的待选议题,也需要进行评估,包括对其在现行政策下的持续发展的后果、影响范围、紧急程度等,推行新政策的时机成熟度等进行综合研判,如果达到阈值则确定为议程,未达到阈值的进入待选议题池,但是需要经常性关注,以一定时间为周期进行重新评估。一般来说,公共事件触发或监测民意达到一定紧张程度,这一类的议程需要紧急启动,避免酝酿成公共性事件,造成不良影响。

议程一旦确定就进入政策设计阶段。这一阶段涉及面广,需要考虑的因素复杂纠缠,政策可能采取的措施极大可能是互相制约甚至彼此存在矛盾。平台依据知识库进行推理,一是遴选出与本议程有关联的法律法规,以及现

---

[1] 埃里克·布莱恩·约弗森、安德鲁·麦卡菲著,蒋永军译:《第二次机器革命》,中信出版社2014年版。

行的条例、其他相关的（国家/部门/地区）公共政策等，按其相关度进行推送，并重点标注与哪些具体条文有关，更进一步，还可以根据外网资源整理出国际上存在的可供借鉴的相似案例的系列信息等等；二是整理出议程相关信息并自动推送至决策部门，包括议程的来源，如何确定的流程及信息（如评估数据），涉及哪些相关的公众/群体、专家、智库等（这些公众/群体、专家、智库可能是提出议程的，也可能是所涉及问题所属领域的有一定研究成果的专家或智库，也可能是来自公众媒体的采编人员，还有可能是该议程影响到的群众），还包括针对议程对民意进行监测和评估的信息等等；三是形成议程专属讨论区，供平台用户就该议程发表意见建议和彼此交流。上述工作可以迅速帮助政策制定人员综合整理信息，梳理情况，提供资源，从而科学高效地进行政策设计。例如，政策设计中需要进行的专家论证和评估时所需要的专家资源、可依据的法律资源等等。

整个政策设计过程，应该是线上线下交叉进行，确保既能广开言路，又能问题聚焦。设计过程有可能邀请领域专家对决策展开项目研究、方案探索、风险评估、可行性论证等等。平台提供依据政策设计理论模型建立的具体政策设计流程管理，由政策制定者进行选择，个性化设置本议程的政策设计流程，并在政策设计过程中可以根据实际情况进行修改和调整，通过这些技术手段合理管理政策设计进度和质量，避免时松时紧，质量得不到保证。在一项政策正式推出前，还可以进行预先平行推演，以仿真的手段检查政策的科学性和合理性，同时还可以对政策实际施行时可能出现的情况做出预案。由于在公共政策网络创新平台中，根据平台用户的行为记录等数据可以刻划用户特征，从而可以进行公共政策的平行推演，即以用户的行为特征建立"虚拟用户"，在"虚拟平台"上推演公共政策并进行仿真运行和分析运行过程与结果。

必须注意的是，这些公共政策过程并不是与政府实际工作割裂开来，而是融于政府工作中，包括按照党和政府工作的必须程序进行的政府内部集体讨论，政策成型过程中法律顾问制度的适时进入等等。由于整个政策设计、决策过程都已数字化，便于事后的政策审计以及后续实施的重大决策终身责任追究及责任倒查，同时也可以根据实际情况向适当民众公布决策过程和决策依据等等，便于民众对政策的接纳。

当政策经过法律程序正式颁布施行，平台将完成信息发布、民意监测、实时反馈政策执行情况的任务。需要注意的是，如果民意监测达到相应阈值，这一环节也可能触发议程确定程序。

整个平台基于信息技术，尤其是信息安全技术，实现其上所有操作的机密性、可用性、可鉴别性、可控性和可审计性,从而实现公众参与公共政策行为的"负责任、可追溯、可奖励",既尽可能扩大参与面,又合理控制无效乃至"垃圾"行为;通过大数据分析和人工智能等技术,集聚众人智慧,抽取、凝练公共政策议题,达成合理解决路径得到公共政策,获得公共利益最大化,形成政府—媒体—民众的良性关系,真正实现"众人的事情,众人商量着办"。

第三节 公共政策网络创新平台设计

一、公共政策网络创新平台系统架构

公共政策网络创新平台的基本结构如下图 10—2 所示,平台的主要用户类型有:政府机构(负责完成公共政策整个过程)、普通公众/领域专家和政策专家、官方/民间智库、主要公众媒体、第三方 NGO 组织等。从系统架构上来讲,公共政策网络创新平台最基本的体系架构包括:大数据架构与监控平台、数据工程(网络爬虫、混合数据管理)、语义计算组件与平台、知识图谱管理工具,如果有需要还可以包括图文声像一体化查询平台、时空数据平台等等。其中最核心的部件是系统的存储/计算/监控平台和知识图谱和语义计算平台,由这两个平台实现知识推理引擎和大数据分析引擎,是完成平台功能任务的最核心结构。

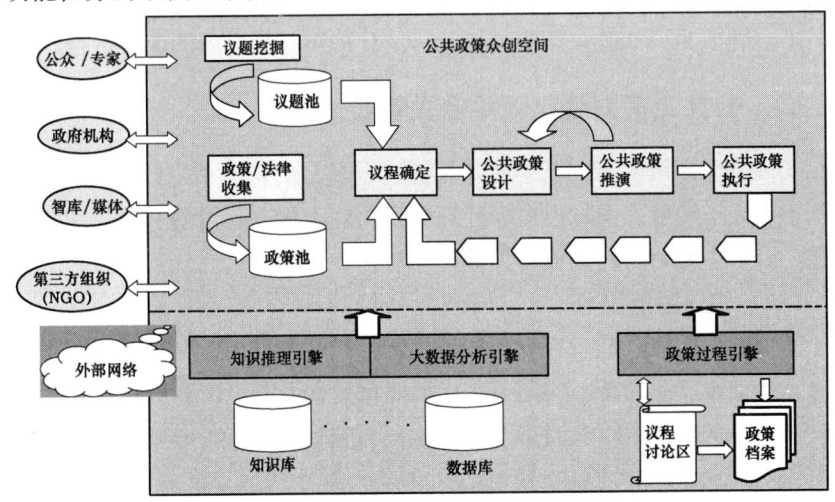

图 10—2 公共政策网络创新平台体系示意图

鉴于篇幅，图10—2中没有明确标注出给各类用户的不同的接口界面，在这里也不深入讨论技术细节和具体界面设计，仅从体系架构、功能流程的角度对本书设计的平台进行整体阐述。平台可以通过网络爬虫从外界采集信息并导入，也可以通过其他资源的开放接口直接进行访问外部资源。

如上一节所述，除了政府机构可以直接指定议题确定为议程外，其余的议程确定要从待选议题中进行挖掘分析得来，即议题是用大数据分析技术，根据热度、成熟度等指标从平台内部或外部网络挖掘。议题挖掘这一任务，既可能由政府机构用户的输入触发，也有可能由平台自动对舆情等信息监测分析后自动推送给政府机构用户，待确认后启动。挖掘出来的议题及平台对其评估情况推送给政府机构用户，以供最后做出决策。

一旦议程确定，平台的政策过程引擎启动，建立议程讨论区，供平台用户就本议程展开讨论；同时建立政策档案。平台通过知识推理和大数据分析，获取该议程相关的其他政策或法规条例等、专家情况、学术研究成果及相关知识等，形成本议程的初步档案；为用户提供选项确定本政策过程的基本流程计划等。

政策过程引擎推动政策任务按照用户定制的流程计划继续执行，包括政策设计、推演，直至执行等等。

至此，整个平台形成了一个公共政策众创空间，在这个空间中，政府、专家、公众、媒体、其他NGO组织等通过良好互动，在平台的强大知识库和数据库的支持下，推动公共政策过程。对一项公共政策进行全生命周期管理，平台则成为公共政策酝酿、生长、演化的可持续发展的生态平台。

二、公共政策网络创新平台关键技术

实现公共政策网络创新平台除了搭建云平台的基本信息技术，更重要的是基于以人工智能、大规模数据处理分析为代表的先进计算技术，来实现其功能。以下主要介绍两大核心关键技术。

（一）知识图谱技术

知识图谱的概念是由谷歌公司提出的，2012年5月，谷歌发布知识图谱项目，并宣布以此为基础构建下一代智能化搜索引擎。该项目始于2010年谷歌收购MetaWeb公司，借此获得了该公司的语义搜索核心技术，其中的关键技术包括从互联网的网页中抽取出实体及其属性信息，以及实体间的关系。从学术渊源上来讲，知识图谱技术源于人工智能领域的本体技术，知识表示技术、自然语言理解技术等等。因为知识图谱技术特别适用于解决与实体相关的智能问答问题，由此创造出一种全新的信息检索模式。谷歌将知识图谱定义为谷歌用于增强其搜索引擎功能的辅助知识库。究其本质,知识图谱是结构化的语义知识库,用于以符号形式描述物理世界中的概念及其相互关系[①]。其基本组成单位是"实体—关系—实体"三元组,以及实体及其相关属性—值对,实体间通过关系相互联结,构成网状的知识结构。知识图谱的架构,包括知识图谱自身的逻辑结构、构建知识图谱所采用的技术(体系)架构,这是基于知识图谱进行语义计算的基础。

最传统的知识图谱构建模式,就是借助人类专家的力量,将隐含于人类头脑的知识外化成本体知识。而基于计算机构建知识图谱,则可以分为自顶向下和自底向上两种:自顶向下构建是指借助百科全书类型的结构化数据源,从高质量数据中提取本体和模式信息,加入到知识库中;自底向上构建,则是借助一定的技术手段,从公开采集的数据中提取出资源模式,选择其中置信度较高的新模式,经人工审核之后,加入到知识库中。在工程实践中,一般综合运用上述两种手段,尤其是项目的开端,一般通过领域专家来构建领域知识本体,包括构建业务知识的分类体系、基本属性和基本关系,然后导入各种公开和业务数据,进行数据融合,如从文本数据中进行实体识别和实体关系抽取等;通过处理实体关系,建立关联图谱,就能将某个事件表现为知识图谱形式,从而被机器可读可理解可处理;在此基础上根据关系链和关系强度,进行推理查询等等语义计算。

值得注意的是,知识图谱是一直随着平台的运行而不断演化、充实,以便更准确地描述世界。本平台的知识库亦是如此,随着知识库的不断演化,平台的处理能力将日益强大。

(二)大数据技术

一般说来,大数据是指无法在可容忍的时间内用传统 IT 技术和软硬件工具对其进行有效感知、获取、管理、处理和服务的数据集合[②]。随着智能手机等智能终端的不断普及,网络、信息技术的不断进步,对数据和信息的计算、存储和通信能力的不断增强,人、机、物三元世界高度融合,引发了数据规模的爆炸式增长和数据模式的高度复杂化,当今世界已进入网络化的大数据(Big Data)时代。大数据引起了科技界、产业界和各国政府部门的高度重视。国际顶级学术期刊 *Nature* 和 *Science* 分别于 2008 年和 2011 年出版

---

① 刘峤、李杨、段宏等:《知识图谱构建技术综述》,《计算机研究与发展》,2016 年第 53 卷第 3 期,第 582—600 页。

② 李国杰、程学旗:《大数据研究:未来科技及经济社会发展的重大战略领域——大数据的研究现状与科学思考》,《中国科学院院刊》,2012 年第 27 卷第 6 期,第 647—657 页。

专刊 *Big Data*① 和 *Dealing with Data*②，集中讨论对大数据的相关研究和分析。国内外 IT 巨头，如 Microsoft、IBM、Google、Amazon、Facebook，以及腾讯、百度、阿里巴巴、京东等都广泛应用并推动大数据处理技术的发展。2012 年 3 月 22 日，奥巴马宣布美国政府投资 2 亿美元启动"大数据研究和发展计划"（Big Data Research and Development Initiative），是美国继 1993 年宣布"信息高速公路"计划后的又一次重大科技发展部署，这一事件也标志着美国将大数据研究上升为国家意志，影响深远。

现阶段大数据的特点可以总结为"4V"，即"Volume"（规模巨大）、"Variety"（形式繁多）、"Velocity"（生成快速）和"Value"（价值巨大但密度稀疏）。数据集合的规模已从 GB 到 TB 再到 PB 级，乃至开始以 EB 和 ZB 来计数，未来仍将成倍增加；数据形式多种多样，包括结构化数据、半结构化数据和非结构化数据，而处理起来最为复杂的非结构化数据更是增长快速，数据之间各种显性或隐性的复杂关联无所不在；数据实效性强，涌现特征明显；同时正是由于体量巨大，真正有用的信息往往被淹没在大量数据之中，有意义的数据关联挖掘难度大。因此，大数据技术聚焦于大规模数据的处理和分析。

典型的大数据处理模式与代表性的处理系统有：（1）批量数据处理系统。其典型系统有 Hadoop 大数据批量处理架构，Hadoop 由 HDFS 负责静态数据的存储，并通过 MapReduce 将计算逻辑分配到各数据节点进行数据计算和价值发现。Hadoop 顺应了现代主流 IT 公司的一致需求，之后以 HDFS 和 MapReduce 为基础建立了很多项目，形成了 Hadoop 生态圈。（2）流式数据处理系统。流式数据处理已经在业界得到广泛的应用，典型的有 Twitter 的 Storm、Facebook 的 Scribe、Linkedin 的 Samza、Cloudera 的 Flume、Apache 的 Nutch。（3）交互式数据处理系统。典型代表系统是 Berkeley 的 Spark 系统和 Google 的 Dremel 系统。（4）图数据库处理系统。现今主要的图数据库有 GraphLab、Giraph（基于 Pregel）、Neo4j、HyperGraphDB、InfiniteGraph、Cassovary、Trinity 以及 Grappa 等。

大数据分析是大数据产生价值的关键技术，要挖掘大数据的大价值必然要对大数据进行内容上的分析与计算。深度学习和知识计算是大数据分析的基础，可视化既是数据分析的关键技术也是数据分析结果呈现的关键技术。

1. 深度学习

其起源要追溯到神经网络，20 世纪 80 年代，后向传播（BP）算法的提

---

① Big data. : *Nature*, 2008, 455 (7209): 1–136.
② Dealing with data. : *Science*, 2011, 331 (6018): 639–806.

出使得人们开始尝试训练深层次的神经网络。然而 BP 算法在训练深层网络的时候表现不够好,以至于深层感知机的效果还不如浅层感知机。于是很多人放弃使用神经网络,转而使用凸的更容易得到全局最优解的浅层模型,如支持向量机、Boosting 等。2006 年,多伦多大学的 Hinton 等人使用无监督的逐层贪婪预训练(greedy layer-wise pre-train)方法成功减轻了深度模型优化困难的问题,从而掀起了深度学习的浪潮。Hinton 引入了深度产生式模型 DBN,并提出高效的逐层贪婪的学习算法,使用 DBN 初始化一个深度神经网络(DNN)再对 DNN 进行精调,通常能够产生更好的结果。深度学习的另一个代表性工作是 Bengio 等人基于自动编码器(Auto-encoder)提出了非概率的无监督深度学习模型。

2. 知识计算

要对数据进行高端分析,就需要从大数据中抽取出有价值的知识,并把它构建成可支持查询、分析和计算知识库。目前,世界各国各个组织建立的知识库多达 50 余种,相关的应用系统更是达到了上百种。其中,代表性的知识库或应用系统有 KnowltAll、TextRunner、NELL、Probase、Satori、PROSPERA、SOFIE,以及一些基于维基百科等在线百科知识构建的知识库,如 DBpedia、YAGO、Omega 和 WikiTaxonomy。除此之外,一些著名的商业网站、公司和政府也发布了类似的知识搜索和计算平台,如 Evi 公司的 TrueKnowledge 知识搜索平台、美国官方政府网站 Data.Gov、Wolfam 的知识计算平台 Wolframalpha、Google 的知识图谱(Knowledgegraph)、Facebook 推出的类似的实体搜索服务 GraphSearch 等。我国国内中文知识图谱的构建与知识计算的代表性工作有中国科学院计算技术研究所的 OpenKN、中国科学院数学研究院陆汝铃院士提出的知件(knowware)、上海交通大学最早构建的中文知识图谱平台 zhishi.me、百度推出的中文知识图谱搜索、搜狗推出的知立方平台、复旦大学 GDM 实验室推出的中文知识图谱展示平台等。

3. 大数据可视化

不同于传统的信息可视化,大数据可视化面临最大的一个挑战就是规模,即如何提出新的可视化方法能够帮助人们分析大规模、高维度、多来源、动态演化的信息,并辅助做出实时的决策。目前为了解决这个问题,最主要手段就是数据转换和视觉转换这两种。

三、公共政策网络创新平台需要形成对接政府的有效机制

党的十九大报告指出,"我国社会主义民主是维护人民根本利益的最广泛、最真实、最管用的民主。发展社会主义民主政治就是要体现人民意志、

保障人民权益、激发人民创造活力,用制度体系保证人民当家作主。""有事好商量,众人的事情由众人商量,是人民民主的真谛。"在遵循十九大报告中的正确论断的基础上,公共政策网络创新平台的设计和架构都是按照前文中对公众参与公共政策的问题、过程等进行的。但这并不能完全解决体制机制问题。平台从一设计开始,就需要考虑如何和现有机制对接,或者通过平台的建设,推进对现有体制机制的修订,使之更适应现在的网络社会。

新机制建立需要考虑到公众参与公共政策的方方面面,把宏观判断和推论,落实到具体的可执行的操作中去。

第十一章
公共政策建言参考

党的十九大报告指出："完善公共服务体系，保障群众基本生活，不断满足人民日益增长的美好生活需要，不断促进社会公平正义，形成有效的社会治理、良好的社会秩序。"[①] 据此，本书认为，公共政策创新是当前政府工作实践的重要内容，是当前政策研究的一个重要课题。有关研究资料显示，公共政策研究热点主要集中在政策制定研究、合法性有效性评估、群众认可情况及具体产业应用方面，新的研究前沿将突显在开拓民主渠道、完善监督机制、推动政府决策科学化等方面，公民参与是该领域研究的重点方向[②]。本书认为，伴随着社会转型与民众权利意识的觉醒，公民参与制定公共政策法规制度要求日益强烈，应加强公共政策相关领域的创新性研究，在制定政策方案规划、设立协商协调机构、加强人才培养、营造良好创新环境和强化法治保障五个维度上展开研究，进一步拓宽公民参加公共政策建言渠道。

第一节 制定政策方案规划

对于政策方案规划，不同学者有着不同的认识。

美国学者学者安德森认为，方案规划"涉及到与解决公共问题有关的并能被接受的各种行动方案的提出"。[③] 我国学者张金马教授认为，政策规划过程是一个狭义的政策分析过程，包括政策目标的确定、政策方案的设

---

① 《党的十九大报告辅导读本》编写组：《党的十九大报告辅导读本》，人民出版社2010年版，第34—40页。

② 李自力等：《基于 Citespace 的国内公共政策研究现状分析》，《国防科技》，2018年第1期。

③ 詹姆斯·E. 安德森著，唐亮译：《公共决策》，华夏出版社1990年版，第4—5页。

计、政策方案的选择、政策方案的可行性论证等程序①。张成福教授认为，政策规划乃是"政府为了解决公共问题，采取科学方法，广泛收集各级信息，设计一套未来行动选择方案的动态过程"②。陈庆云教授认为，政策方案规划就是公共权力机关（政府）针对特定的政策问题，依据一定的程序和原则确定政策目标、设计政策方案并进行优先抉择的过程③。

在公共政策制定过程中，依据讨论议题不同、议题提交讨论的路径不同和利益攸关并能左右议题讨论的政策制定参与者不同等因素，会在公共政策制定过程中呈现出不同特点④。据此，本书认为，公共政策制定过程不同认识可分为两类：一类是广义上的公共政策过程；一类是狭义上的公共政策制定过程。在制定公共政策规划时，可以表现为宏观层面设计和微观层面设计。

一、宏观层面设计

宏观层面设计的主要目的，是解决某一领域发展的宏观政策和建立领域的价值观体系，形成全社会（包含政府、社会、市场）共识，提供指导方针与政策指引。公共政策创新战略既是一个国家战略，也是一项系统工程，要抓住创新这个核心，需要教育、文化、社会、政治等相关领域的创新相配套，也需要围绕国家政策和价值观，需要构筑国家公共创新战略的顶层设计和宏观布局。为此，公共政策要结合以往经验，侧重于多方利益的审视与权重配比，形成顶层设计，构建管理机制与公共政策本底，对不同社会群体提供不同的发展框架与路径、行为准则等，达成不同社会群体共同的价值观体系，在政府管理层面体现为达成领域发展共识，或是以领域公约的形式出现，而且这一共识在政府各个领域管理相关机构中以政策划定和管理措施的约束条件来体现。比如，国家治理体系是一个制度系统，包括政治、经济、社会、文化、生态等各个领域，必须从总体上考虑和规划各个领域的改革方案，从中央宏观层面加强对治理体制改革的领导和指导。

二、微观层面设计

微观层面设计以空间发展实现为目标，通过有效路径，使用空间手段，

---

① 张金马：《公共政策分析：概念、过程、方法》，人民出版社2004年版，第330—332页。
② 张成福、党秀云：《公共管理学》，中国人民大学出版社2001年版，第107页。
③ 陈庆云：《公共政策分析》（第二版），北京大学出版社2011年版，第103页。
④ 里奇（Rich.A）、潘羽辉等：《智库、公共政策和专家治策的政治学》，上海社会科学院出版社2010年版，第98页。

框定实施政策,开展项目实施与管理,分步骤实现宏观设计所确定的一系列具体发展目标,从而达到价值最大化。它涉及项目选择、经济可行性判定与测算、项目实施途径策划、项目关联工程研究与设计、项目实施运营策略等五大内容。比如,在制定产业公共政策时,要以产业链为基础,供应链管理为依托,供应链金融为支撑,突出产业特色、区域特色,结合产业链龙头项目示范,点面结合,实效推动。微观设计的设计成果主要体现在领域空间建设和发展的实现手段,是政策制定过程。

三、二者相匹配的设计

宏观层面设计是从主体功能上规划,关注从问题确认到政策终结这样一个完整的政策周期。微观层面设计是指系列具体的目标,研究从确认目标到决策政策方案的微观过程。可以用如下图来表示它们二者之间的关系[①]。比如,在设计城乡一体化的愿景规划方案时,要针对城乡协调发展促进作用有限的现状,确定要解决现实问题(树立目标),从宏观层面落实主体功能区进入政策规划议程,从微观层面推进市村镇布局规划方案,并提出统筹城乡发展规划的拟制政策方案、论证评估方案、优选方案。

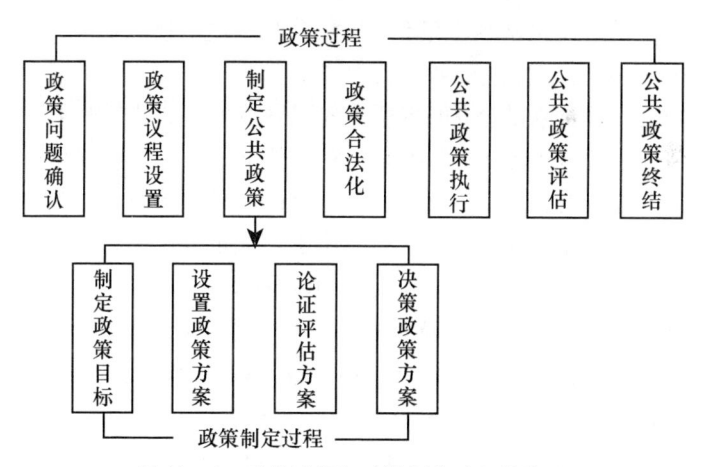

图 11—1　政策过程与政策制定过程的关系

第二节　设立议事协商协调机构

议事协商协调机构,是指为了完成某项特殊性或临时性任务而设立的跨

---

① 张国庆:《公共政策分析》,复旦大学出版社 2004 年版,第 185 页。

部门的协调机构。① 据此，笔者认为，设立议事协商协调机构，指党委或政府等有关机构为了完成某项特殊性或临时性任务而设立的跨机构、部门或地区的组织协商协调机构②。公共政策制定中的公民参与是公民基于宪法和法律赋予的基本权利。当前，存在政府官员和公民的"经济人"③本性、政策制定者的错误观念、公民的消极参与观念、公民的政策参与能力低下、政策制定者的政策技能匮乏、公民政策参与的保障制度不足，以及公民政策参与的保障制度闲置等问题。因此，要改善我国公共政策制定中公民参与的现状，就必须完善现有的公民政策参与保障制度，激活现有的公民政策参与保障制度，建立合理的利益约束保障机构，培养政策制定者的民主意识和政策掌控能力，提高社会公众的政策参与意识和政策参与能力。

一、明确成立相关协商协调机构的重要意义

一是落实习近平新时代中国特色社会主义思想的具体实践。党的十九大诞生习近平新时代中国特色社会主义思想。这一重要思想明确新时代我国社会主要矛盾是人民日益增长的美好生活需要和不平衡不充分的发展之间的矛盾，必须坚持以人民为中心的发展思想，不断促进人的全面发展、全体人民共同富裕。当前，民生领域还有不少短板，脱贫攻坚任务艰巨，城乡区域发展和收入分配差距依然较大，群众在就业、教育、医疗、居住、养老等方面面临不少难题。而群众的公共权益需求是具体实在的，需要在各个方面、各个层次特别是在基层单位中得到具体的体现和落实，并且有相应的法律法规、制度和机制作为保证，通过经营和管理的各项措施予以落实和兑现。笔者认为，建立健全协商协调机制，既是维护广大群众的整体权益，也是贯彻落实习近平新时代中国特色社会主义思想的具体体现。

二是维护改革发展稳定大局的需要。建立协商协调机制，涉及每个公民的切身利益能否得到及时有效的维护和保障，对于及时发现、调解、处理职工与企业之间形成的劳动争议和纠纷，具有重要的保障作用。当前，在企业产权制度改革和建立现代企业制度中，在企业深化改革过程中的突出特点是：劳动关系日趋复杂、矛盾尖锐，职工合法的劳动权益经常受到不同程度

---

① 这类机构一般不设实体性办事机构，不单独确定编制，所需要的编制由承担具体工作的行政机构解决。

② 这一机构可以由一个政府的职能部门或者职能部门中一个分支机构来管理。机构既可以是独立机构，也可以是联席会议的制度。再就是要有合理的结构。主体是多样化的，不完全是公办的，也可以公助民办，可以是企业，也可以是家庭等等。

③ "经济人"即假定人，思考和行为都是有目标的、唯一的，试图获得的经济好处即物质性补偿的最大化。

的侵害；同时在一些生产经营正常、经济效益较好的行业或者企业，为了提高企业的国际竞争力和劳动生产率，而采取了大幅度裁减职工定员的措施，但对被裁减的职工又不能进行妥善安置，甚至把他们推向社会，使职工的劳动就业、社会保障和工资收入等项权益受到了侵害，导致了集体劳动争议的发生。因此，只有建立起完善政府、工会、企业共同参与的协商协调机制，及时地解决处理好职工与企业之间产生的劳动争议，才能有效地维护职工合法权益，促进和保持职工队伍的稳定，保证企业改革和经济发展的顺利进行。

三是建立完善社会主义市场经济体制的需要。社会主义市场经济体制的建立完善是一项巨大的系统工程，涉及到国家、集体和职工三者之间的利益关系调整。在这个调整过程中，各个利益主体之间不可避免地会产生一些摩擦和冲突，在全国人民总体利益一致的前提下，这些利益冲突和矛盾都将逐步得到妥善解决。其中劳动者自身利益的维护和保障则主要通过协商协调机制整体作用的发挥加以解决。职工群众总体利益的维护是建立社会主义市场经济体制的基础保障，是改革开放和深化改革的必备条件。在市场经济中，劳动关系市场化、契约化、法制化程度越来越高，大量涉及职工劳动就业、劳动报酬、社会保障和劳动安全卫生等与职工利益密切相关的问题亟待协商协调解决，只有把这些工作做好，社会主义市场经济体系才能逐步建立和完善，改革发展稳定的大局才能得以顺利维护。

二、确立协商协调机构的地位作用

党的十九大报告指出："完善政府、工会、企业共同参与的协商协调机制，构建和谐劳动关系。"[①] 同时，《国家创新驱动发展战略纲要》指出，"建立创新治理的社会参与机制，发挥各类行业协会、基金会、科技社团等在推动创新驱动发展中的作用。"因此，建立和完善适合中国国情的协商协调机制，并且逐步与国际惯例接轨，形成具有中国特色的协商协调机制至关重要。有关学者指出，协商协调机构地位或领导权威的合法性来源主要有三：一是由本身分管工作领地职责权力获得；二是参照上级部门的机构构成而自然获得；三是正职专门指定获得[②]。据此，笔者认为，构建这一机构，有助于公民参与公共政策制定，有助于实现公共政策信息的丰富化，促进公共政

[①] 《党的十九大报告辅导读本》编写组：《党的十九大报告辅导读本》，人民出版社2010年版，第34—40页。

[②] 谢廷会、陈瑞莲：《中国地方政府议事协调机构设立和运作逻辑严谨》，《学术研究》，2014年第10期。

策问题的准确化，提升公共政策目标的公共性，增强公共政策方案的科学性，减小公共政策执行的阻力和偏差，切实维护广大人民群众的合法权益，促进国民经济和社会发展各项任务的顺利完成。

三、明确协商协调机构的使命职责

成立相关的协商协调机构，需要探索符合我国国情的公共服务体系和模式，准确定位协商协调机构的使命职责，并且需要在理念层面、组织制度层面、在实操层面和舆论层面去考虑这一机构的职责使命。笔者认为，应该表现在以下几个方面：（1）民主议事。机构在单位成员代表大会授权下，代表成员代表大会对单位内发生的重大问题及事关单位公共利益和成员切身利益的事务进行议事表决，代表单位成员代表大会和群众对涉及多方利益的矛盾与有关方面进行协商。（2）民主监督。机构在成员代表大会授权下，代表单位成员代表大会对单位内其他工作机构（包括其他服务性机构）提出监督意见和建议，并对其他工作机构实行民主评议和民主监督。（3）对单位建设的重大问题，提出意见和建议。（4）就单位成员关心的问题与社会各有关方面进行协商，并向单位员工代表大会和下属机构反馈情况。（5）通过召开会议等形式对相关工作机构和政府有关职能部门（权力机关）的工作提出意见和建议，进行民主评议，实行监督。（6）发挥协商协调议事作用，帮助下属机构解决实际工作中遇到的问题。（7）每季度一次或不定期召开会议（每年2—4次），听取基层管理委员会工作汇报，讨论决定内部的阶段性重要工作。（8）协助和督促基层管理委员会实施年度计划，对基层管理委员会实施监督和评议，反馈民情民意。如重庆市綦江区教委在总结自身发展经验，探索形成以学区自治、学校自治、联盟自治为重点的现代教育管、办、评分离教育治理体系，成立"学区自治委员会"。区教委针对山区城乡结合、教育资源极度不均衡，恶性择校的问题，学区委员会成员由辖区内各街镇领导干部、区（镇）人大代表与政协委员、当地社会知名人士、教师、家长、学生等六类群体选出代表7—9人组成，还依托所在村居两委设立自治小组，让教育治理辐射"神经末梢"，实现全覆盖。学区自治委员会让多元社会主体参与教育治理，不仅指向社会放权、更大程度地开放教育，落实公众在教育决策中的参与权，促进决策的科学化和民主化，而且落实公众对于教育的监督和评价权，形成独立于政府之外的有效的教育监督和评价，改变政府"自说自话"的状态。

第三节　加强人才培养

推动教育创新，改革人才培养模式，把科学精神、创新思维、创造能力和社会责任感的培养贯穿教育全过程。完善高端创新人才和产业技能人才"二元支撑"的人才培养体系，加强普通教育与职业教育衔接。

一、引进高端创新人才体系

建立健全人才发展统计体系，进一步强化对人力资源投资占 GDP 比重、人才贡献率等指标的考核，逐步完善政府、用人单位、个人和社会多元化的人才投入机制。完善有利于发现、选拔、使用人才的体制机制，完善符合人才成长规律的考评体系，完善收入分配激励政策，提高科研项目经费中人才培养引进的支出比例。打破制约创新与创业的政策壁垒，促进高校、科研单位和企业之间的人才互动交流，从政府和高校选派优秀人才去企业、基层服务；选聘优秀基层人才进入高校和政府再学习。同时加快建设人才公寓，积极改善高层次人才生活条件。

二、改革人才培养模式

当前，在对公共政策创新人才的培养上，确定专业培养目标是制定专业人才培养方案的前提条件。必须全面贯彻国家的教育方针，依据国家、地方教育行政部门和社会用人部门对人才的要求，结合我国公共政策实际，确定人才培养目标的知识、能力、素质结构。首先，要做好顶层设计。在以学生为本的理念指导下，弄清楚理想的培养目标是什么。制定科学可行的人才培养方案，包括与之配套的专业、课程、教材、教学方法、评价体系。不同层次、不同类型的高校，人才培养的目标、规格是不一样的。其次，建立多方协商的机制。当前，政府以及学校行政权力影响过大，教师、学生及社会组织参与机会较少。构建理想的人才培养模式，须建立社会、教师及学生和社会组织多方协商的机制，整合与优化教育资源。我国高校是资源依赖型组织，资源不足。在资源缺口不能迅速解决的情况下，整合与优化资源是一条理想的路径，可以奠定人才培养模式创新的物质基础。

三、加强政府引导

人才培养模式的创新，与政府的评价及社会其他因素有很大关系，需要政府与社会做出相应的改变。政府具体的角色是什么？在公共政策中，政府既是运动员，也是教练员，同时还是裁判员。作为运动员，政府应该承办一部分机构，起到引领、示范作用，同时也要做好教练员、裁判员，引导企业、单位、团体组织等多样化的机构协同发展。如中国政府网开展的"我向总理说句话"2018年网民建言征集活动，分20个版块希望广大网民就公共政策有关问题提宝贵建议。笔者认为，这就是政府为广大人民群众搭建的思想众智众创平台。

第四节 营造良好创新环境

创新的制度环境、市场环境和文化环境更加优化，有助于形成尊重知识、崇尚创新、保护产权、包容多元成为全社会的共同理念和价值导向[1]。

一、创建良好的制度环境

政府治理和社会治理的改革创新，是一种世界性的趋势，各国在这方面既有许多成功的经验，也有不少深刻的教训，我们应当借鉴、汲取。它山之石，可以攻玉。改革开放以来，在建立现代国家治理体系方面的许多进步和成就，也得益于向外国的先进经验学习。例如，政策制定过程中的"听证制度"、公共服务中的"一站式服务"、责任政府建设的"政府问责"制度、司法实践中的"律师制度"、政务公开中的"新闻发言人"制度、社会治理中的"参与式治理"等，都是直接或间接地从西方发达国家引入的。

基于外部治理环境的复杂性和国家治理能力现代化的内在要求，政府应当从行政价值重塑和制度变革两个层面实现"政府再造"。国家治理现代化的关键在于推进行政管理制度创新，行政管理制度创新在于重新定位政府、市场、社会关系，以及降低制度性交易成本、实现政府行政资源与经济资源优化配置。健全重大决策社会稳定风险评估机制。建立畅通有序的诉求表达、心理干预、矛盾调处、权益保障机制，使群众问题能反映、矛盾能化解、权益有保障。下一步，行政管理制度创新将围绕治理体系现代化、大数据科技应用、生态管理制度等方面继续推进。

二、营造良好的经济环境

公共政策的经济环境是指制定与实施某一项具体政策时，可能面对或可以利用的总的经济状态，是一国或一个地区经济体制、经济结构、经济发展

---

[1] 2016年5月，中共中央国务院印发的《国家创新驱动发展战略纲要》。

速度、经济总量等诸要素的总和。

与经济发展相协调。当今的社会发展更是呈现出不同的形势和状态，经济环境相对复杂，涉及领域也相当庞大。经济市场环境对公共政策的影响越来越明显，因此，必须要研究当前的经济形势和经济环境，要建立良好的公共政策运行机制，特别要重视市场经济在当下社会环境中的作用。没有经济环境的物质基础，公共政策就是没有任何意义和价值的空想方案。不存在永恒不变的政策，因为政策是随着经济环境和因素的变化而不断调整的。只有在适应经济发展和经济环境的前提下才能够更好地抓住经济波动的规律，在一定的时期内让经济环境保持在一定的水平，才能为政府制定相应的公共政策提供保障。

设立行业创新奖。笔者认为，对于公民在公共政策领域提出的技术创新突出，转化程度高，具有较强的示范、带动、辐射和扩散能力的建言，并且这些建言能够提高行业的整体技术水平、竞争能力和系统创新能力，促进行业产业结构的调整、优化、升级及产品的更新换代，或者开拓了新的经济增长点和新兴产业，对行业的发展起到很大的推动作用，建议在行业领域设立创新奖（或点子奖），鼓励公民积极参与建言。

加快突破行业垄断和市场分割。强化需求侧创新政策的引导作用，建立符合国际规则的政府采购制度，利用首台套订购、普惠性财税和保险等政策手段，降低企业创新成本，扩大创新产品和服务的市场空间。

推进要素价格形成机制的市场化改革，强化能源资源、生态环境等方面的刚性约束，提高科技和人才等创新要素在产品价格中的权重，让善于创新者获得更大的竞争优势。

三、营造崇尚创新社会文化环境

公共政策的文化环境是指制定与实施具体政策时，可能会面临的总的文化状态。它是一国或一个地区教育、科技、道德等等的总和。

大力宣传广大科技工作者爱国奉献、勇攀高峰的感人事迹和崇高精神，在全社会形成鼓励创造、追求卓越的创新文化，推动创新成为民族精神的重要内涵。倡导百家争鸣、尊重科学家个性的学术文化，增强敢为人先、勇于冒尖、大胆质疑的创新自信。重视科研试错探索价值，建立鼓励创新、宽容失败的容错纠错机制。营造宽松的科研氛围，保障科技人员的学术自由。加强科研诚信建设，引导广大科技工作者恪守学术道德，坚守社会责任。确定人才培养目标知识、能力、素质结构，制定专业人才培养方案。要做好顶层设计，建立多方协商的机制，整合与优化教育资源，加强普通教育与职业教育衔接。加强科学教育,丰富科学教育教学内容和形式,激发青少年的科技兴趣。加强科学技术普及,提高全民科学素养,在全社会塑造科学理性精神。①

第五节　强化法治保障

改革开放以来,党和政府一直强调"公民的有序参与",并把它作为推进中国特色民主政治的重要内容。党的十九大提出:"扩大人民有序政治参与,保证人民依法实行民主选举、民主协商、民主决策、民主管理、民主监督",并要求"各级领导干部要增强民主意识,发扬民主作风,接受人民监督,当好人民公仆"。目前,我国在建构公众参与机制,促进行政决策民主化、科学化方面做了很多有益尝试,但与现实需求相比,在公众参与的方式、范围以及保障等方面还存在着严重的制度供给不足,存在立法过于原则、抽象,相关规定缺少相应的结果规范和反馈机制,参与制度尚未实现体系化等等问题。一些学者的研究多从公共政策问题、政策质量本身、政策制定和政策机制体制、政策资源环境等角度分析,缺乏系统的、深入的、专门的法律保障研究。因此,完善公众参与的法律保障,建立有效的利益表达机制,改变传统自上而下的决策模式,增加外部输入对政府公共决策的影响,维护公民的正当参与权利,实现公众参与的有效性、理性化是我国当前公众参与制度完善的核心。

第一,保障公众知情权,奠定公众参与的基础。

信息公开是公众有效参与的前提。没有信息公开,公众对政府决策的事实根据、形成过程、基本目标、预期成本和效益等情况缺乏应有的了解,无疑会造成公众参与的盲目性,很难发挥其实质功效。因此,落实我国《政府信息公开条例》的规定,建立健全政务信息公开制度,扩大公民对政务的知情范围和知情度,是保障公众有效参与的基础。

第二,完善公众参与的法定程序,健全公众参与的法律保障。

公众参与的制度核心在于通过公正的程序设计,以交流、沟通、博弈的方式,达成共识与认同,实现各种利益的平衡与协调。因此,通过完善程序,搭建一个能够反映公众诉求、进行多方利益博弈和互动的平台,是规范、保障公众有效参与的关键。就听证会而言,应当通过立法对于参加听证会的公众代表的选择程序和方法、听证会主持人产生的程序和方法、辩论的

---

① 2016年5月,中共中央国务院印发的《国家创新驱动发展战略纲要》。

方式、听证记录的效力等问题，予以明确。

第三，建立意见登记、说明理由与反馈评价制度，保障公众参与的有效性。

美国行政法建立在公共行政等级和官僚制基础上的特点，决定了传统政府的责任以预防性责任和保护性责任为主体。政府责任的对称是公民权利，政府有义务保障公民宪法与法律上权利的实现。[①] 为避免公众参与的形式化，一方面，必须从行为意义上强调公众参与的程序法定；另一方面，必须从结果意义上强调公众意见的约束力和对公共政策的影响力。建立意见登记、说明理由与反馈评价制度，通过完善公众参与回应机制，对每一项公众意见进行登记，并安排专人负责意见的分类、整理、核实和择选工作，构建舆情收集、分析、回应机制，是公众有效参与的保障。

---

① 杨欣：《公共服务外包中政府责任的省思与公法适用——以美国为例》，《中国行政管理》，2010年第6期。